비트겐슈타인의 종교철학

An Introduction to Wittgenstein's Philosophy of Religion

by

Brian R. Clack

비트겐슈타인의 종교철학

브라이언 R. 클락 지음
하영미 옮김

서광사

이 책은 Brian R. Clack의 *An Introduction to Wittgenstein's Philosophy of Religion* (Edinburgh University Press, 1999)를 완역한 것이다.

비트겐슈타인의 종교철학

브라이언 R. 클락 지음
하영미 옮김

펴낸이 | 김신혁, 이숙
펴낸곳 | 도서출판 서광사
출판등록일 | 1977. 6. 30.
출판등록번호 | 제 406-2006-000010호

(413-120) 경기도 파주시 회동길 77-12 (문발동)
대표전화 (031) 955-4331   팩시밀리 (031) 955-4336
E-mail : phil6161@chol.com
http://www.seokwangsa.co.kr | http://www.seokwangsa.kr

제1판 제1쇄 펴낸날 ― 2015년 5월 30일

ISBN 978-89-306-2199-1   93160

나는 어떤 사람이 나무들에 대해서뿐 아니라 나무의 그림자나 반영들에 대해서도 ─ 그것들을 나무로 간주하고서는 ─ 경탄하는 일을 생각해 볼 수 있다. 그러나 일단 그가, 그것들을 전혀 나무가 아니며, 그것들이 무엇인지 또는 그것들과 나무들의 관계는 무엇인지 하는 것이 그에게 문제가 된다고 말한다면, 그 경탄은 비로소 치료되어야 할 틈새를 갖게 된다.*

Ludwig Wittgenstein, 1947

* 저자는 이 글의 출처를 밝히지 않고 있으나 이 글은 비트겐슈타인, 『문화와 가치』, 이영철 역, 책세상, 2006, 125쪽에 있는 글이다._역자주

1. 비트겐슈타인의 저서명이 'Tractatus Logico-Philosophicus', 'Philosophical Investigation', 'Notebooks', 'Remarks on Frazer's Golden Bough'으로 쓰인 곳은 각각 '논리-철학 논고' '철학적 탐구' '노트북' 등으로 표기했고, 'Tractatus', 'Investigation', 'Remarks on Frazer' 등과 같이 약칭으로 쓰인 곳에서는 약칭으로 '논고', '탐구', '소견들' 등으로 표기했다. 하지만 인용글에서 TLP, PI, NB, RFGB 등으로 쓰인 것은 원표기를 그대로 따랐다.

2. 비트겐슈타인 저서 중 국내에 번역된 글은 이영철 교수의 번역본을 따랐다. 저자의 원표기와 국내 번역본을 동시에 표기했으며, 원표기만 있는 경우는 국내 번역본을 따르지 않은 것이다. 예를 들어, 'CV p.27/72쪽'의 경우, 『문화와 가치』 원문 27페이지, 번역본 72쪽을 의미한다. 저자의 인용 표기에는 'p.'가 없으나 국문 번역 쪽수 병기에 따른 혼돈을 막고자 번역자가 임의로 'p.'를 넣었다. 비트겐슈타인 저서 중 국문 번역본이 없는 경우는 'p.'를 표기하지 않았다.

: 차례

30년 전, 허드슨(Donald Hudson)의 『루트비히 비트겐슈타인: 그의 철학과 종교적 믿음과의 관계』가 출판되었다. 그것은 종교에 관한 비트겐슈타인 사상의 첫 입문서였고, 표현의 간결함, 경탄할 만한 명쾌함, 간명함이라는 특징을 갖고 있었다. 어렵기로 악명 높은 철학자의 사상을 학생들과 아카데미 밖의 사람들이 접근할 수 있도록 하는 것이 그 책의 의도였다. 그 책의 출판 이후 더 많은 비트겐슈타인의 저작이 출간되었지만, 수년간 비트겐슈타인에 대해 강의하면서, 종교에 관한 그의 사상에서 주요한 요소들을 개괄하는 짧은 입문서가 필요하다는 것을 알게되었다. 이 주제에 관한 다른 뛰어난 텍스트들(가장 중요한 것으로, 바렛(Cyril Barrett)과 커(Fergus Kerr)의 글들)이 있기는 하나, 오래된 허드슨 책과의 간격을 제대로 메울 만한 책은 없었다. 그래서 나는 이 책이 흥미를 가진 평범한 독자들뿐만 아니라 신학생, 철학도, 종교학도들에게도 종교적 믿음과 실천에 관한 비트겐슈타인의 놀랄 만한 사상의 본성과 생생한 의의를 설명하는 데 기여하기를 희망한다.

첫째 장은 비트겐슈타인의 삶과 그의 위대한 두 저서 『논리-철학 논고』와 『철학적 탐구』에 자세히 설명되어 있는 그의 전후기 철학의 주요 특징들에 대한 도입에 해당한다. 그다음 종교의 본성과 '신비한 것'에 대한 비트겐슈타인의 초기 생각들을 살펴본 후, 주술, 최후 심판, 신과 같은 문제에 대해 비트겐슈타인이 심사숙고해 쓴 글들을 설명한다. 4장에서는 (말콤(Norman Malcolm)과 필립스(D. Z. Phillips)를 포함한) 몇몇 비트겐슈타인의 후예들이 제시한 종교철학을 살펴보며, 특별히 언어놀이들에 대한 비트겐슈타인주의자들의 논의와 기적과 불멸 같은 문제에 대한 적용을 평가한다. 마지막 장에서는 비트겐슈타인에게로 다시 돌아와, 주류 종교철학 그리고 최근의 진보 신학과의 관계를 살펴본다. 또한 종교에 관한 비트겐슈타인의 설명이 믿음을 계속 유지하는 것과 양립 가능한지에 대해 숙고해 본다.

이 책은 많은 사람의 도움 없이는 불가능했다. 우선, 에든버러대학 출판사의 포레(Jane Feore)에게 감사드리고 싶은데, 그녀는 이 책의 기획에 가장 먼저 관심을 보였고, 지속적으로 용기를 불어넣어 주었으며, 게으른 작가를 끊임없이 인내해 주었다. 나의 가족은 또 하나의 큰 지지 기반이었다. 아버지 알란 클락, 여동생 베버리 클락, 어머니 앤 클락에게 감사한다. 그들의 인내로 끝까지 밀고 나갈 수 있었다. 또, 여러 해 동안 큰 힘의 근원이었으며, 말할 수 없는 영향을 준 클래이톤(Adam Clayton)에게 엄청난 감사의 빚을 지고 있다. 스트링거(Celia Stringer)에게 진 빚에 대한 언급은 언질에 불과하다. 그녀는 나보다 더 많이 나를 사랑하며, 내 삶의 모든 순간을 기쁨으로 만든다. 이 책의 초기 밑그림에 대한 그녀의 생각은 너무나 값진 것이었다. 이 책은 비트겐슈타인에 대한 다년간의 강의 결과이기에, 열의를 가지고 내 수업에 참여했던 (헤이스롭(Heythrop)대학, 웨스트민스터(Westminster)대학, 성 캐서린(St. Catherine)대학과 성 클레어(St. Clare)대학의) 모든 학생들에게 감사의 말을 남기는 것이 도리일 것이다. 이 학생들 중 특별히 언급해야 할 학생들은 헤라파스(Jonathan Herapath)와 오슬리반(Helen O'

Sullivan)인데, 이들은 3년 동안 나의 세미나에 참석하고 있으며 지금도 소중한 우정을 유지하고 있다. 그들에게 이 책을 헌사한다.

B. R. C.

옥스퍼드, 1998년 8월

주의

'그', '그녀', '그의', '그녀의'는 이 책에서 서로 교환 가능하게 사용되는데, 이는 해당 문맥 속에서 통성(通性)을 의미한다.

: 약어

다음의 약어는 비트겐슈타인 저작을 언급하는 데 사용된다.[*]

BB   *The Blue and Brown Books*, Oxford: Basil Blackwell, 1958
『청색책 · 갈색책』, 이영철 역, 책세상, 2006.

BT   'Philosophy: Sections 86-93 of the so-called "Big Type-
script"', ed. Heikki Nyman, trans. C. G. Luckhardt and M.
A. E. Aue, in *Ludwig Wittgenstein: Philosophical Occasions
1912-1951*, ed. James Klagge and Alfred Nordmann, India-
napolis: Hackett, 1993, pp.161-99.

CE   'Cause and Effect: Intuitive Awareness', ed. Rush Rhees,
trans. Peter Winch, *Philosophia*, vol. 6, nos. 3-4, Septem-
ber-December 1976, pp.409-25. 「원인과 결과」『소품집』, 이
영철 편역, 책세상, 2006, 233-288쪽.

CV   *Culture and Value*, ed. G. H. von Wright in collaboration
with Heikki Nyman, trans. Peter Winch, Oxford: Basil

*   비트겐슈타인의 저서 옆에 한글 번역본은 번역자가 따른 번역본이다._역자주

Blackwell, 1980, 『문화와 가치』, 이영철 역, 책세상, 2006.

L   *Letters to Russell, Keynes and Moore*, ed. G. H. von Wright, Oxford: Basil Blackwell, 1974.

LC   *Lectures and Conversations on Aesthetics, Psychology and Religious Belief*, ed. C. Barrett, Oxford: Basil Blackwell, 1966.

LE   'A Lecture on Ethics', *Philosophical Review*, vol. 74 no. 1, January 1965, pp.3-12, 「윤리학에 관한 강의」, 『소품집』, 이영철 편역, 책세상, 2006, 23-36쪽.

LF   'Letters to Ludwig von Ficker', ed. Allan Janik, trans. Bruce Gillette, in *Wittgenstein: Sources and Perspectives*, ed. C. G. Luckhardt, Hassocks: Harvester Press, 1979, pp.82-98.

LFM *Wittgenstein's Lectures on the Foundations of Mathematics*, ed. Cora Diamond, Chicago: University of Chicago Press, 1989.

NB   *Notebooks 1914-1916*, ed. G. H. von Wright and G. E. M. Anscombe, trans. G. E. M. Anscombe, Oxford: Basil Blackwell, 1961.

OC   *On Certainty*, ed. G. E. M. Anscombe and G. H. von Wright, trans. Denis Paul and G. E. M. Anscombe, Oxford: Basil Blackwell, 1969, 『확실성에 관하여』, 이영철 역, 서광사, 1990.

PI   *Philosophical Investigations*, ed. G. E. M. Anscombe and Rush Rhees, trans. G. E. M. Anscombe, Oxford: Basil Blackwell, 1953, 『철학적 탐구』, 이영철 역, 서광사, 1994.

PR   *Philosophical Remarks*, ed. Rush Rhees, trans. Raymond

Hargreaves and Roger White, Oxford: Basil Blackwell, 1975.

RFGB   *Remarks on Frazer's Golden Bough*, ed. Rush Rhees, trans. A. C. Miles and Rush Rhees, Retford: Brynmill Press, 1979, 「프레이저의 《황금가지》에 관한 소견들」, 『소품집』, 이영철 편역, 책세상, 2006, 37-64쪽.

RFM   *Remarks on the Foundations of Mathematics*, ed. G. H. von Wright, R. Rhees, G. E. M. Anscombe, trans. G. E. M. Anscombe, Oxford: Basil Blackwell, 1956.

TLP   *Tractatus Logico-Philosophicus*, trans. D. F. Pears and B. F. McGuinness, London: Routledge and Kegan Paul, 1961, 『논리-철학 논고』, 이영철 역, 책세상, 2006.

VC   *Ludwig Wittgenstein and the Vienna Circle: Conversations Recorded by Friedrich Waismann*, ed. Brian McGuinness, trans. Joachim Schulte and Brain McGuinness, New York: Barnes and Noble, 1979.

WLA   *Wittgenstein's Lectures, Cambridge 1932-1935*, ed. Alice Ambrose, Oxford: Basil Blackwell, 1979.

WLL   *Wittgenstein's Lectures, Cambridge 1930-1932*, ed. Desmond Lee, Oxford: Basil Blackwell, 1980.

Z   *Zettel*, ed. G. E. M. Anscombe and G. H. von Wright, trans. G. E. M. Anscombe, Oxford: Basil Blackwell, 1981, 『쪽지』, 이영철 역, 책세상, 2006.

루트비히 비트겐슈타인:
그의 삶과 철학

1951년 그가 죽을 때까지, 루트비히 비트겐슈타인은 서로 다른 두 방향
으로 철학을 개진했다. 그가 생전에 유일하게 출판한 책『논리—철학 논
고』는 비엔나학파의 극단적인 무신론적 경향으로 향하는 길을 알려 주
는 데 비해, 그의 후기 저작은 언어의 미묘함에 끈질기게 집중해 '언어
철학'으로 알려진 것을 탄생시켰다. 만일 원하는 것이 종교에 대한 해
명이라면 이 두 방향들 중 어떤 것도 기대할 만한 것이 없어 보인다. 전
기의 관점은 종교 언어가 그 본성상 무의미한 것이라고 보며, 후기 작
업은 '언어적 사실들을 조용히 음미'(Z §447)하기 위해 사색을 거부한
결과, '사소한 것들의 일람표(synopsis)'가 되었다.[1] 사실 비트겐슈타인
의 주저(主著)들을 처음 접하면 영적인 삶에는 어울리지 않는, 차갑고
기술(技術)적인 철학이라는 느낌을 가질 수 있다. 하지만 비트겐슈타인
의 성격과 삶의 양식에는 그런 차가움과는 다소 동떨어져 보이는 것이
있다. 비트겐슈타인에게서 우리는 수도자가 되려고 희망했던 사람, 돈

1　G. E. Moore, 'Wittgenstein's Lectures 1930-33', in his *Philosophical Paper*
(London : George Allen & Unwin, 1959), p.323.

을 버린 사람, 그리고 금욕적이며 은둔적인 삶의 방식으로 자신을 현대식 성자로 보게끔 하는 사람, 자신의 '제자들'에게 맹목적인 헌신을 불러일으킨 사람, 자신의 책 중 하나에 '신의 영광을 위해 쓴'(PR 7) 것이라고 한 사람을 만난다. 사후 발견된 종교적 믿음과 실천에 대한 독특한 글들과 함께, 그런 인상적인 인격은 사후 50년 동안 그가 종교철학과 신학에 엄청난 충격을 가하는 결과를 초래했다. 비트겐슈타인과 그의 작품에서 그런 결과를 야기할 수 있었던 것은 무엇일까? 이 책은 그 질문에 답을 찾는다.

　루트비히 요제프 요한 비트겐슈타인은 1889년 4월 26일 비엔나에서 태어났다. 그는 대단히 부유한 강철왕이자 이름난 예술 후원자인 칼 비트겐슈타인의 아들이었다. 비엔나의 문화적 삶 중심에서, 비트겐슈타인가(家)로의 왕래는 주목해 볼 필요가 있다. 브람스는 자주 드나드는 방문자였고, 위대한 분리주의 예술가인 클림트는 루트비히의 누이 중 한 명인 그레틀의 초상화를 그렸다. 다른 누이 두 명 — 헤르미네와 헬레네 — 과 4명의 남자 형제가 있었는데, 남자 형제 중 셋 — 한스, 쿠르트, 루돌프 — 은 자살했다. 네 번째 형 파울은 재능 있는 피아니스트로 1차 세계 대전 중 한쪽 팔을 잃었으며, 라벨은 그를 위해 왼손을 위한 콘체르토를 작곡했다. 루트비히는 8명의 아이 중 막내였고, 가족이 유대계이긴 했지만 어머니의 종교인 카톨릭 교회에서 세례를 받았다.

　철학 영역은 아니었지만, 어린 루트비히는 놀라운 재능을 보였다. 그의 주 관심은 공학이었으며, 10살 때는 재봉틀을 조립하는 데 성공했다. 이런 기술적 재능은 비트겐슈타인의 이후 교육을 특징짓는다. 그는 린츠의 실업 학교(Realschule)에 입학했으며, 거기서 히틀러와 동기생이었다. 사람들의 말에 따르면, 린츠에서 보낸 3년은 비참했다. 비트겐슈타인은 비엔나 집의 문화적 분위기에서 실업 학교에서 만나는 노동자 계급 학생들의 촌스러운 행동에 잘 적응하지 못했다. 그들은 그가 이전에 만났던 그 누구와도 달랐으며 역겨웠다. 그들은 '쓰레기'('오물')였다. 그런 느낌은 상호적이었다. 그의 동료 학생들에게 비트겐슈타인은 '다른 세계에서 온 것 같아'[2] 보였다. 그들이 만난 비트겐슈타인이라는 인물은 말더듬기로 고통받는, 좀 허약하고 냉담한 소년으로, 오스트리아에서 가장 부유한 사람 중 한 명의 아들이었다. 루트비히가 인기 없었을 것이라는 건 당연했다. 그는 '학급에서의 고통'에 대해 노트에 쓰고 있다.[3] 1906년 그가 실업 학교의 조롱에서 벗어난 것은, 이후 6년간을 계속되는 불행의 나날들로 기술하긴 해도, 대단한 구원임에 분명하다. 그는 린츠에서 베를린으로 떠나, 샤를로텐부르크에 있는 기술학교(Technische Hochschule)에 입학했다. 거기서 기계 공학을 공부하면서 항공학에 대한 관심을 발전시켰는데, 그러한 관심이 1908년 그를 맨체스터대학으로 가게 했다. 공학에서 그가 직면한 문제들은 그의 사고를 논리학과 수학 기초론으로 이끌었다. 1911년 그는 위대한 논리학자 프레게(Gottlob Frege)를 만나기 위해 예나로 여행한다. 프레게는 비트겐슈타인에게 케임브리지에 있는 러셀(Bertrand Russell) 휘하에서 공부하기를 권한다.

그것은 그가 트리니티대학에 입학해 거기서 러셀로부터 논리 문제들에 대한 그의 초기 연구에 대해 지도받는 것이었다. 비트겐슈타인은 러셀에게 엄청난 충격을 주었는데, 러셀은 당시 그의 성격에 대해 몇 가지 인상적인 기록을 남겼다. 러셀에게 비트겐슈타인은 '전통적으로 알

---

2 Hermine Wittgenstein, 'My Brother Ludwig', in R. Rhees(ed.), *Recollections of Wittgenstein* (Oxford: Oxford University Press, 1984), p.1.
3 Wittgenstein, quoted in Brian McGuinness, *Wittgenstein: A Life* (London: Duckworth, 1988), p.52.

려진 것에 걸맞은 열정적이고, 심오하고, 집요하며, 위압적인, 자신이 이제까지 천재에 대해 알고 있는 가장 완벽한 표본'이었다.

> 그의 기질은 직관적이며 우울한 예술가 기질이다. 그는 매일 아침 희망으로 연구를 시작하고, 매일 저녁 절망으로 끝낸다고 말한다.[4]

그 절망은 사실이었다. 비트겐슈타인은 수없이 자살 충동을 느꼈는데, 형들의 운명을 고려하면 그 충동은 단순한 가장으로 보기 어렵다. 이런 강렬한 성격이 논리학과 철학 문제에 쏠렸다. 러셀이 '우리는 철학에서 다음 큰 진보가 당신의 동생에게서 성취될 것이라 기대합니다'[5]라고 말해 헤르미네 비트겐슈타인을 놀라게 할 만큼 그는 빠른 진보를 보였다. 그때 비트겐슈타인은 불과 23살이었다.

　비트겐슈타인을 노르웨이에 가게 한 것은 고독과 격리에 대한 간절함이었다. 거기서 그는 질식할 것 같은 천박한 케임브리지의 분위기에서 벗어나 자신의 연구를 수행할 작정이었다. 러셀은 그를 단념시키려고 했다.

> 내가 그곳은 어두울 것이라고 말하면, 그는 밝은 것이 싫다고 말했다. 내가 그곳은 외로울 것이라고 말하면, 그는 지성인들과 말하는 것은 그의 정신을 매음시키는 것이라고 말했다. 내가 그가 미쳤다고 말하면, 그는 신은 그를 멀쩡하게 두지 않는다고 말했다. (신은 확실히 그럴 것이다.)[6]

4　Bertrard Russell, quoted in Ray Monk, *Ludwig Wittgenstein: The Duty of Genius* (London: vintage, 1991), p.46, p.43.

5　Hermine Wittgenstein, 'My Brother Ludwig', p.2.

6　Russell, quoted in Monk, *Ludwig Wittgenstein*, p.91.

1913년 러셀의 충고를 거절하고 비트겐슈타인은 자신이 직접 송네(Sogne) 피오르드 가에 작은 통나무 집을 짓기 전에, 잠시 영국을 떠나 스콜덴(Skjolden)이라는 마을에 묵었다. 헤르미네는 노르웨이에 있는 동안 비트겐슈타인은 '병적일 정도로 지적 강도가 고양된 상태에서'[7] 살고 있었다고 말한다. 이 시기의 비트겐슈타인의 편지는 이 점을 확실히 증명한다. 그는 자신의 우울증과 정신적 고통, 더 지적이 되거나 아니면 죽거나 둘 중 하나라는 그의 바람에 대해 말한다(L 45-7). 간단히 말해, '나는 종종 내가 미쳐 가고 있다고 생각한다' (L 44).

1914년 전쟁이 발발했고, 비트겐슈타인은 전쟁이 자신에게 제공한 기회, 주로 죽음을 직면할 기회를 반겼다. 그에게는 지적 진보와 도덕적 개선에의 가능성이 여기에 있는 것처럼 보였다.

죽음 가까이 가는 것은 아마도 삶에 빛을 가져올 것이다. 신이여 나에게 빛을 주소서.

지금 나에게는 괜찮은 사람이 될 기회가 있다. 왜냐하면 나는 죽음을 직접 대면하고 있기 때문이다.[8]

그래서 군 복무에 면제될 수 있는 두 번의 탈장에도 불구하고, 비트겐슈타인은 오스트리아군에 자원입대하여 위험한 곳에 배치되려고 했다. 군인으로서 그는 린츠에서 경험했던 것과 같은 잔혹함을 또다시 경

---

7 Hermine Wittgenstein, 'My Brother Ludwig', p.3.
8 Rush Rhees, 'Postscrip', in *Recollection of Wittgenstein*, p.194. 비트겐슈타인의 전쟁 일기에 관한 더 많은 자료는 McGuinness, *Wittgenstein: A Life*, pp.212-66 참조.

험한다. 동부 전선에서 그의 동료 군인들은 '인간성이라고는 눈꼽만큼도 찾아볼 수 없는' '악의적이고 잔혹한 사람들', '돼지 떼들' 이었다.[9] 그럼에도 전쟁 경험은 유용했다. 카시노에서 전쟁 포로로 체포되어 감금되었을 때 비트겐슈타인은 모든 철학 문제를 해결했다고 말한『논리-철학 논고』를 완성했다.[10]

『논고』는 수많은 중요한 철학적이고 논리적 문제를 다루지만, 최고의 영원한 유산은 언어의 본성과 기능에 대한 비트겐슈타인의 사상이다. 비트겐슈타인이 관심을 가진 문제는 무엇이 언어를 의미 있게 하는지, 무엇이 뜻을 가지게 하고 무의미하지 않게 하는지이다. 더 일반적으로 말해, 비트겐슈타인은 언어와 세계의 관계에 관심이 있었다. 우리가 말하고 생각하고 쓰는 언어가 우리가 속해 있는 세계와 어떻게 관련되는가? 언어가 어떻게 세계와 연관되는가? 이 문제에 대한 비트겐슈타인의 답은 **의미의 그림이론**으로 알려져 있다. 본질적으로 이것은 언어가 세계 내의 (가능한 혹은 실제적) 사실 상황을 '그린다' 는 점에서 세계와 관련되며, 언어가 이 기능을 완성하는 한에서만 의미 있다고 말한다.

이에 대한 일부 설명은 비트겐슈타인이 어떻게 이런 결론에 이르게 되었는지를 살펴보면 알 수 있다. 전쟁 중 비트겐슈타인은 파리에서의 법정 사건을 자세히 설명하는 잡지 기사를 우연히 접하게 되었다. 그 사건은 도로 교통사고에 관한 것으로, 판사와 배심원을 위해 사건 정황을 아주 명확히 하려고 사고의 모델이 제작되었다. 모델은 그 사건을 작은 크기로 재구성한 것이었다. 차와 사람들의 작은 모형들이 그 사건

---

9 Quoted in Rhees, 'Postscrip', pp.196-7.

10 『논고』 참고는 명제 번호로 할 것이다. 『논고』는 번호 매겨진 일련의 소견들로 나뉘는데, 그것은 1, 2, 3, 4, 5, 6, 7로 매겨진 일곱 개의 중심 명제의 부연으로 기능한다. 소견의 중요도가 커질수록 그에 할당된 소수 자리는 더 적다(예를 들어, 4.1은 4.1241보다 더 중요한 것으로 간주된다.).

에 연루된 실제 차와 실제 사람들 대신에 사용되었다. 비트겐슈타인은 계시적으로 그 법정 모델이 교통사고에 관해 했던 것과 동일한 기능을 언어가 세계에 관해 수행해야 한다고 생각하게 되었다. 달리 말해 언어는 세계의 모델이거나 세계를 그려야 한다. 그래서 우리는 1914년 9월 29일 날짜의 그의 노트에서 다음과 같은 언급을 읽게 된다.

> 명제 속에서 세계는 말하자면 시험적으로 구성된다. (마치 파리 법정에서 자동차 사고가 인형 등으로 재현되는 것처럼.) (NB 7)

언어와 언어의 근본적인 그림 기능에 대한 이런 생각은 **상형 문자**가 언어의 본성을 가장 명확히 보여 주는 언어 형식이라는 비트겐슈타인의 믿음과 일치한다. '명제의 본질을 이해하기 위해서 상형 문자를 생각해 보자. 상형 문자는 그것이 기술하는 사실들을 모사한다' (TLP 4.016).[11] 그래서 비트겐슈타인이 이르게 된 생각은 첫째, 명제나 진술은 사실을 그린다는 것이고, 둘째, '각 낱말은 그것이 나타내는 것의 재현이라는' (NB 7) 것이다. 달리 말해 각 낱말은 대상의 재현, 즉 어떤 사물의 이름이다. 『노트북』에서 비트겐슈타인은 언어와 상형 문자를 연관지으면서 사람 모양의 그림을 그린다.

이 그림에 대해 그는 다음과 같이 쓴다.

---

11 4.016에서 비트겐슈타인은 알파벳 활자는 '[상형 문자]로부터 모사의 본질이 상실됨이 없이 생겨났다'고 주장한다. ('상형 문자'에 [ ] 표기는 저자의 것._역자주)

이 그림에서 오른쪽 모양을 사람 A라고 하고, 왼쪽 모양을 사람 B라고 한다면, 전체 그림은 예를 들어 다음과 같이 주장할 수도 있다. 'A는 B와 펜싱을 하고 있다'. 그림 문자에서 명제는 참 혹은 거짓일 수 있다. 그것은 그것의 참 혹은 거짓에 독립된 뜻을 가진다. 본질적인 모든 것을 해명하는 것은 이러한 경우를 고려함으로써 확실히 가능하다. (NB 7)

비트겐슈타인이 언어에 대한 '본질적인 모든 것'은 펜싱 상형 문자를 고려함으로써 규명될 수 있다고 말하는 점을 주목하자. 그 생각은 다음과 같다. 첫째, 그 그림은 어떤 것을 주장한다. 둘째, 그 주장은 거짓일 수 있다(A와 B는 펜싱을 하지 않을 수도 있다.). 셋째, 그 주장이 참이든 거짓이든 관계없이, 그 그림은 뜻(sense)을 가진다. 그래서 뜻은 진리에 독립적이다. '버킹엄 궁전은 런던에 있다'라는 문장을 생각해 보자. 이 문장은 어떤 것을 주장하며, 버킹엄 궁전이 실제로 런던에 위치하기 때문에 그것이 주장하는 것은 옳다. 그러나 버킹엄 궁전이 런던에 있지 **않다** 하더라도(이를테면, 대신 뉴캐슬에 있다 하더라도), 그 진술은 여전히 의미를 가질 것인데, 왜냐하면 그것은 (공교롭게도 사실은 아니지만)가능한 사태를 그리기 때문이다.

언어의 본성이 그림이라는 이런 근본적인 생각이 바로『논고』전체에 걸쳐 논의되고 있다. 다음 진술들은 그림이론을 강력히 보여 준다.

4.01   명제는 현실의 그림이다.

명제는 우리가 생각하는 바와 같은 현실의 모형이다.

4.011   얼핏 보면 명제는 — 가령 종이 위에 인쇄되어 있는 명제는 — 그것이 다루는 현실의 그림으로 보이지 않는다. 그러나 악보도 처음 보기엔 음악의 그림으로 보이지 않으며, 우리의 음성 기호 표기(표음

문자)도 음성 언어의 그림으로는 보이지 않는다.

그럼에도 불구하고 이들 기호 언어들은 … 그것들이 묘사하는 것들에 대한 그림들임이 실증된다.

4.021   명제는 현실의 그림이다: 왜냐하면 내가 명제를 이해한다면, 나는 그 명제에 의해 묘사된 상황을 알기 때문이다.

4.024   한 명제를 이해한다는 것은, 그 명제가 참이라면 무엇이 일어나는 가를 안다는 것을 뜻한다.

그래서 언어를 이해한다는 것은 개별 명제가 묘사하는 상황을 상상할 수 있다는 것을 의미한다. 만일 어떤 사람이 밖에 비가 오고 있다고 말한다면, 우리는 마음속으로 (예를 들어) 하늘에서 떨어지는 물, 젖은 거리, 우산 아래 피해 있는 사람들의 그림을 이어 맞춰 볼 것이다.

물론 우리가 들었던 것이 틀릴 수 있으며, '그림이 참인지 거짓인지 인식하려면, 우리는 그것을 현실과 비교해야 한다' (TLP 2.223). 만일 밖에 나갔는데 반짝이는 햇빛과 물기 없는 인도, 구름 한 점 없는 하늘을 본다면, '밖에 비가 오고 있어요' 는 (비록 뜻 없는 것은 아니지만) 거짓 진술이라고 결론 내릴 것이다.

언어의 목적은 우리가 세계 속에서 발견한 상황을 기술하고, **사실**을 묘사하며 보고하는 것이다. 명제를 제시하는 것은 세계 속에 사물이 어떻게 있는가에 대한 설명을 제공하는 것이다. 실제로 비트겐슈타인이 명제의 본질을 규정하게 되었을 때, 그는 '명제의 일반적 형식은 다음과 같다: 사정이 이러이러하다' (TLP 4.5)라고 말한다. 그것은 마치 사람들이 말할 때마다, 그 공식이 그 사람의 말 서두에 놓여 있는 것과 같다. 그래서 다음과 같이 말할 수 있을 것 같다. '사정이 이러이러하다, 비가 오고 있다', '사정이 이러이러하다, 비트겐슈타인은 그의 생애에

한 권의 책을 출판했다' 등등.

그런데 비트겐슈타인의 논제가 단순히 언어에 대한 논제만은 아니다. 그것은 또한 세계에 대한 논제이다. 왜냐하면 언어가 적절하게 세계를 묘사하기 위해서는 세계는 그렇게 묘사될 수 있는 종류의 것이어야 하기 때문이다. 언어와 세계가 그림 관계를 가능하게 하는 공통된 구조를 공유한다는 것이 비트겐슈타인의 주장이다. 이것을 보여 주기 위해 『논고』는 세계의 본성에 대한 훌륭한 분석을 제공하고 있다. 이 분석은 그 책의 첫 문장에서 시작한다.

세계는 일어나는 모든 것이다. (TLP 1)

이것은 세계에 대한 정의 — 그것은 '일어나는 모든 것' 이다 — 이다. 비트겐슈타인에게서 **사실**은 '일어나는 것' 으로 정의되며, 그래서 '세계는 사실들의 총체이다' (TLP 1.1). 그는 세계가 '사물들' 의 총체는 아니지만, 그럼에도 이러한 '사물들' 이 세계를 궁극적으로 구성하는 블록들이라고 조심스럽게 말한다.[12] 사실이 그런 건축 블록이 될 수 없는 이유는 사실은 **복합적인** 어떤 것, 즉 더 단순한 사물들로부터 건축되는 어떤 것이기 때문이다. 세계와 언어 둘 다에 대한 비트겐슈타인의 분석은 전적으로 더 이상 나눌 수 없는 어떤 것, 말하자면, **원자적인** 어떤 것에 궁극적인 기반을 둔다. 이것이 『논고』에 종종 논리 원자론이라는 딱지가 붙는 이유이다. 이것은 좀 명확히 할 필요가 있다.

원자론은 주로 초기 그리스 철학자들인 레우키포스, 데모크리토스,

---

12   세계는 '사물들' 이라기보다는 '사실들' 의 총체로 정의되는데, 그것은 사물들의 총체는 그들의 배열에 의존하는 다양한 가능 세계를 구성할 수 있기 때문이다. 우리의 세계를 구성하고 있는 것은 사물들의 **독특한 배열**이다.

에피쿠로스와 연관된 유명한 고대 철학이다. 그것은 가변적 세계에서의 우리의 경험을 변화의 토대가 되는 것은 불변적인 어떤 것이어야 한다는 강한 느낌과 결합하려고 한다. 변화와 정지 사이의 명백한 모순은 변화를 인정하나 변화라는 것이 단지 불변하고 더 이상 나눌 수 없는 영원한 원자들의 다양한 결합과 배치에 의해서 이뤄진다고 주장하는 원자론에서 해결될 수 있다. 그러므로 현존하는(혹은 오로지 가능한) 상황은 세계의 제1 실체인 원자들이 결합한 결과이다. 플라톤과 아리스토텔레스에 의해 거부되기는 했으나, 원자론은 17세기 경험주의 철학자들, 특히 가상디(Pierre Gassendi)와 로크(John Locke)에 의해 부활되었다. 이 철학자들의 입자설은 사물들이 원자 혹은 **미립자** 구성으로, 즉 사물들을 구성하는 단순한 원자들로 설명될 수 있다고 주장한다. 이 입자설은 근대 과학의 토대를 형성한다. 『논고』 역시 이러한 고대 철학의 한 형식을 개진하고 있다.

비트겐슈타인은 세계는 사실들로 이루어져 있다고 말한다. 그런데 사실들은 복합체이며 그것을 구성하는 부분들로 분해될 수 있다. 이 때문에, 『논고』의 명제2는 다음과 같이 서술된다. '일어나는 것, 즉 사실은 사태들의 존립이다' (TLP 2). 그런데 비슷하게, 사태는 복합체이며 또한 **그것의** 구성 성분들로 분해될 수 있다. 그래서 우리는 비트겐슈타인이 '사태는 대상들(실물들, 사물들)의 결합이다' (TLP 2.01)라고 쓴 것을 발견한다. 따라서 세계에 대한 비트겐슈타인의 분석은 '대상들의 결합'으로 형성된 **사태들**로 구성된 **사실들**에서 출발해, 복잡성의 세계층을 드러낸다. 비트겐슈타인의 원자론은 복합체를 더 단순한 것으로 분해하는 것뿐만 아니라, 작은 사물들 자체에 대한 분석에서도 나타난다.

2.02   대상은 단순하다.

2.021   대상들은 세계의 실체를 형성한다. 그렇기 때문에 대상들은 합성적
          일 수 없다.

2.0271   대상은 확고한 것, 존속하는 것이다; 배열은 변하는 것, 비영속적인
          것이다.

『논고』의 형이상학적 관점은 세계는 더 이상 나눌 수 없는 수많은 원자(혹은 단순체들)로 이루어져 있고, 원자들(혹은 단순체들)은 모여서 사태들과 사실들을 형성하며, 새로운 상황을 창조하기 위해 흩어진다는 것이다. 이러한 그림은 물질의 기본 요소를 기술하는 동시에 변화를 설명한다.

비트겐슈타인이 생각한 것처럼, 여기서 결정적으로 중요한 것은 세계의 이런 구조가 언어로 하여금 그림 기능을 완성할 수 있게 하는 방법이다. 비트겐슈타인의 근본적인 주장은 세계와 언어 사이에 완벽한 구조 동일성(혹은 일대일 상관관계)이 존재한다는 것이다. 언어와 세계는 공유된 **논리적 형식**을 가진다. 그들의 구조는 서로를 **반영한다**. 세계가 점감적으로 **사실**, **사태**, **대상**의 복합적 삼위일체로 구성되는 것과 같이, 언어도 상응하는 세 개의 층을 가진다는 것을 보여 준다.

언어에 관해서는 우선, '고양이가 매트 위에 앉아 있었다'와 같은 **명제들**이 있다. 이런 명제들은 사실을 묘사하는 일을 한다. 그래서 세계의 가장 복합적인 세 번째 측면은 언어의 가장 복합적인 세 번째 측면, 즉 명제로 반영된다. 비트겐슈타인이 명제의 본성을 정의할 때, '명제는 요소 명제들의 진리 함수이다'(TLP 5)라는 말로 정의한다. 사실이 사태에 의해 구성되듯 명제는 사태에 대한 묘사인 '요소 명제'라고 불리는 더 작은 언어적 요소로 구성된다. 물론 여기서 멈추지 않는다. 요소

명제는 복합적이며 더 분석될 수 있다. 완전히 분석되었을 때, 요소 명제는 비트겐슈타인이 '이름들' 혹은 '단순 기호들' 이라고 부르는 것의 연결임을 알 수 있다. 그러한 단순 기호들은 세계의 구조를 형성하는 단순한 원자적 대상들을 지시한다. 그러므로,

> 3.203   이름은 대상을 의미한다. 대상은 이름의 의미이다.
> 3.22   이름은 명제 속에서 대상을 대표한다.

한 낱말의 의미는 그것이 지시하는 대상이다. 한 명제의 의미는 그것이 묘사하는 사실이다.

이런 관점은 어떻게 언어가 세상에 대해 말하게 되는가라는 문제, 낱말들이 사물들과 사실들에 어떻게 관련되는가라는 문제를 해결하는 것을 목표로 한다. 비트겐슈타인의 해결책은 언어에서 **이름들**이 세상에 있는 **대상들**을 대신한다고 주장하는 것이다. 다시 말해 이름들은 대상들의 **대리인이 된다**. 만약 선거에 투표하고 싶은데 투표 당일 투표 장소에 도착할 수 없다면, 내가 선택한 사람이 나의 바람에 따라 내가 있어야 할 곳에서 투표할 수도 있다. 그런 과정을 '대리 투표' 라고 부른다. 유사한 방식으로, **언어**의 명제들과 요소 명제들, 그리고 이름들은 **세계**에서 발견되는 대응하는 사실들, 사태들, 대상들의 대리인이 된다. 이 대리인 관계는 우리가 대상들을 언급하고 싶을 때마다 그것들을 매번 지시하는 것보다 의사소통 과정을 덜 성가시게 만든다. 우리는 고양이 같은 생물을 언급하고 싶을 때마다 고양이를 사냥하는 대신, 간단히 '고양이' 라는 낱말을 사용한다. 도식적으로 나타내 보면, 『논고』는 세계와 언어의 동형적 구조에 대해 다음과 같은 관점을 제시한다.

언어		세계
명제들	←——————→	사실들
요소 명제들	←——————→	사태들
이름들	←——————→	대상들

비트겐슈타인의 '이름'과 '대상'이라는 낱말 사용에 대해 숙고할 때, 이것들로 그가 의미하는 것은 우리가 일상적으로 이름과 대상으로 생각하는 것이 아니라는 것을 유념하는 것이 중요하다. 예컨대 '고양이가 매트 위에 앉아 있었다'라는 명제를 생각해 보면, 우리는 '고양이'라는 낱말이 대상(고양이)을 지시하는 이름이라고 생각하고 싶어진다. 그러나 그것은 비트겐슈타인이 의미하는 바가 **아닌데**, 왜냐하면 고양이는 나눠질 수 있는 것이기 때문이다. 그것은 조각들로 잘리거나 그것을 구성하는 원자들과 분자들로 분해될 수 있다. 만일 우리가 비트겐슈타인에게 진짜 이름이나 대상의 예를 요구한다면, 그는 도움이 안 될 것 같다. 비트겐슈타인은 전쟁 기간 동안 쓴 노트에 다음과 같이 쓰면서 그 문제에 대해 깊이 생각했음에도, 한 번도 이러한 것들이 각각 무엇을 의미하는지 예를 제공한 적이 없다.

> 이름으로 요소들을 언급하는 한 **우리**는 명제들을 분석할 수 없다는 것이 우리의 느낌에 반하는 것은 아니다. 아니, 우리는 세계가 요소들로 구성되어야 한다고 느낀다. (NB 62)

『논고』의 근본적인 원리가 직관에 의존해야 한다는 것이 꽤 이상하게 보일 수도 있지만, 세계를 구성하는 대상들을 규정하는 것은 — 논리학자로서 — **자신**의 임무가 아니라는 것이 이 당시 비트겐슈타인의 생각이었다. 그러한 탐구는 경험과학자들만이 착수할 수 있는 것이었다. 비트겐슈타인은 후에 이런 견해를 부조리한 것으로 간주했고, 앞으로 살펴보겠지만 단순한 대상들에 대한 원자론적 원리를 전적으로 거부하게 된다.

그런데 원자적 명제들과 대상들에 대한 세세한 항목들과 관계없이, 『논고』는 언어의 본성과 기능에 대해 명쾌하고도 그럴듯한 설명을 제시한다. 언어의 기능은 사실들을 묘사하는 것이며 진술을 이해하는 것은 그것이 묘사하는 사실을 이해하는 것, 즉 그 진술이 참이라면 세계가 어떠할 것이라는 것을 아는 것이다. 이것이 언어에 대한 일상적인 경험과 잘 맞아떨어지는 것처럼 보일 수도 있지만, 논고식 관점에서의 중요성은 사실 훨씬 극단적이다. 비트겐슈타인은 언어가 가능한 사실들을 그리는 일을 하는 한에서만 뜻을 가진다고 주장한다. 이것은 의미 있는 언어는 전적으로 경험적 혹은 과학적 담론에 한정된다는 것을 의미한다. 비트겐슈타인 자신의 말로 하면, '참된 명제들의 총체는 전체 자연과학(또는 자연과학들의 총체)이다' (TLP 4.11). 이 점을 이해하게 되면, 이어지는 '철학은 자연과학들 중의 하나가 아니다' (TLP 4.111)라는 언급이 이해된다. 만일 의미 있는 언어가 경험과학에 한정된다면, 철학 언어는 의미가 결여된 것임에 분명하다. 실제로 이것이 도출된 결론이다. 그래서 『논고』의 종결부에 다음과 같은 비트겐슈타인의 유명한 말이 있다.

6.54 나의 명제들은 다음과 같은 점에 의해서 하나의 주해 작업이다. 즉 나를 이해하는 사람은, 만일 그가 나의 명제들을 통해 — 나의 명제들을 딛고서 — 나의 명제들을 넘어 올라간다면, 그는 결국 나의 명제들을 무의미한 것으로 인식한다. (그는 말하자면 사다리를 딛고

올라간 후에는 그 사다리를 던져 버려야 한다.)

『논고』는 독자로 하여금 세계와 언어에 대해 명쾌한 관점을 갖게 하지만, 그것은 철학 언어로 쓰였기 때문에 엄격히 말해 무의미하다. 비트겐슈타인에게는 철학이 여러 가지 이유로 무의미한데, 대체로 그것이 언어의 경계를 넘어서기 때문이다. 5.6에서 비트겐슈타인은 언어의 한계는 세계의 한계라는 것을 강조한다. 그러나 전형적으로 철학은 우리가 경험 세계에서 발견한 사실적 상황들이 아니라, 흔히 '경험 너머', '세계 너머' 있다고 하는 것을 다룬다. 『논고』의 도식 안에서 그러한 것들은 어떤 위치도 차지하지 못하는데, 언어는 세계를 묘사하는 한에서만 의미를 가지기 때문이다. 따라서 '세계 너머'에 대해 말하려는 의도는 전혀 희망이 없다. 어떤 사람이 이것을 하려고 한다면 — 즉 형이상학을 하려고 한다면 — 우리는 '그가 그의 명제들 속에 있는 어떤 기호들에다 아무런 의미도 부여하지 못하였음을' (TLP 6.53), 다시 말해 그가 그의 언어와 세계를 연결시키는 데 완전히 실패했다는 것을 입증해야 한다.

이렇게 과학적으로 편향된 상황에서 철학적 특성을 가진 언어만 부인되는 게 아니다. 윤리학과 미학의 언어 역시 추방된다. '그렇기 때문에 윤리학의 명제들도 존재할 수 없다' (TLP 6.42). 이런 금지 명령은 한편으로 'X가 슈퍼마켓에서 빵 한 덩이를 훔쳤다', '레오나르도 다빈치가 모나리자를 그렸다'와 같은 진술과, 다른 한편으로 '도둑질은 나쁘다', '모나리자는 아름다운 그림이다'라는 가치 판단 사이의 불일치에서 부분적으로 발생한다. 전자의 진술들은 의미가 그림이어야 한다는 요구를 만족시키는 반면, 후자는 어떤 것도 묘사하지 않으며, 따라서 뜻이 없다. 신학적 담론 — 종교 언어 — 또한 의미 있음의 엄격한 요구를 만족시키지 못한다는 것은 말할 필요도 없다. 이렇게 경험적, 사실적 담론에서 벗어난 것들에 관해서는 한 가지 가능성만 있다.

7   말할 수 없는 것에 관해서는 침묵해야 한다.[13]

비트겐슈타인은 의미의 경계를 규정함으로써 언어의 기능을 명료하게 하고, 수 세기 동안 철학이 씨름해 왔던 문제들을 풀었다고 느꼈다. 물론 이 문제들은 풀렸다기보다는 '무의미한' 것으로 밝혀진 것인데, 이는 그것들이 의의 있기 위해 요청되는 의미의 기준을 위반했기 때문이다. 임무를 완성했기에, 비트겐슈타인은 철학을 접고 1920년대 동안 다른 활동들을 했었다. 1926년까지 그는 오스트리아 시골 초등학교에서 교편을 잡았다. 이것은 격식적인 '지성인들'에게서 벗어나 잘 살아보려는 그의 욕구에 적합했지만, 비트겐슈타인은 또다시 자신을 심한 의심의 눈초리로 보는 '비인간적 존재들'[14](당시 그가 가르쳤던 아이들의 부모들)의 적개심과 맞닥뜨리게 되었다. 비트겐슈타인은 학생 폭행 건으로 고발당한 후, 비엔나로 되돌아와 휘셀도르프 수도자들의 정원사로 일하면서, 정원 도구 창고에서 3개월 동안 살았다. 정원 일이 비트겐슈타인에게 대단히 효과적이었다는 것이 증명되었으나, 다음과 같은 철학 외의 작업은 지속적으로 의미 있었다.

비트겐슈타인의 누이 그레틀은 집안의 지인인 건축가 엥겔만(Paul Engelmann)에게 비엔나에 그녀를 위한 집을 디자인하고 건축해 줄 것

---

13   이 마지막 말의 오그던(C. K. Ogden) 번역은 훨씬 유명하(며 사실 더 시적이)다. '우리가 말할 수 없는 것에 관해 우리는 침묵해야 한다(Whereof one cannot speak, thereof one must be silent).'

14   Wittgenstein, quoted in Monk, p.228.

을 요청했다. 1926년에 그녀와 엥겔만은 비트겐슈타인에게 그 작업을
거들어 달라고 부탁하는데, 그 일은 곧바로 비트겐슈타인의 일이 되었
다. 비트겐슈타인은 열정을 가지고 집의 디자인을 맡았으며, 창문 자물
쇠와 라디에이터의 정확한 사이즈와 모양까지 모든 세세한 부분을 지
나칠 정도로 검토했다. 쿤드만가세 집[15]은 엄격미(stark beauty)를 갖추
었으며, 이는 장식이 적어서 한층 더 두드러졌는데, 장식이 없다는 점
에서 그 건물은 로스의 건축 양식을 연상시킨다. 그 건물을 '논리가 구
현된 집' 이라고 한 헤르미네 비트겐슈타인의 묘사는 그것의 정신, 즉
비트겐슈타인의 철학적 작업 특성과 어울리는 정신을 아주 잘 포착한
것이다. 더구나 비트겐슈타인은 철학과 건축 작업 사이의 유사점을 찾
아냈다. '철학에서의 작업은 — 건축에서의 작업이 여러모로 그렇듯이
— 실제로는 오히려 자기 자신에 대한 작업이다. … 사물을 어떻게 보
느냐에 대한 작업' (CV p.16/61쪽).

　1929년 비트겐슈타인은 케임브리지로 돌아왔다. 이렇게 철학을 다시
받아들이게 한 것이 무엇인지는 분명하지 않다. 아마도 1920년대 후반
비엔나학파 철학자들과의 만남이거나, 아니면 브라우어(L. E. J. Brou-
wer)의 수리철학에서 발생한 흥미였을 수도 있다. 심지어 비트겐슈타
인이 소련 스파이 지원병으로 활동하기 위해 케임브리지로 돌아왔다는
주장도 제기되었다.[16] 그가 케임브리지로 돌아오게 된 것은 그의 전기
이론에서 중대한 결함을 알게 되었으며 그 문제를 풀려고 한 데 있다.
출처가 의심스럽긴 하지만 한 가지 매력적인 이야기는 비트겐슈타인이

15　엥겔만과 비트겐슈타인이 건축한 그레틀의 집 이름._역자주
16　Kimberley Cornish, *The Jew of Linz* (London: Century, 1998), pp.40-87 참
조. Brouwer의 강의의 중요성에 대해서는 P. M. S. Hacker, *Insight and Illusion* (rev.
ed.) (Oxford: Oxford University Press, 1986), pp.120-8 참조.

어떻게 그의 전기 철학을 거부하게 되었는지를 설명한다. 이탈리아 경제학자 스라파(Pierro Sraffa)는 비트겐슈타인과의 열띤 토론 중에 손가락을 그의 턱 아래에서 바깥으로 밀어내는, 경멸 어린 나폴리적 제스처를 한 후 '그것의 논리적 형식은 뭐죠?'라고 질문했다. 이 명쾌한 비판이 비트겐슈타인으로 하여금 언어는 사실을 묘사해야만 한다는 그의 전기 관점을 거부하게 했을 수 있다. 좌우간 이 시점 이후로, 비트겐슈타인의 철학은 아주 다양한 언어 형식과, 언어와 제스처 및 표현 행위의 관계를 보여 주려고 한다.

1929년부터 비트겐슈타인은 또다시 열정적이고 강도 높게 연구에 몰두했다. 이 기간 동안 책은 출판하지 않았지만 방대한 양의 글을 썼는데, 사후에 계속해서 출판된 작품들이 이를 증명한다. 쓰기뿐 아니라 철학 강의도 했는데, 그의 강의 스타일은 유명했다. 다음은 이러한 수업을 처음 경험한 목격자 레드패스(Theodore Redpath)의 진술이다.

방에는 약 24명이 있었는데, 어떤 이들은 서 있었고 어떤 이들은 등받이가 밝은 초록색 즈크 천으로 된 접이용 의자나 등받이와 좌석이 비슷한 초록색 천으로 된 곧추선 정원용 의자에 앉아 있었습니다. 모든 이들이 강의가 시작되는 5시를 기다리고 있었습니다. 나는 작은 칠판이 걸려 있는 벽난로 선반에서 겉면이 청중을 향해 있는 짙푸른 8절판 책 한 권을 주목했습니다. 겉면에는 금색 글씨로 『아우구스티누스: 고백록』이라는 글이 있었습니다. 비트겐슈타인은 벽난로 선반 돌 근처에 있는 접이용 의자 중 하나에 앉아 자신의 팔꿈치를 무릎에 괴고 마치 기도하듯이 두 손을 꽉 잡고서 앞으로 숙이고 있었습니다. 그는 약간 아래로 내려다보고 있었고 나는 가느다란 그의 눈꺼풀 모양을 주목했습니다. … 5시 정각 그가 발을 튕기며 일어나 팔을 벽난로 선반에 의지한 채 청중을 향해 돌아서서 강의하기 시작했을 때, 빈틈없는 얼굴

과 투명한 파란 눈의 강렬한 응시에 사람들은 깊은 인상을 받았습니다.[17]

비트겐슈타인의 강의는 대학의 전형적인 강의 패턴을 따르지 않았다. 비트겐슈타인은 준비된 강의를 전달하기보다는 두 시간 내내 철학 문제와 씨름하고 다른 사람들의 도움을 요청하면서 소리치며 **생각했다.** 너무나 당연히 학생들이 항상 계몽되어서 그 방을 나선 것은 아니었다. 리처드(I. A. Richards)는 레드패스에게 '어떤 때는 뭔가가 일어났고, 어떤 때는 아무 일도 일어나지 않았다' 고 말했다.[18] 강의 동안 비트겐슈타인의 사색이 고통스러웠다는 것은 사고가 난관에 부딪혔을 때 나타나는 감정 폭발에서 확실히 알 수 있다. 그 폭발은 '넌 끔찍스러운 선생이야!', '나는 바보야!', '누구든 날 도와줘!', '제기랄 형편없는 내 영혼이여!' 와 같은 표현이었다. 그런데 비트겐슈타인이 『논고』의 이론 — 그의 사후 걸작 『철학적 탐구』 안에 그것의 아주 완벽한 표현을 수용한 이론 — 과는 전적으로 다른 철학적 안식처에 도달한 것은 이런 분투적인 정신적 노력을 통해서였다.

부분적으로 후기 저작은 『논고』의 추정(presumption)에 대해 지속적으로 공격하는 역할을 하며, 언어와 의미의 본성에 대한 긍정적인 관점은 자신의 전기 견해를 스스로 비판하는 것으로 나타난다. 『탐구』는 레드패스가 비트겐슈타인의 벽난로 선반에서 주의 깊게 본, 아우구스티누스의 『고백론』에서 가져온 인용으로 시작한다. 그 인용에서 아우구스티누스는 어린아이인 그가 언어를 어떻게 배우게 되었는지 설명한다.

---

17   Theodore Redpath, *Ludwig Wittgenstein: A Student's Memoir* (London: Duckworth, 1990), pp.17-18.

18   Ibid., p.19.

그들(어른들)이 그 어떤 하나의 대상을 명명하고 그 대상에로 몸을 돌렸을 때 나는 이것을 보고, 그 대상이 그들이 그것을 지시하고자 했을 때 그들이 낸 소리에 의해 가리켜졌음을 파악했다. 그러나 나는 이것을 그들의 몸짓들, 즉 모든 사람들의 자연 언어, 즉 영혼이 그 어떤 것인가를 열망하거나 간직하거나 거부하거나 피할 때에 얼굴 표정과 눈짓에 의해, 손발의 움직임과 목소리의 울림에 의해 영혼의 감정을 나타내는 언어로부터 추측하였다. 그렇게 해서 나는 내가 여러 가지 문장들 속의 정해진 자리들에서 되풀이해서 발언되는 것을 들은 낱말들이 어떤 사물들을 가리키는지를 이해하는 법을 점차 배웠다. 그리고 나의 입이 이제 이러한 기호들에 익숙해졌을 때, 나는 그것들에 의해 나의 소망들을 표현해 내었다. (PI §1)[19]

비트겐슈타인의 관심이 집중된 것은 이러한 그림이다. 그는 다음과 같이 말한다. 아우구스티누스의 말에서

인간 언어의 본질에 대한 어떤 하나의 특정한 그림을 얻는다. 즉 언어의 낱말들은 대상들을 명명하며, 문장들은 그러한 명칭들의 결합들이라는 것이 그것이다. — 언어에 대한 이러한 그림 속에서 우리는 다음과 같은 생각의 뿌리들을 발견한다: 각각의 모든 낱말은 어떤 하나의 의미를 가지고 있다. 이 의미는 낱말에 부가된다. 그것은 그 낱말이 나타내는 대상이다. (PI §1)

비트겐슈타인이 아우구스티누스의 그림에서 발견한 것은 『논고』에서 훨씬 더 정교했던, 덜 세련된 언어관이었다. 이 그림에 대한 그의 주

---

19 『철학적 탐구』에서의 문구 참조는 페이지가 아니라 절 번호이다. 이것은 다른 후기 저작에도 적용되며, §로 표기한다. 여기서의 번호 체계는 정수열을 따라 절을 표시하기에 『논고』보다 덜 복잡하다.

된 비판은 그것이 전적으로 틀렸다는 것이 아니라 언어가 기능하는 여러 다른 방식을 무시함으로써 왜곡된 이미지를 제공한다는 것이다. 이를 보여 주기 위해 비트겐슈타인은 (그가 '언어놀이'라고 부르는) 원시적인 두 개의 언어 형식을 상상한다. §2에서 그는 아우구스티누스의 기술에 어울리는 언어를 기술한다.

> 그 언어는 어떤 건축가 A와 조수 B와의 의사소통을 위해 쓰인다고 해 두자. A는 건축용 석재들을 가지고 어떤 하나의 건물을 짓는다; 벽돌들, 기둥들, 석판들, 들보들이 있다. B는 그에게 그 석재들을 건네 주어야 한다. 더구나, A가 그것들을 필요로 하는 순서에 따라서. 그 목적을 위해서 그들은 "벽돌", "기둥", "석판", "들보"란 낱말들로 이루어져 있는 어떤 하나의 언어를 사용한다. A가 그 낱말들을 외친다; — B는 이렇게 외치면 가져오도록 배운 석재를 가져간다. (PI §2)

여기서 낱말들은 아우구스티누스와 『논고』의 저자가 낱말들에 부여한 임무를 수행한다. 낱말들은 대상들을 명명하고, 대상은 낱말의 의미이다. 이 언어놀이를 비트겐슈타인이 §1에서 제시한 것과 대조해 보자.

> 내가 누군가를 보내 어떤 것을 사 오라고 시킨다. 나는 그에게 "다섯 개의 빨간 사과"라는 기호가 적힌 어떤 하나의 종이 쪽지를 준다. 그는 그 종이 쪽지를 상인에게 가지고 간다. 상인은 "사과"라는 기호가 붙은 궤짝을 연다; 그 다음 그는 하나의 일람표에서 "빨강"이란 낱말을 찾으며, 그 맞은편에서 어떤 하나의 색 견본을 발견한다. 이제 그는 "다섯"까지 기수(基數)의 수열을 말하며 — 나는 그가 그 수열을 외고 있다고 가정한다 — 그 각각의 숫자마다 그 견본의 색깔을 가진 사과 하나를 궤짝에서 꺼낸다. (PI §1)

이 언어놀이의 목적은 낱말들이 기능하는 방식은 여러 가지이며 다양하다는 것을 보여 주는 것이다. 비록 언어놀이가 세 낱말들로 구성된다 하더라도, '다섯', '빨강', '사과'라는 낱말들이 여러 가지 다른 종류의 역할들을 한다는 것은 분명하다. '사과'라는 낱말은 대상을 지칭하지만 '다섯'은? 비트겐슈타인 스스로 묻다시피, '"다섯"이란 낱말의 의미는 무엇인가? — 그런 것은 여기서 전혀 이야기되지 않았다; 여기서 이야기된 것은 단지, "다섯"이란 낱말이 어떻게 사용되는가 하는 것이었을 뿐이다'(PI §1).

언어놀이들을 대조해 본 것이 주는 교훈은 유익하다. §1의 언어놀이는 낱말들에 대한 다양한 관점 중 한 관점을 보여 주지만, §2에서 낱말들의 기능은 획일적이다. 비트겐슈타인은 동일한 대조가 아우구스티누스의 획일적인 관점과 자연 언어에서 실제 낱말 사용의 다양성 사이에도 있다고 주장한다.

아우구스티누스는 의사소통의 어떤 한 체계를 기술하고 있다고 우리는 말할 수도 있을 것이다. 다만, 우리가 언어라고 부르는 것 모두가 이러한 체계는 아니다. 그리고 이 점은 "이러한 묘사는 알맞은가, 알맞지 않은가?" 하는 물음이 일어나는 매우 많은 경우에 말해져야 한다. 그 경우 대답은 이러하다: "그렇다, 알맞다. 그러나 오직 이 좁게 한정된 영역에 대해서뿐이고, 당신이 묘사하고 있다고 주장한 그 전체에 대해서는 아니다."

그것은 마치 누군가가, "놀이들이란 우리가 사물들을 어떤 규칙들에 따라서 어떤 하나의 평면 위에서 움직이는 데 있다…"고 설명하고, — 우리는 그에게 다음과 같이 대답하는 것과 같다: 당신은 판 위에서 하는 놀이들을 생각하고 있는 걸로 보이는데, 그러나 그것이 모든 놀이인 것은 아니다. 당신은 당신의 설명을 이러한 놀이들에 명확히 한정함으로써 당신의 설명을 바

로잡을 수 있다. (PI §3)

여기서 의미 있는 언어 전체는 자연과학 명제들의 총체**이다**라는 논고식 주장이 저절로 떠오른다. 후기 비트겐슈타인에게 이것은 크리켓이 판위에서 행해지지 않기 때문에 놀이가 아니라는 생각만큼이나 잘못된, 완전히 과학 제국주의적 행위였다.

비트겐슈타인이 『탐구』의 가장 앞부분에서 하는 것은 『논고』의 전제들에 도전하고, 언어에 대해 교정된 이해로 향하는 길을 가르쳐 주는 것이다. 그는 우리가 낱말의 의미는 어떤 것, 즉 어떤 대상에 상응해야 한다고 생각하는 경향이 있다고 말한다. 그러한 직관은 §1에 있는 것과 같은 단순한 언어놀이에 직면할 때 도전받는다. '다섯'이라는 낱말이 무엇을 지시하는지 묻는 것이 의미 없기에, 본질적으로 낱말들의 지시적 본성에 대한 우리의 가정은 폐기될 것이다. 원시적 언어놀이에서 '다섯'과 같은 낱말의 적용은 '당신이 "의미"라고 부를지도 모를 어떤 대상을 당신 주위에서 찾으려고 하는 유혹을 당신에게서 치료해' 줄 것이다 (BB p.1/16쪽). 수-낱말들(number-words)만 이 경우에 해당하는 것은 아니다.

물!

비켜!

아야!

도와줘요!

좋아!

아니!

그런데 당신은 아직도 이 낱말들을 "대상들의 이름들"이라고 부르는 데로

기울어져 있는가? (PI §27)

이제 비트겐슈타인은 낱말의 기능은 항상 대상을 지시하는 것이라는 생각 대신 대안적 관점을 제시한다. 낱말은 **도구(tool)**와 유사하다.

어떤 하나의 도구(tool) 상자에 있는 도구들을 생각하라. 거기에는 망치, 집게, 톱, 나사 돌리개, 자, 아교 단지, 아교, 못과 나사들이 있다. ─ 이들 대상들의 기능들이 다르듯이, 그처럼 낱말들의 기능들도 다르다. (PI §11)

문장들도 비슷한 방식으로 간주된다. 낱말이 연장(tool)이라면, 문장은 '도구(instrument)' (PI §421)이다. 마찬가지로, '언어는 하나의 도구(instrument)이다. 언어의 개념들은 도구들이다' (PI §569).

도구 비유는 주요한 두 가지 목적에 도움이 된다. 첫째, 언어의 '일반적인 형식'을 구성하려는 의도, 즉 낱말들과 문장들을 서로에게 통합시키려는 의도를 차단하는 역할을 한다. 이 때문에 다음과 같이 말한다.

누군가가 이렇게 말했다고 생각해 보라: "**모든** 도구들은 어떤 것을 변경하기 위해서 쓰인다. 이를테면 망치는 못의 위치를, 톱은 판자의 형태를 변경하기 위해서 등등." ─ 그런데 자와 아교 단지, 그리고 못들은 무엇을 변경하는가? ─ "어떤 사물의 길이에 대한 우리의 지식, 아교의 온도, 그리고 상자의 굳기를 변경한다." ─ 표현을 이렇게 동화시킨다고 뭔가가 얻어질까? ─ (PI §14)

후기 철학에서 비트겐슈타인이 언어의 다양한 특성을 몹시 강조하는 것을 수차례 보게 된다. 그는 『논고』에서처럼 언어의 일반 형식을 발견하려고 하는 것이 아니라, 언어가 가진 서로 다른 형식을 모두 조망하려고 한다. 이것은 §23에 명시된 언명들에 이른다.

다음과 같은 예들에서, 그리고 다른 예들에서, 언어놀이의 다양성을 똑똑히 보라:

명령하기, 그리고 명령에 따라 행위하기 ―

어떤 하나의 대상을 그 외관에 따라서, 또는 측정한 바에 따라서 기술하기 ―

어떤 하나의 기술(소묘)에 따라 대상을 제작하기 ―

어떤 하나의 사건을 보고하기 ―

사건에 관해 추측들을 하기 ―

어떤 하나의 가설을 세우고 검사하기 ―

실험 결과들을 일람표와 도표로 묘사하기 ―

어떤 하나의 이야기를 짓기; 그리고 읽기 ―

연극을 하기 ―

윤무곡을 부르기 ―

수수께끼 알아맞히기 ―

농담하기; 허튼소리하기 ―

어떤 하나의 응용 계산 문제를 풀기 ―

어떤 한 언어로부터 다른 언어로 번역하기 ―

부탁하기, 감사하기, 저주하기, 인사하기, 기도하기.

― 언어의 도구들과 그것들의 사용 방식의 다양성, 즉 낱말과 문장 종류들의 다양성을 논리학자들이 언어의 구조에 관해 말해 왔던 것과 비교하는 것은 흥미롭다. (그 비교 대상에는 『논리-철학 논고』의 저자도 역시 포함된다.)

이제 비트겐슈타인의 후기 견해가 전기의 억측과 얼마나 다른지 명확해졌을 것이다. 사실 묘사만 하는 획일적인 것 대신, 후기 언어관은 훨씬 더 이질적인 것에 대한 것이다. '우리에게 언어는 특정한 목적을 충족시키는 장치로서 정의되지 않는다. 오히려 "언어"는 우리에게 하나의 집합명사' (Z §322)이다.

도구 비유의 두 번째 주요한 측면은 비트겐슈타인의 후기 저작의 위대한 언명 중 하나와 관련된다. 만일 도구의 의미가 뭔지 질문받는다면, 답은 그 도구의 특별하고 고유한 **사용**이 될 것이다. 만일 우리가 문장을 도구로 간주한다면, '문장의 뜻은 그것의 사용이라고 간주' 해야 한다(PI §421). 전하는 바에 따르면 케임브리지 도덕과학 클럽에서 낱말의 의미가 무엇인지 질문받았을 때, 비트겐슈타인은 '의미에 대해 묻지 말고 사용에 대해 물으시오'[20]라고 대답했다. 후기 저작이 진술들을 일률적으로 이해하는 것에 대해 단호하게 비판적인 입장을 제시했음에도, 이것은 훨씬 심한 일반화처럼 보인다. 『탐구』에서 비트겐슈타인은 더 조심스럽다.

"의미"란 낱말을 이용하는 경우의 **많은** 부류에 대해서 — 비록 그 **모든** 경우에 대해서는 아닐지라도 — 우리는 이 "의미"란 낱말을 이렇게 설명할 수 있다. 즉: 한 낱말의 의미는 언어에서의 그것의 사용이다. (PI §43)

사용의 측면에서 의미를 정하는 것은 낱말들과 문장들이 항상 대상들과 사실들을 지시한다는 관념을 거부하는 것이다. 정확히 말해 사람들이 무엇을 발화했을 때 그가 의미한 것을 알아내기 위해 우리는 그가

20   John Wisdom, 'Ludwig Wittgenstein, 1934–1937', in *Paradox and Discovery* (Oxford: Basil Blackwell, 1965), p.87.

그것을 말할 때 얻고자 한 게 뭔지, 즉 그 문장이 어떤 사용에 놓여 있는지를 알아차릴 필요가 있다. '사용으로서의 의미'라는 관념으로, 비트겐슈타인은 사물에 부착된 라벨이라는 논고식 낱말 모델로부터 아주 멀리 떨어져, 더 역동적인 언어 모델에 이르렀다.

비트겐슈타인 후기 언어관의 이러한 특징들은 『탐구』의 탁월한 모티브, **언어**와 **놀이** 사이의 유비로 집약된다. **우리는 낱말로 놀이를 한다**는 생각이 떠올랐을 때 비트겐슈타인은 축구 경기를 보고 있었다고 전해진다. 이 때문에 그는 다음과 같이 쓰고 있다:

> 우리는 언어의 시간적·공간적 현상에 관해서 이야기하고 있는 것이지, 비시간적·비공간적 허깨비에 관해서 이야기하고 있지 않다. … 그러나 우리는 그것에 관해서 마치 우리가 장기놀이의 말들에 관해서 이야기할 때 그 물리적 속성들을 기술함에 의해서가 아니라 그 놀이 규칙들을 진술함에 의해서 이야기하듯이 그렇게 이야기한다.
>
> "낱말이란 본래 무엇인가?"란 물음은 "장기의 말이란 무엇인가?"와 비슷하다. (PI §108)

이 예에서 사용으로서의 의미라는 관념이 가장 중요하다. 체스 말의 의미는 (마치 '왕관 쓴 말은 에드워드 2세의 대용물이다'라고 말하듯) 그 놀이 밖에 있는 어떤 것을 지시하는 것으로서는 설명되지 않는다. 아니, 그것의 의미는 그것의 사용에서, 그 놀이의 **규칙들**에 일치하게 만들어질 수 있는 수들(moves)에서 드러난다. 여기에서 놀이들의 다른 특징들이 중요하다. (선수들이 일단 참여하면 의존하기는 하지만) 놀이 규칙들은 자의적이다. 놀이는 실재의 반영인지 아닌지(크리켓이 어떻게 성공적으로 세계를 지시하는지 묻는 것은 의미 없을 것이다)로 판단되어서는 안 되며, (마치 더 느리다는 이유로 포커가 단거리 경주보다 열등하다고 하는 것처럼) 다른 놀이 기준들로 판단되어서도 안 된다. 각각의 놀이는 자신의 규칙들과 기준들, 목표들을 가지고 있다. 그러므로 비트겐슈타인이 언어를 놀이로 간주할 때, 그는 언어가 보잘것없다는 말을 하려는 것이 아니라 언어가 놀이와 중요한 유사점들을 공유한다는 것을 말하려고 하는 것이다. 대체로 낱말(혹은 문장)의 의미는 단순히 경험 세계를 묘사하는 것으로 성공이 판단되어서는 안 되는 언어놀이, 즉 규칙 지배적인 활동 속에서의 사용이다.

놀이 비유는 비트겐슈타인 후기 철학의 중요한 주장을 조명하는 역할도 한다. 우리가 미리 언급했던 것처럼, 그는 언어라는 것이 어떠한 '일반 형식'도 없으며, 차라리 '모음(collection)'이라는 것을 강조하길 원했다. 언어의 본질을 따로 떼어 내는 데 실패했다는 도전에 정면으로 맞서, 그는 언어 현상은 '어떤 일자(一者)가 공통적으로 있는 게 결코 아니고, — 그것들은 서로 매우 다양한 방식으로 **근친적**이라고'(PI § 65) 주장한다.

예를 들어 우리가 "놀이들"이라고 부르는 과정들을 한번 고찰해 보라. 나는 판 위에서 하는 놀이들, 카드놀이들, 공놀이들, 격투 시합들 따위를 뜻하고 있다. 무엇이 이 모든 것들에 공통적인가? — "그것들에는 무엇인가가 공통**적이어야 한다**, 그렇지 않으면 그것들은 '놀이들'이라고 불리지 않을 것이다"라고 말하지 말고, — 그것들 모두에 공통적인 어떤 것이 있는지 여부를 **보라**. — 왜냐하면 만일 당신이 그것들을 주시한다면, 당신은 그 **모든 것**에 공통적인 어떤 것을 볼 수는 없을 것이지만, 유사성들, 근친성들은 보게 될 것이기 때문이다. 그것도, 매우 많이. 이미 말했다시피: 생각하지 말고, **보라**! — 예컨대 판 위에서 하는 놀이들을 그 다양한 근친성들과 함께 주시하

라. 자, 이번에는 카드놀이들에로 넘어가라. 여기서 당신은 저 첫 번째 부류들과 대응하는 많은 것들을 발견하지만, 많은 공통적인 특징들이 사라지고 다른 것들이 등장한다. 이제 우리가 공놀이들에로 넘어가면, 어떤 공통적인 것들은 보존되어 남아 있지만, 많은 것이 상실된다. — 그것들은 모두 **'재미 있는'**가? 장기와 오목을 비교하라. 또는 놀이하는 사람들 사이에 언제나 승패 또는 경쟁이 존재하는가? 빠시앙스라는 카드 점치기 놀이를 생각하라. 공놀이들에는 승리와 패배가 존재한다. 그러나 어린아이가 공을 벽에 던지고 다시 붙잡을 때는 이러한 특징은 사라진다. 기량과 운(運)이 어떤 역할을 하는가를 보라. 그리고 장기에서의 기량과 테니스에서의 기량은 얼마나 다른가? 자, 이번에는 윤무놀이를 생각해 보라. 여기에 오락의 요소는 있다. 그러나 얼마나 많은 다른 특징들이 사라졌는가! 그리고 이렇게 해서 우리는 많고 많은 다른 놀이 집단들을 답사할 수 있으며, 유사성들이 나타나고 사라지는 것을 볼 수 있다. (PI §66)

놀이들에 대한 이런 주의 깊은 조사 결과는 우리가 '서로 겹치고 교차하는 유사성들의 복잡한 그물을' (PI §66) 간파한다는 것이다.

나는 이러한 유사성들을 "가족 유사성"이란 낱말에 의해서 말고는 더 잘 특징지을 수 없다. 왜냐하면 몸집, 용모, 눈 색깔, 걸음걸이, 기질 등등 한 가족의 구성원들 사이에 존재하는 다양한 유사성들은 그렇게 겹치고 교차하기 때문이다. — 그리고 나는 '놀이들'은 하나의 가족을 이루고 있다고 말할 것이다. (PI §67)

가족 유사성 모티브는 비트겐슈타인이 "일반성에 대한 열망"(BB 17)이라 부른 것에 대한 공격이다. 『논고』의 저자는 언어의 엄청난 다양성을 알아차리는 데 실패했으며 언어의 작은 가지 하나 — 과학 언어 — 가 언어 **전체**를 포괄한다고 잘못 생각했다. 이것은 후기 비트겐슈타인에게 는 어리석은 것이다. 그것은 모든 놀이가 크리켓이라고 말하는 것과 같 다. 크리켓이 우리가 '놀이'라고 부르는 다양한 현상들의 한 예에 불과 한 것처럼 과학적 담론은 '언어'라는 이름하에 모은 무한히 확장 가능 한 실천들의 수집품 중 한 경우에 불과하다.

언어를 『논고』 속에 표현된 '허깨비'가 아니라 실천(혹은 활동)으로 보는 정의는 비트겐슈타인이 언어의 근본적인 **사회적** 본성을 알게 되었 음을 강조한다. 그가 말하는 것처럼 '"언어놀이"란 낱말은 여기서, 언어 **를 말하는 것**은 어떤 활동의 일부, 또는 삶의 형태의 일부임을 부각시키 고자 의도된 것이다'(PI §23). '삶의 형태'가 뭘 의미하는지는 논쟁의 주제이며 다음 장에서 검토될 것이다. 비트겐슈타인은 어느 때는 '삶의 형태'를 '문화'[21]와 동일시하는데, 그것은 언어가 사회(혹은 문화)처럼 어떤 집단적인 것 내에서만 그 중요성을 얻을 수 있다는 점을 시사한 다. 『논고』의 틀에서는 사회학적 고려가 완전히 결여되어 있었으나 『탐 구』에서 그러한 고려는 아주 중요한 위치를 차지한다.

이런 집단적이고 사회학적인 의미는 비트겐슈타인의 후기 인간관에 서도 나타난다. 잠시 『탐구』 초반의 아우구스티누스의 그림으로 돌아가 자. 아우구스티누스는 언어의 개념뿐만 아니라 어린아이가 어떻게 언 어를 **배우는**지에 대한 개념도 기술한다. 어린 아우구스티누스는 말할 수 있기 전에 세계를 응시하고, 어른들이 주위에서 움직이고 사물을 가

---

21   삶의 형태와 문화 사이의 이러한 연관은 '어떤 하나의 언어를 상상한다는 것은 어 떤 하나의 삶의 형태를 상상하는 것이다'(PI §19)라는 『탐구』 초반 글을 주목하면 파악 할 수 있다. 『갈색책』에서 그 사상은 다음과 같이 공식화된다. '우리는 언어(그리고 그것 은 다시 하나의 문화를 의미한다.)를 쉽게 상상할 수 있을 것이다'(BB p.134/ 223쪽).

리키고 소리를 내는 것을 관찰하며, 말해지는 것과 가리켜지는 것 사이를 적절히 연결한다. 비트겐슈타인은 다음과 같이 말한다.

> 어떤 낯선 나라에 가는 사람은 때때로 그 토착민들의 언어를 그들이 그에게 주는 지시적 설명들에 의해서 배울 것이다. 그리고 그는 이러한 설명들의 해석을 종종 **추측**해야 하며, 때로는 옳게, 때로는 잘못 추측할 것이다.
>
>   그리고 이제 우리는 이렇게 말할 수 있다고 나는 믿는다. 즉 아우구스티누스는 인간 언어의 학습을 마치 어린아이가 어떤 낯선 나라에 와서 그 나라의 언어를 이해하지 못하고 있는 듯이 그렇게 기술하고 있다고. 즉 단지 이 언어가 아닐 뿐, 어린아이가 이미 어떤 하나의 언어를 가지고 있는 듯이. 또는 심지어: 단지 말하지 못할 뿐, 어린아이가 이미 **생각**할 수 있는 듯이. 그리고 여기서 "생각한다"는 "자기 자신에게 이야기한다"와 같은 어떤 것을 뜻할 것이다. (PI §32)

비트겐슈타인이 아우구스티누스의 분석에 이의를 제기하는 것이 대부분이지만[22], 내가 여기서 주로 주목하고 싶은 것은 그가 이러한 언어 습득 그림의 **이원론적** 가정들에 대해 단호한 반응을 보인다는 것이다. 이원론에서는 인간이 육체와 영혼 둘로 구성되어 있고, 사람에게 본질적

---

22   특히 비트겐슈타인이 **지시적 정의**라는 관념(즉, 낱말의 의미는 '이것은 x라 불린다'와 같은 말의 사용과 결합된 지시적 행위를 통해 배워진다는 관념)에 반대하는 것은 중요할 수 있다. 비트겐슈타인은 아우구스티누스의 그림이 암시하는 것, 즉 지시적 정의가 언어 습득의 진정한 토대를 이룬다는 것에 이의를 제기하고 싶어 한다. 지시적 정의 과정에 익숙하지 않은 사람이 가리켜지고 있는 것이 대상 그 자체인지 어떻게 알 수 있는가 하는 이유 때문이다. 왜 그 대상의 색깔이어서는 안 되며, 대상의 기능이나 그 대상으로 어떤 것을 하라는 명령이어서는 안 되는가? 달리 말해 지시적 정의의 역학 관계를 이해하기 위해서는 이미 그것이 구성하는 언어놀이를 이해해야 한다. 결론적으로 이미 언어 사용자여야 한다. 이 점에 대해서는 『탐구』 §§27-38을 보라.

인 것은 비물질적 것이며, 육체는 영혼이 거주하는 기계 같은 것이라고 한다. 아우구스티누스의 말은 암묵적으로 이런 학설을 포함한다. 어린 아우구스티누스의 작은 몸속에는 세상에서 육화된 자신을 발견한 영혼 혹은 정신이 있다. 그 영혼은 '이미 생각할' 수 있지만 언어라는 매체가 없어 어린 아우구스티누스의 사유는 다른 사람에게 가려진 사적 사유이다.

비트겐슈타인은 아우구스티누스의 이원론적 가정을 여러 측면에서 공격한다. 첫째, 그는 모국어를 배우기 이전에 '사적 언어'가 있을 것이라는 생각을 비판한다. 비트겐슈타인에게 언어는 본질적으로 공적인 것으로, 공유된 삶의 형태 속에서만 의미와 중요성을 얻는다. 언어는 근본적으로 사회적이기 때문에 단 한 명의 개인 — 결코 다른 사람들과 접촉한 적이 없는 어떤 사람 — 을 위한 언어가 있을 이유가 없다. 따라서 말하는 것이 가르쳐지기 전에, 어린아이는 '혼잣말하지' 않을 것이다.

두 번째 반대는 한 사람의 생각들과 느낌들 — 그의 정신적 삶의 내용들 — 은 자신 외의 어느 누구도 접근할 수 없다는 관념에 대한 것이다. 비트겐슈타인은 한 사람의 내면의 깊은 생각들이 우리에게 항상 숨겨져 있다는 생각을 전적으로 반대한다.

> 원인이 명백한 어떤 고통에 몸을 비트는 사람을 내가 볼 때, 나는 그의 느낌들이 그럼에도 불구하고 나에게 숨겨져 있다고 생각하지는 않는다. (PI p.223/331쪽)

물론 사람들은 종종 그들의 진짜 느낌들을 숨긴다. 사실 우리 대부분은 능숙한 거짓말쟁이들이다. 그리고 사람들은 가끔 동정을 얻으려고 고통이 있는 체 한다. 그러나 그러한 가장은 정교화된 발전이라는 것이 비트겐슈타인의 요점이다. 우리의 감정이 육체에 의해 감춰지는 것이 당연하다고 생각하는 이원론자와 달리, 비트겐슈타인은 후기 저작에서 육체의 타고난 표현성(natural expressiveness)을 지속적으로 강조한다. 우리는 우리의 느낌을 가장하는 법을 **배운다**. 그리고 우리는 거짓말하는 법을 **배운다**. 그래서 그는 이해를 돕는 질문을 한다. '왜 개는 고통을 꾸며 댈 수 없는가? 개는 너무 정직한가?' (PI §250)

이원론에 대한 비트겐슈타인의 공격 중 압권은 이원론이 다른 사람들에 대한 우리의 자연스럽고 일상적인 경험을 왜곡한다는 것이다. 우리는 살면서 무딘 육체 속에 갇혀 있는 비물질적인 정신을 만나지 않는다. 아니, 우리는 직접 맞닥뜨릴 수 있는 살과 피를 가진 피조물을 만난다. 그런데 천상의 이원론적 교의의 본성은 단순히 그럴듯하지 않거나 뻐딱한 것만이 아니다. 비트겐슈타인은 그것이 완전히 인간성을 상실하게 한다는 것을 알았다.

사람 몸의 각 부분에서 느껴지는 유쾌한 온도 차이.

자신이 오직 정신에 의해서 부풀려진 텅 빈 고무풍선임을 보여 주어야 한다는 것은 창피한 노릇이다. (CV p.11/43쪽)

이런 언급들에서 우리는 비트겐슈타인 철학이 놀랄 만큼 감각적이라는 것을 알게 되는데, 이는 로렌스(D. H. Lawrence)나 포이어바흐(Ludwig Feuerbach)가 정신의 무미건조함과 '피-의식(blood-consciousness)'[23]

---

23   J. T. Boulton, *The Letters of D. H. Lawrence* (Cambridge: Cambridge University Press, 1979), vol. I, p.503.

의 역동성을 비교할 때 보여 준 감각적인 것만큼 놀랍다. 비트겐슈타인
은 그의 후기 저서 곳곳에서 인간의 동물성과 인간 삶에서의 본능의 역
할을 강조하고 싶어 한다. 그래서 다음과 같이 말한다.

　나는 여기서 사람들을 짐승처럼 보고 싶다: 본능은 지니지만 이성적 추리를
　지닌다고는 기대되지 않는 원시적 존재물로서. (OC §475)

마찬가지로 언어는 아우구스티누스의 추측이 함축하듯 다른 사람들과
의사소통하기 위해 합리적인 정신이 고안한 메커니즘이 아니다. 오히
려 언어는 그 기원을 본능에 둔다.

　언어놀이의 원천과 원초적 형식은 반응이다: 이것에 기초하여 비로소 보다
　복잡한 형식들이 자라날 수 있다.
　　언어는 — 나는 이렇게 말하고 싶은데 — 세련되어진 것이다, '태초에 행
　위가 있었다.' (CV p.31/80쪽)

나중에 살펴보겠지만, 인간을 본능적이고 열정적인 피조물로 보는 이
러한 시각은 인간의 종교적 삶에 대한 비트겐슈타인의 설명에서 핵심
적인 것이다.
　인간의 본성에 대한 비트겐슈타인의 사유에서 주목해야 할 것은 그
가 전통 철학적 입장들로부터 거리를 두고 있는 방식이다. 그는 전통
철학적 입장들이 우리의 자연스러운 관점을 왜곡하는 것으로 본다. 그
건 철학의 본성 자체에 대한 비트겐슈타인의 관점을 좀 상세하게 탐구
하지 않으면 간과될 수 있는 것이다.
　철학의 가치는 여러 방식으로 기술되어 왔다. 예를 들어 플라톤은 철

학만이 우리에게 궁극적인 실재에 대한 지식을 제공할 수 있다고 했다. 우리는 감각이 발생시키는 환상을 물리치는 것으로만 사물이 실제로 존재하는 방식을 이해할 수 있다. 다른 철학자들, 특히 로크는 철학의 임무가 과학적 지식으로 형성된 쓰레기들을 청소하는, '조수(underla-bourer)'로서의 역할이라고 한다. 세 번째로 러셀은 사변적인 물음에 확고한 답을 제공하는 능력이 아니라, '우리의 사유를 확장하고' 우주에 대한 경이감을 살아 있게 하는 능력에 철학의 가치가 있다고 했다.[24]

철학에 대한 비트겐슈타인의 관점은 이러한 관점들로부터 근본적인 이탈이다. 전통적으로 행해진 철학은 현실을 설명하고 우리의 눈을 열어 주며 오해를 제거하기보다는, 그 자체로 일종의 오해이다. 비트겐슈타인이 『논고』의 서문에서 말한 것처럼, 철학적 문제는 '우리의 언어 논리가 오해될' (TLP p.3) 때 발생한다. 철학의 기원에 대한 그런 분석은 이후에도 계속된다. 비트겐슈타인은 언어가 일상적인 사용에서는 완벽하게 잘 작동하지만, 철학할 때는 난관의 근원이라는 것을 보여 주고 싶어 한다. 이것은 철학으로부터 많은 가치를 박탈한다. 다음을 보자.

철학적 수수께끼들은 우리의 일상생활과 무관하다. 그것들은 **언어**의 수수께끼들이다. 본능적으로 우리는 언어를 바르게 사용한다; 그러나 지성인에게는 이 사용이 수수께끼이다. (WLL 1)

---

24   철학의 본성에 대한 이러한 각각의 접근들에 대해서는 Plato, *Republic* (Harmondsworth: Penguin, 1955) ('The Simile of the Cave'); John Locke, *An Essay Concerning Human Understanding* (Oxford: Oxford University Press, 1979) ('The Epistle to the Reader'); Bertrand Rusell, *The Problems of Philosophy* (Oxford: Oxford University Press, 1912) (ch. 15, 'The Value of Philosophy') 참조.

언어적으로 발생한 이런 철학적 당혹의 한 사례는 낱말을 대상에 연결하려는 —『논고』자체가 예증하는 — 욕구이다. 우리는 낱말이 사물의 이름 역할을 한다고 생각하는 경향이 있기 때문에, 추상 명사들에 대한 성찰은 '시간은 무엇인가?', '존재(being)는 무엇인가?', '수는 무엇인가?' 등과 같은 전형적인 철학적 질문들로 이끈다. 실존주의 책 제목들을 일견해 보면 '존재', '무'와 같은 낱말들이 종종 지시체를 가진 것으로 간주될 정도이다. 마찬가지로『교회 교의론』(Church Dogmatics)에서 바르트(Karl Barth)의 '무임(das Nichtige)'에 대한 논의는 충격적인 문법적 혼란으로 점철되어 있다:

> 신이 자신의 결정으로 포기하고 버린 것은 단순히 무(nothing)가 아니다. 그것은 무임(nothingness)이며, 비록 아주 위험하고 잘못되긴 하지만 그것은 그 자체의 존재를 가지고 있다 … 신이 의지하는 것뿐만 아니라 의지하지 않는 것조차 능력 있으며, **그리고 실제 대응물을 가져야 한다**. 신이 의지하지 않은 것에 실제로 대응하는 것은 무임(nothingness)이다.[25]

순전히 언어적 오해에서 나온 철저한 유신론적 교리가 여기에 있다. 바르트는 언어의 마법에 사로잡혀 '무'라는 낱말이 **어떤 것을 지시해야 한다**는 생각에 빠졌다. 그것은 마치 무를 **보거나** 만지거나 느끼길 강요하는 것 같다. 이와 같은 혼란은 낱말과 문장의 실제 의미가 되는 사용(비트겐슈타인이 '심층 문법'이라고 부른 것)보다는 **외관**('표층 문법')에만 주의를 기울인 결과이다.

　일상적인 대화에서 우리는 결코 그런 난관에 봉착하지 않는다. 언어

25　Karl Barth, *Church Dogmatics* (Edinburgh: T.&T. Clark, 1960), vol. III, pt 3, p.352. (강조는 추가된 것)

가 정상적으로 어떻게 기능하는지 잊어버리고 이런 류의 혼란에 빠지게 하는 것은 우리가 정상적인 언어 활동 밖에 있을 때(말하자면 우리가 철학 세미나실에 있을 때)뿐이다. 언어에 대한 비트겐슈타인의 관점은 언어가 실천적이며 일상적인 임무를 이행하는 데 있다는 것을 기억하라. 철학은 실천적 활동에서 분리되어 있다. 그래서 "우리를 사로잡는 혼란들은 말하자면 언어가 일하고 있을 때가 아니라 헛돌고 있을 때 일어난다"(PI §132). 또, "철학적 문제들은 언어가 **하는 일 없이 놀고 있을 때 발생**"한다(PI §38). 여기에서 비트겐슈타인이 철학의 그럴듯함보다는 일상적인 것의 우선성을 대단히 강조하는 것을 볼 수 있다.

이것은 논고식 분석 방법에 대한 그의 비판에서 아주 강하게 나타난다. 『논고』에서 비트겐슈타인은 명제를 완벽하게 이해하기 위해서는 먼저, 명제가 표명하는 사실적 상황을 이해해야 하며 그다음, 단순한 원자적 대상으로부터 (궁극적으로) 그 사실이 어떻게 구성되는지를 이해해야 한다고 주장했다. 어떤 점에서 비트겐슈타인은 『탐구』에서 철학자와 논리학자의 뛰어난 이해와 평범한 사람들의 이해를 대비하고 있다. 철학자와 논리학자의 이해가 뛰어나다는 것이 철학자들 가운데 드문 견해는 아니다. 예를 들어, 무어(G. E. Moore)는 어떤 것(말하자면 말(馬))을 정의하는 3가지 방법이 있다고 한다. 첫째는 자의적인 언어의 정의이다. 둘째는 사전적 정의와 같은 것이다. 셋째 정의는 철학자가 제시하는 것으로, 말(馬)이 (무엇으로 그리고) 어떻게 구성되는지를 보여 주는 것이다. 그런 철학적 정의는 다른 두 개보다 훨씬 우월하다. 일단 여러분이 이 정의를 알게 되면, 말(馬)과 그 구성에 대해 더 잘 **알게** 되는 것만이 아니다. 다른 사람이 그 낱말을 말할 때 그것을 더 잘 이해하게도 될 것이다. 『탐구』에서 비트겐슈타인은 그런 류의 분석을 경멸하며 더 좋은 이해는 그런 분석으로 얻어진다는 생각을 비웃는다.

1. 루트비히 비트겐슈타인: 그의 삶과 철학 53

이제 만일 내가 "내 빗자루가 구석에 놓여 있다"고 말한다면, — 이것은 실제로는 빗자루의 자루와 솔에 관한 진술인가? … 당신이 어떤 사람에게, "나에게 그 빗자루를 가져오라!"고 말하는 대신, "나에게 그 빗자루의 자루와 거기 고착되어 있는 솔을 가져오라!"고 말했다고 생각해 보라. — 이에 대한 대답은, "당신은 빗자루를 원하는가? 그런데 당신은 어째서 그걸 그렇게 이상하게 표현하고 있는가?"라고 하는 것이 아닌가? (PI §60)

여기서 철학자는 무어가 상상한 언어 전문가가 아니라 단순히 학자연하는 성가신 사람으로 보인다.[26]

그래서 철학적 문제들은 진정한 문제라기보다는 혼동(confusion)이다. 그런 점에서 그것들은 해결될 수 없고 **해소**되어야 한다. 이 해소 행위는 철학적으로 문제가 된 언어의 일상적이고 실천적인 사용(심층 문법)을 **상기**함으로써 성취된다.

철학자들이 어떤 하나의 낱말 — "지식", "존재", "대상", "자아", "명제", "이름" — 을 사용하며 사물의 **본질**을 파악하려 애쓸 때, 우리는 언제나 이

---

26 명제와 사실을 그것들의 단순한 구성 성분으로 분해하려는 원자론적 욕구는 『탐구』 내에서 지속적인 공격에 놓여 있다. 비트겐슈타인의 주요한 반대는 복합적인 것과 단순한 것 사이에 단 하나의 문맥 독립적인 구별은 없다는 것이다. 그런 이유로 그는 §47에서 "무엇이 의자의 단순한 구성 성분들인가?"라고 묻는다. 그것은 조립하고 있는 분리된 조각 목재들인가? 혹은 나무를 구성하는 원자들인가? 혹은 의자 자체인가? 우리의 답은 우리가 처해 있는 상황과 우리가 알고 싶어 하는 것에 의존할 것이다. "단순한 대상들"은 의자를 만드는 목수에게 어떤 것을 의미할 것이고, 분자 과학자에게는 다른 것을, 방을 미니멀리즘으로 배치하는 인테리어 디자이너에겐 전혀 다른 것을 의미할 것이다. 그러한 성찰은 비트겐슈타인으로 하여금 다음과 같이 말하게 한다: "'복합적'이란 낱말(그리고 따라서 '단순한'이란 낱말)은 무수히 상이한, 서로 다양한 방식으로 근친 관계를 맺고 있는 방식으로 우리에 의해 이용된다." 따라서 "'의자의 단순한 구성 성분들'에 관해서 이야기하는 것은 전혀 아무런 뜻을 가지지 않는다"(PI §47).

렇게 자문해 보아야 한다. 즉: 대체 이 낱말은 자신의 고향인 언어 속에서 실제로 언제나 그렇게 사용되는가?

　우리가 하는 일은 낱말들을 그것들의 형이상학적 사용으로부터 그것들의 일상적인 사용에로 다시 돌려보내는 것이다. (PI §116)

비트겐슈타인의 바람은 "우리의 낱말들의 사용을 **일목요연하게 보**"(PI §122)는 것이며, 그가 언어의 '명료한 표현'이라고 부른 것을 얻는 것이다. 이 표현은 우리에게 낱말과 문장의 다양한 사용에 대한 이해를 제공하며 철학적 문제를 명료하게 한다. "그러나 이는 단지 철학적 문제들이 **완전히** 사라져야 한다는 뜻"(PI §133)이다. 우리에게는 20세기 중요한 철학자가 철학을 해소하고, 철학의 중심 문제를 "공중누각들"(PI §118)에 불과한 것으로 간주하며 파괴하려고 한다는 놀라운 사실이 남겨져 있다. "나는 파괴한다, 나는 파괴한다, 나는 파괴한다."(CV p.21/54쪽)는 말이 묘비명으로 어울릴 법하다.

　비트겐슈타인이 케임브리지로 돌아왔을 때, 그는 그의 전기 철학의 주장을 뒤엎고, 철학의 뿌리 자체를 비판하기 시작했다. 이때는 그의 생애에서 다사다난했던 시기로, 소련에 정착할 계획을 가졌지만 케임브리지에서 무어를 이어 철학 교수가 되었다. 그때가 1939년으로 교수직을 얻은 것은 그가 영국 시민권을 얻는 데 도움이 되었는데, 오스트리아 합병으로 오스트리아에 거주하는 유태인들이 위험하게 되었기 때문이다. 대학 교수직이라는 명성에도 불구하고, 비트겐슈타인은 교수로서 전혀 행복하지 않았고 철학적 성격을 띠지 않는 일을 계속해서 찾았다(실제로 자신의 가장 총명한 학생들에게 학문적인 직업 대신에 손으로 하는 노동에 종사하도록 권했다.). 2차 세계 대전 동안 비트겐슈타인이 런던에 있는 가이(Guy) 병원에서 짐꾼으로 일할 때, 그는 바로 이런 일을 할 기회를 가졌다. 전쟁이 끝나자 그는 곧바로 케임브리지에서 나와 전립선암이라는 진단을 받는 1949년까지 아일랜드에서 살았다. 그는 1951년 4월 29일 죽기 이틀 전까지 철학적 작업을 계속했다. 그의 마지막 말은 통절하다. '내가 멋진 삶을 살았다고 그들에게 전해 주시오!'

비트겐슈타인의 삶이 주목할 만했다는 것은 분명하지만, 그런 마지막 말은 놀라운 것이다. 왜냐하면 그는 고통받는(troubled) 자신의 영혼의 문제와 철학적 문제에 극렬히 분투하며, 고뇌와 우울로 자신의 전 생애를 보낸 것처럼 보이기 때문이다.[27] 그리고 비트겐슈타인에게는 그런 삶이 이상적이었다. 그는 위대한 작곡가 베토벤의 방문 앞에서 그의 음악을 들었던 베토벤 친구 이야기에 감동했다.

(베토벤은) 새 푸가(fuga)를 놓고 '저주하고, 울부짖으며, 노래했다.' 꼬박 한 시간 후 마침내 베토벤이 문으로 왔는데, 그는 마치 악마와 싸운 것처럼 보였으며, 그의 요리사와 하녀가 그의 격정을 피해 달아났기 때문에 36시간 동안 아무것도 먹지 않았다. 이런 종류의 사람이어야 한다.[28]

그리고 실제로 비트겐슈타인은 '이런 종류의 사람' 이었다. 자신의 일을

---

27 젊은 비트겐슈타인에 대한 러셀의 인상적인 진술이 이를 입증한다. '그는 한밤중에 내 방에 찾아와 몇 시간 동안 우리에 갇힌 호랑이처럼 앞뒤로 걸어다니곤 했다. 내 방에 도착하자마자 그는 내 방을 떠날 때 자살을 감행할 것이라고 알렸다. 그래서 졸림에도 불구하고, 그를 돌려보내고 싶지 않았다. 그러던 어느 날 밤, 죽음 같은 침묵의 한두 시간 후, 나는 그에게 "비트겐슈타인, 자넨 자네의 죄에 대해 생각하고 있는가, 아니면 논리에 대해 생각하고 있는가?"라고 물었다. 그는 "둘 다." 라고 말하고서는 다시 침묵했다.'('Philosophers and Idiots', *The Listener*, 55, February 1955, p.247.)
28 Quoted in Monk, *Ludwig Wittgenstein*, p.45.

하며 **살았고**, 그의 격정으로 가장 가까운 친구조차 두렵게 했으며, 비범하고도 영구적인 가치를 가진 작업을 해냈다. 특히 우리가 이제 살펴볼 종교적 영역에서.

2
신비적인 것

『논고』에서 비트겐슈타인은 언어가 본질적으로 **그림의** 성격을 가진다는 것을 강조하는 설명을 제시했다. 언어의 임무는 순전히 그리고 단순히, 우리가 있는 세계 내에서 우리가 마주치는 사실들을 기술하는 것이다. 명제는 가능한 사태나 실제 사태에 대한 언어적 표상이 됨으로써 의미를 얻는다. 만일 발화가 그림이라는 요구를 충족하지 못하면, 즉 만일 그것이 세계와 그림으로서의 관계를 갖지 못하면, 그 발화는 참도 거짓도 아닌 어떠한 의미도 없는 것이 된다. 이것은 우리가 살펴봤듯이, 비트겐슈타인으로 하여금 형이상학을 피할 수 있게 해 주었다. 세계에 대해 우리가 알아낸 만큼만 기술하는 것이 아닌 어떤 점에서 경험 세계를 넘어 확장하려고 하는 담론 형식은 '그 명제 속에 있는 기호들에 의미를 주지 못한다.' 즉 언어와 실재를 적절하게 연결하는 데 실패한다.

앞 장에서 『논고』의 틀이 어떻게 형이상학뿐만 아니라 미학적 언어와 윤리적 언어를 배제하는지를 보았다. 종교도 이러한 공격에서 제외되지 않는다. 형이상학과 마찬가지로, 신학 언어도 의미 있게 하는 논리를 갖고 있지 않다. 예를 하나 들면 기독교 신학자는 흔히 '신은 한 존재 안에 세 개의 위격(person)'이라는 삼위일체론을 제시하고 옹호할 것이다. 그리고 실제로 많은 기독교인이 이 믿음을 확고하게 견지하고 있다. 그러나 『논고』에서 정교화된 엄격한 의미 기준에 직면하면, 삼위일체론은 의미가 결여된 것으로 간주될 수 있다. 언어는 그 구성 요소들(낱말들)이 실재와 연결될 수 있을 때만 의미를 가진다. 그런데 그런 신학적 언어의 경우 낱말들과 세계 내에 대상들을 연결할 수 없고, 그래서 진리값을 확정하기 위해 신학적 명제들을 실재와 비교할 수 없다(TLP 4.05). 따라서 삼위일체론은 거짓이 아니다. 아니, 그것은 완전히 의미 없다.

  종교를 비판하는 새로운 무기를 『논고』에서 발견할 수 있다. 이전의 철학자들이 종교에 대해 의심할 때, 그들의 임무는 주로 종교가 거짓이라거나 전통적으로 품어 왔던 숭배 대상에 대응하는 실재가 없다는 것을 논증하는 것이었다. 이런 식의 기획은 흄(David Hume)의 저작에서 가장 명시적으로 볼 수 있다. 흄은 예를 들어, 질서정연하고 목적에 적합한 본성을 가진 시계의 존재가 시계 제조공을 요청하는 것과 같이 세계의 질서정연하고 목적적인 특성은 신적 설계자를 수반한다는 유신론적 논쟁을 비난하면서, 신의 존재를 증명하려는 신학자의 논증을 혹평한다. 흄은 그런 논증이 얼마나 엄청난 오류에 의존하는지를 보여 준다. 세계는 시계와 전혀 다르며, 그래서 설계될 필요가 없다, 세계는 설계된 것이라기보다는 우연의 산물이다. 신에 대한 믿음은 세계가 설계되어 있다는 걸 받아들이는 데서 나오는 것이 아니다 등등. 합리적 토대들 중 가장 불안한 것에만 의존한다는 것 외에도, 종교적 믿음이 명백히 **거짓**임을 보여 주는 증거들이 산적하다. 여기에서 흄은 사랑이자 전능한 신의 존재와 부인할 수 없는 고통의 현실이 양립할 수 없다는 악의 문제와, 종교가 세계에 대한 합리적인 숙고가 아니라 두려움, 무지, 미신에서 어떻게 나왔는지를 보여 주는 종교사에 호소한다. 종교가 참이라는 증거와 그 반대의 증거를 평가하게 되면, 흄의 (암묵적인) 결론은 종교가 거의 의심할 여지없이 거짓이라는 것이다.[1]

『논고』에 있는 비판은 이런 종류가 아니다. 비트겐슈타인은 종교가 거짓임을 보여 주는 증거를 찾는 데 시간을 낭비하지 않는다. 오히려 그는 종교의 **담론**에 초점을 맞추고 그것이 의미 있기 위해 필수적인 세계에 대한 그림의 관계가 어떻게 결여되어 있는지를 보여 준다. 종교적 언어가 거짓이라는 것까지 가지 않는다. '신'이라는 낱말이 어떻게 세상에 있는 대상의 대용물이 되는지를 보여 줄 우리의 능력이 부족하기 때문에, 그 낱말을 포함하는 모든 문장은 의미를 결여하고 있다는 것이다. 종교가 참인지 거짓인지에 대한 논쟁은 끝났다. 그것은 참도 거짓도 아니다. 그것은 무의미하다.

종교가 의미 있다는 것에 대한 비트겐슈타인의 도전이 근본적이며 근원적이긴 하지만, 종교에 대한 비판의 역사에서 선례가 전혀 없었던 것은 아니다. 예를 들어 포이어바흐는 신이란 외부에 투사되고 확대된 인간 본성에 지나지 않는다는 유명한 주장을 했으며, 끊임없이 만들어지는 신에 대한 문장들 — 신은 전지전능하고 우주의 창조자이며 사랑이다 등등 — 과 그러한 주장들을 옹호해 줄 철저한 **증거**의 결여 사이의 크나큰 틈에 부분적으로 자신의 무신론을 두고 있다.[2] 진리 확립뿐만 아니라 **의미** 확립을 위해 증거가 필수적이라는 요구는 흄의 『인간 오성

---

1 종교적 믿음에 대한 흄의 비판에 대해서는 David Hume, *Dialogues and Natural History of Religion* (Oxford: Oxford University Press, 1993); J. C. A. Gaskin, *Hume's Philosophy of Religion* (London: Macmillan, 1988) 참조.

2 Ludwig Feuerbach, *The Essence of Christianity* (New York: Harper & Row, 1957), p.200 참조.

에 대한 탐구』에서 조야한 형태로 발견된다. 거기서 흄은 다음과 같은 유명한 말을 한다.

> 만일 우리가 수중에 예를 들어, 신성이나 미숙한 형이상학(school meta-physics)에 대한 어떠한 책이라도 가지게 된다면 다음과 같이 물어보자. 그것이 양이나 수에 관한 추상적인 추론을 포함하고 있는가? 아니. 그것이 존재와 사실 문제에 대한 실험적 추론을 포함하고 있는가? 아니. 그러면 그것을 태워 버려라. 왜냐하면 그것은 궤변이나 환상에 불과한 것만 포함할 수 있기 때문이다.[3]

여기에서 종교 언어의 지위에 대한 공격은 의미 있기 위해서는 감각 경험에 뿌리를 둬야 한다는 경험주의적 주장을 채택한다.

그런 류의 주장이 『논고』에서 명시적으로 제시되지 않았음에도, 의미에 대한 그림이론은 1920년대에 경험주의의 변형이라고 간주되었는데, 그때는 '비엔나학파'라고 불린 일군의 철학자들이 비트겐슈타인과 협력하여 논리실증주의로 알려진 철학적 기획을 고안했던 때였다.[4] 실증주의에 따르면, 문장이 의미 있으려면 단도직입적으로 '문장의 의미는 문장의 검증 방법'이라고 하는 검증 원리의 요구를 만족시켜야 한다. 달리 말해 문장이 의미 있게 된다면 그것은 증명할 수 있음이 분명

---

3   Hume, *An Enquiry Concerning Human Understanding* (Oxford: Oxford University Press, 1975), p.165.

4   이 문장은 오해의 소지가 있다. 이 문장은 마치 비트겐슈타인이 비엔나학파와 협력해 논리실증주의를 창안하려 했던 것처럼 기술되었다. 비엔나학파 회원들이 비트겐슈타인과 협력하고 싶어 한 것은 사실이지만, 몇 차례의 만남에서 입장이 확연히 다르다는 것을 서로가 알았을 뿐만 아니라 자신의 철학을 오해하고 있다는 것을 알고는 비트겐슈타인은 처음부터 그들과 함께할 생각이 전혀 없었다._역자주

하다. 만일 내가 — 평범한 예로 — '내 키는 6피트야' 라고 말한다면, 이 주장은 명백히 검증될 수 있고(당신은 줄자를 나에게 댈 수 있다), 따라서 의미를 가진다. 이런 기준은 실증주의자들에게 완벽한 통칙으로 간주된다. 그것은 각각의 그리고 모든 주장에 적용된다. 그 문제에 대한 비트겐슈타인 자신의 말을 보자.

> 내가 어떤 명제의 의미를 완벽하게 증명할 수 없다면, 나는 그 명제로 어떤 것도 의미할 수 없다. 그때 그 명제는 어떤 것도 의미하지 않는다. (VC 47)

이렇게 극단적인 말은 분명 에이어(A. J. Ayer)가 '강한 의미' 의 검증 가능성이라고 부른 것이다. 이에 따르면 진술은 **반드시** 증명될 수 있는 한에서만 의미 있다. 그러한 공식은 실제로 작동할 수 없다. 왜냐하면 그것은 명백히 의미 있는 많은 진술을 의미 없는 것으로 만들기 때문이다. 예를 들어 '모든 쥐는 치즈를 좋아한다' 라는 언명은 확정적으로 검증될 수 없지만, 그것이 의미 없는 발화라고 주장하는 것은 괜한 고집을 부리는 것이라는 점을 부정할 수 없다. 검증주의의 그런 반직관적 결과를 피하기 위해 에이어는 '약한 의미' 의 검증을 주장했다. 진술은 '만일 경험이 진술을 있을 법한 것이 되게 할 수 있다면, 약한 의미에서 검증가능하다'[5]. 쥐에 관한 진술은 약한 검증가능성에서 살아남을 것이다. 만일 쥐 중에 임의로 한 표본을 택하고 그 표본이 100% 치즈를 좋아한다는 것을 발견한다면, '모든 쥐는 치즈를 좋아한다' 고 말하는 것이 정당화될 것이다. 게다가 이런 검증 조건들은 명제가 의미 없다는 비난에 대해서 명제를 보호하면서 명제의 의미를 보증한다.

---

5 A. J. Ayer, *Language, Truth and Logic* (Harmondsworth : Penguin, 1971), p.50.

불행히도 똑같은 것이 종교적 발언에는 해당되지 않는다. 에이어에게서 전형적인 종교적 주장은 원리적으로조차 검증 가능하지 않으며 어떤 감각 경험도 그 주장의 참 혹은 거짓을 파악하는 데 기여할 수 없다. 이와 관련해서 삼위일체론을 다시 살펴보자. 신은 하나인 세 위격이라는 믿음을 어떻게 감각 경험이 검증하거나 그럴듯한 것으로 만들 수 있는가? '어떤 관찰이 그것의 참 혹은 거짓을 확정하는 데 관련될 것인가?'[6] 여기서 우리는 완전히 난처한 상황에 처하며, 결국 신학적 언어는 절망적이게도 정보를 제공하지 않는다는 결론에 이르게 된다. 게다가 이런 냉혹한 결론은 종교적 믿음의 형이상학적 본성과 결합된다. 왜냐하면,

'신' 이라는 낱말은 형이상학적 낱말이다. 그리고 만일 '신' 이 형이상학적 낱말이라면, 신이 존재한다는 것은 가능할 수조차 없다. '신이 존재한다' 고 말하는 것은 참일 수도 없고 거짓일 수도 없는 형이상학적 발언을 하는 것이기 때문이다.[7]

물론 에이어가 종교를 무의미한 것의 영역에 배치할 때, 교리적이지 만은 않다. — 도덕 언어와 같은 — 다른 일상적인 담론 형식들도 검증할 수 없고(예를 들어, 도둑질은 나쁘다는 것을 어떻게 **증명**할 수 있는가?), 그래서 에이어는 기꺼이 윤리적 담론에까지 그 영역을 확대한다. 이는 도덕적 판단이 이뤄질 때 무슨 일이 일어나는지에 대해 확실한 재정의를 요구한다. 도덕적 판단은 더 이상 정보적인 것으로 간주되지 않으며, 그래서 살인이 비도덕적이라고 선언하는 것은 살인에 대해 어떤

6   Ibid., p.52.
7   Ibid., p.152.

것도 말하지 않는 것이다. 에이어에 따르면 내가 살인은 나쁘다고 말한
다면, 나는 **정서적**이고 **자기고백적**(autobiographical) 실천을 하고 있는
것이다. 나는 당신에게 나에 대한 어떤 것 — 나는 살인은 안 된다고 생
각한다. — 을 말하지만 살인 그 자체의 특성에 대해 어떤 것도 말하고
있지 않다('나는 브로콜리를 좋아하지 않는다'라는 말이 나에 대한 어
떤 것은 말하지만, 브로콜리에 대해서 어떤 것도 말하지 않은 것과 동
일한 방식으로).

에이어는 비슷한 것이 종교에 대해 참일 수 있다고 한다. 가령 어떤
사람이 저녁놀은 신의 영광을 나타낸다고 선언하면, 그러한 발언이 무
의미한 것일 필요는 없다. 그것은 정당하게 시적 진술로 간주될 수 있
으며, 그것의 '액면가(cash-value)'는 '저녁놀이 아름답지 않은가?' 일
수 있다. 여기서 종교적 담론은 정서적 혹은 시적 특성을 갖는다는 의
미에서만 용인된다. 종교가 허용되긴 하지만 세계에 대해 어떤 것도 말
하지 않는다는 막대한 비용을 지불하고서이다. 만일 종교적 신자가 계
속해서 '아니, 저녁놀은 **실제로** 세상에 대한 신의 사랑의 증표야'라고
말한다면, 그는 무의미한 것을 말하는 것이다. 이런 의미에서 종교를
겨냥한 무기고에서 논리실증주의는 아주 중요한 무기이다.

종교적 발화에 대한 『논고』식 억제와 검증주의에 대한 비트겐슈타인
의 형식적(formative) 영향 둘 다가 제시되면, 비트겐슈타인이 실증주
의자들의 공격적인 반종교적 태도를 공유했다고 추정할 수도 있다. 두
요인은 이러한 추정을 지지하는 것처럼 보일 수 있다. 우선 '선험적인
허튼소리를 제거하라'[8]는 비트겐슈타인의 진술이 있다. 게다가 비트겐
슈타인에 대한 러셀의 첫 인상 중 하나는 그가 '나보다 훨씬 더 기독교

---

8 Wittgenstein, quoted in Paul Engelmann, *Letters from Ludwig Wittgenstein
with a Memoir* (Oxford: Basil Blackwell, 1967), p.11(1918년 1월 16일자 편지).

도들에게 잔인하고'[9], 호전적인 무신론자라는 것이었다. 그래서『논고』
는 흄이나 볼테르(Voltaire) 같은 이들이 종교적 담론에서 담론의 의미
와 담론이 참되다는 주장을 제거하면서 시작한 회의론적 작업을 완성
하는 종교에 대한 전면적인 공격, 즉 일종의 사나운 비판으로 간주될
수 있다.

하지만 그런『논고』에 대한 해석에 반하는 것들이 많다. 그중 하나는
검증의 한계에 대한 비트겐슈타인의 관점이다. 다음을 보자.

> 나는 한때 문장이 어떻게 사용되는지를 명확히 밝히려면, '어떻게 그런 주장
> 을 검증하려고 하는가'라고 자문해 보는 것이 좋은 방법이라고 말하곤 했었
> 다. 그러나 그것은 단어나 문장의 사용 방식을 명확하게 하기 위해 사용할
> 수 있는 여러 방법들 중 하나일 뿐이다. 예를 들면, '이 단어는 어떻게 배워
> 지나?' '이 단어를 사용하는 방법을 아이에게 가르치려면 어떻게 할 것인
> 가?'와 같은 질문을 던지는 것도 아주 유용한 방법이다. 그러나 일부 사람들
> 이 검증을 요구하는 이런 제안을 도그마로 — 마치 내가 의미론을 내놓고 있
> 는 듯이 — 바꾸어 버렸다.[10]

검증에 대한 비트겐슈타인의 주장은 진술의 의미를 확립하는 **하나의 방
법**을 주장한 것에 불과하다. 물론 이것은 종교가 검증 원리를 충족할 수
없다는 것이 자동적으로 그것을 폐기하는 것으로 이어져서는 안 된다
는 것을 함의한다.

---

9   Bertrand Russell, quoted in Ray Monk, *Ludwig Wittgenstein: The Duty of
Genius* (London: Vintage, 1991), p.44/73쪽. 역자는 Monk의 원문 번역 중 몇몇은
국내 번역본(『루드비히 비트겐슈타인: 천재의 의무』, 남기창 역, 문화과학사, 2000)을
따랐다. 여기서 'p.44'는 Monk의 원서, '73쪽'은 국내 번역본을 가리킨다._역자주)
10 Wittgenstein, quoted in Monk, *Ludwig Wittgenstein*, pp.287-8/427쪽.

1차 세계 대전 동안, 어쩌면 훨씬 더 놀랍고도 종교적 감수성을 더 확실하게 암시하는 비트겐슈타인의 성격과 심취에 대한 증거가 있다. 한 유명한 이야기는 비트겐슈타인이 어떻게 톨스토이의 『성경』(*The Gospel in Belief*)이라는 단 한 권의 책만 있는 타르노프의 한 서점에 우연히 들르게 되는지 말해 준다. 거기에 있는 유일한 책이라는 이유로 그것을 구입한 비트겐슈타인은 그 책에 매료되어 그것을 반복해서 읽으며 항상 휴대하고 다녔는데, 그 때문에 다른 병사들은 그에게 '복음을 가진 자'라는 별명을 붙여 주었다. 비트겐슈타인이 종교적 글들을 열광적으로 읽었기 때문에 이 시기에 기록된 그의 사상은 종교에 대한 관심사를 보여 준다. '신은 나에게 힘을 주신다', '신이 나와 함께 한다', '아멘'과 같은 문구들이 그의 일기장에 자주 등장할 뿐만 아니라 더 중요하게는, 종교적 주제들이 그의 철학 노트에 만연하다. 예를 들어 1916년 6월 11일자에 그는 다음과 같이 쓰고 있다.

> 내가 신과 삶의 목적에 대해 아는 것은 무엇인가?
> 나는 이 세계가 존재한다는 것을 안다.
> 내 눈이 가시 영역에 있는 것과 마찬가지로 내가 세계에 있다는 것을 안다.
> 세계에 대한 어떤 것이 문제인데, 우리가 그것을 세계의 의미라고 부르는 것을 안다.
> 이 의미는 세계 속이 아니라 세계 밖에 놓여 있다는 것을 안다.
> 삶의 의미, 즉 세계의 의미를 우리는 신이라고 부를 수 있다.
> 이것을 신을 아버지와 비교하는 것과 연관시켜라.
> 기도하는 것은 삶의 의미에 대해 생각하는 것이다. (NB 72-3)

물론 이것을 위기에 처한 인간이 감정적으로 지껄인 것이라고 가볍게 무시할 수 있다. 무엇보다도 아주 비종교적인 사람들조차도 죽음에 직면했을 때 종종 기도에 의지하는 경우가 있다.

하지만 여기서 그런 종류의 회의주의는 피상적으로만 그럴듯하다. 『논고』를 보면, 이 책이 종교 비판에 한몫하려는 의도가 아니라는 풍부한 증거를 발견한다. 우선 전쟁이 끝난 후 비트겐슈타인이 자신의 책을 출판해 줄 출판업자를 찾으려고 했던 것을 고려해 보자. 문학과 문화 비평에 대한 작품을 전문적으로 다루는 피커(Ludwig von Ficker)라는 출판업자에게 편지를 쓸 때, 비트겐슈타인은 『논고』를 소개하면서 『논고』의 가장 중요한 측면은 논리와 의미에 대한 논의가 아니라고 말한다. '그 책의 요점은 윤리적입니다'(LF 94). 실제로 『논고』에서 가장 대충 흘려 보는 부분조차(특히 마지막 페이지) 윤리와 종교 문제에 대한 저자의 집착을 드러내며, 만일 『논고』가 반(反)종교적 비판서라고 한다면 가장 기괴한 방식으로 비판하는 책이라는 것을 보여 준다. 다음 글을 보자.

6.432   세계가 **어떻게** 있느냐는 더 높은 존재에게는 완전히 아무래도 좋은 일이다. 신은 자신을 세계 **속에서** 드러내지 않는다.

이것은 철저한 무신론적 진술이 아니라 철저한 초월에 대한 진술이며, 실증주의가 아니라 시간과 무한의 변증법을 역설하는 바르트의 정신이나 '신과 인간 사이에 무한한 질적 구별'을 강조하는 키르케고르(Søren Kierkegaard)의 정신에 가깝다.[11] 이러한 비트겐슈타인의 사유와 실증

---

11   Karl Barth, *The Epistle to the Romans* (Oxford: Oxford University Press, 1968); Søren Kierkegaard, *Philosophical Fragments* (Princeton: Princeton University Press, 1962) 참조.

주의 사이의 틈은 비엔나학파 철학자들이 비트겐슈타인의 연구에 대해 제시했던 것과는 근본적으로 다른 해석을 요청한다. 비엔나학파 철학자들은 『논고』를 자신들의 무신론적 저작과 대단히 일치하는 것으로 간주했다. 물론 비트겐슈타인과 실증주의 철학자들 사이의 차이점들을 따로 분리하는 게 어려울 수 있다. 어쨌든 결과는 거의 같다. 자연과학의 사실적 언어가 유일하게 합법적인 담론 주제이며, 신(혹은 무한히 선하거나 아름다운 것)에 대해 정보적으로 말하고자 하는 사람은 무의미한 말을 하는 것이기 때문에 혹은 '그의 명제들 속에 있는 어떤 기호들에다 아무런 의미도 부여' 할 수 없기 때문에 비난받을 것이다. 동일한 결과에도 불구하고, 이미 지적했다시피 비트겐슈타인 저서의 정신과 어조에서는 결정적인 차이가 있으며, 그가 종교를 말할 수 없는 것의 범주로 제한한 이유에서 상당한 차이가 있다.

우선 『논고』의 서문에 있는 말을 살펴보자. 비트겐슈타인은 '나에겐 여기서 전달된 사고들의 **진리성**은 불가침적이고 결정적' 이므로 사실상 철학의 모든 문제를 해결했다고 쓰면서 다음과 같이 말한다.

> 내가 이 점에서 틀리지 않는다면, 이 작업의 가치는 둘째로, 이 작업은 문제들이 해결됨으로써 이루어진 것이 얼마나 적은지를 보여 준다는 점에 있다. (TLP p.4/17쪽)

『논고』가 이룩한 것과 그것이 출판돼 받았던(그리고 계속해서 받고 있는) 박수갈채를 생각해 볼 때, 비트겐슈타인이 자기 저서의 결론을 그저 하찮은 정도의 중요성만 있다고 생각했다는 건 꽤 충격적이다. 이것은 피커에게 보낸 그의 편지에 있는 주제들과 또다시 관련된다. 앞에서 말했다시피 비트겐슈타인은 피커에게 『논고』는 '윤리적' 요점을 가진 책이라는 것을 강조했다. 같은 편지에서 그는 다음과 같이 말한다.

> 서문에는 실제로 없으나 한때 거기에 쓰고 싶었던 몇 마디가 있습니다. 이제 당신에게 그 말을 쓰려고 하는데, 왜냐하면 그것들이 당신에게 열쇠가 될 수도 있을 것이기 때문입니다. 저는 저의 저서가 두 부분으로 되어 있다는 것을 쓰고 싶었습니다. 하나는 여기 있는 것이고, 다른 하나는 제가 쓰지 **않은** 모든 것입니다. 명백히 이 두 번째 부분이 중요한 부분입니다. 왜냐하면 윤리적인 것은 말하자면, 제 책에 의해 내부로부터 한계 지워지기 때문입니다. 그리고 저는 **엄격히** 말해, 오직 이런 식으로만 한계 지워질 수 있다고 확신합니다. 간단히 말해 저는 다음과 같이 생각합니다. 오늘날 **많은** 사람이 **재잘거리는** 모든 것, 그것에 대해 저는 제 책에서 침묵을 유지함으로써 분명하게 했다고. (LF 94-5)

이 생각은 분명 비사실적 담론은 조롱거리에 불과하다는 실증주의의 주장이 **아니다**. 반대로, 비트겐슈타인은 그가 의미 있는 언어의 영역에서 추방했던 것들이 합법적으로 말해질 수 있는 것보다 훨씬 **더 중요**하다고 말하고 있다. 그가 말할 수 없는 것들의 실재성을 의심하는 데 몰두해 있지 않음은 분명하다. 『논고』에 다음과 같은 문구가 있다.

> 6.522 실로 언표할 수 없는 것이 있다. 이것은 **드러난다**. 그것이 신비스러운 것이다

비트겐슈타인은 표현될 수 없고, 말로 나타낼 수 없으며, 조롱이 아니라 가장 깊이 존경할 만한 것들과 관심사들 — 윤리적, 미학적, 종교적 문제를 포함하여 '신비스러운 것'이라 불리는 것 — 의 전체 영역을 규

정하고 있다.

이 모든 요점은 엥겔만이 『논고』의 의도와 실증주의 사이의 불연속에 대해 기술할 때 인상적으로 표현되었다.

> 문하생들 전부가 비트겐슈타인을 실증주의자로 오해했는데 그것은 그가 아주 중요한 것에서 실증주의자들과 공통되었기 때문이다. 그는 실증주의자들이 한 것처럼 말할 수 있는 것과 침묵해야 하는 것 사이에 선을 그었다. 침묵해야 하는 것이 쓸모없다는 것에서만 차이가 있다. 실증주의는 — 이것이 본질인데 — 말할 수 있는 것은 삶에서 중요한 모든 것이라는 생각을 견지한다. **반면 비트겐슈타인은 인간의 삶에서 실제로 중요한 모든 것은 침묵해야 하는 것이라는 걸 열정적으로 믿는다.** 그럼에도 그가 덜 중요한 것을 한계 짓기 위해 전력을 다할 때, 아주 세밀하게 열심히 조망한 것은 섬의 해안선이 아니라 대양의 경계이다.[12]

『논고』는 말할 수 없는 것으로부터 말할 수 있는 것을 한계 지으려는 의도였지만 (여기서 왜곡이 있는데) — 실증주의와 **반대로** — 말할 수 없는 것만 중요하며, 그래서 추론적 사유와 과학적 언어를 그저 하찮은 영역에 두고 있다.

언뜻 보기엔 실증주의자들의 명령이 괴상하지 않다는 점에서, 비트겐슈타인의 침묵에의 명령은 이상할 수 있다. '사람들은 침묵해야 하지만 아무거**나**는 아니' 라는 노이라트(Otto Neurath)의 판단은 확실히 의미 있다. 그에게 종교적 이야기는 존재하지 않은 실재에 대한 무의미한 지껄임이다.[13] 그런데 비트겐슈타인은 무신론자가 아니다. 그러면 왜

---

12   Engelmann, *Letters from Ludwig Wittgenstein*, p.97.
13   Otto Neurath, quoted in A. J. Ayer, *Ludwig Wittgenstein* (Harmondsworth:

침묵해야 하는가? 만일 신비적인 것이 가장 중요한 것이라면, 분명 우리는 그것에 대해 말**해야 할 것이다.** 물론 많은 사람이 신의 본성에 대해 혹은 선한 것이나 아름다운 것에 대해 말**한다.** '신에 대해 말할 수 없다'는 말은 '2에 2를 더한 것은 5라고 할 수 없다'는 말과 다르다. 비트겐슈타인은 그러한 문제들에 대해 말하려는 의도를 가망 없고 바람직하지 않게 만드는 수많은 요인들을 들어 지적하고 있다.

이러한 진단은 전통적인 관심과 현대적인 관심의 결합으로 형성된다. 『논고』가 위대한 종교적 전통들과 성경에 있는 관념, 즉 인간성은 신성과 관련된다는 관념들을 확고한 철학적 기반 위에 두려는 것처럼 보일 수 있다. 예를 들어 신에 대해 알 수 없다('신은 자신을 세계에 드러내지 않는다')는 비트겐슈타인의 언급은 전도서를 떠올리게 한다. 전도서에는 다음과 같이 쓰여 있다.

너는 하나님 앞에서 함부로 입을 열지 말며, 급한 마음으로 말을 내지 말라. 하나님은 하늘에 계시고, 너는 땅에 있음이니라. 그런즉 마땅히 말을 적게 할 것이라.[14]

인간의 언어와 신 사이의 무한한 심연에 관한 필적할 만한 인식을 『논고』에서 찾을 수 있다. '명제는 보다 높은 것을 표현할 수 없다'(TLP 6.42). 유대 전통이 신을 이해하려 하거나 알려 하는 어떠한 오만한 의도도 비난하는 것처럼('네가 내 얼굴을 보지 못하리니 나를 보고 살 자가 없음이니라'[15]), 비트겐슈타인도 신성한 것을 알려고 하는 인간의 어

Penguin, 1986), p.32.

14   전도서 5장 2절 (개역 한글판, 대한성서공회 발행).

15   출애굽기 33장 20절 (개역 한글판, 대한성서공회 발행).

떠한 의도도 차단하고 있다.[16] 이러한 우려가 드루리(M. O'C. Drury)
가 전해 주는 비트겐슈타인의 말에서 어떻게 나타나는지 살펴보자.

나는 칸트(Immanuel Kant)와 동시대 인물인 독일 작가 하만(Hamann)을
읽고 있었는데, 그는 창세기에 나오는 타락 사건에 대해 다음과 같이 말하고
있었다. '아담이 자신의 죄를 알게 되기 전에 저녁의 서늘할 때까지 기다린
신은 얼마나 좋으신 분인가!' 라고. 현재 나는 감히 '신은 얼마나 좋으신가!'
라고 도저히 말할 수 없다. 나는 신이 어떻게 일하시는지 안다고 말할 수 없
다.[17]

비트겐슈타인이 반대하는 것은 우리의 한계를 넘어서려는, 그리고 침
묵하고 경의를 표해야 마땅한 것들에 대해 말하려고 하는 인간의 경향
이다. 『논고』는 현대식 부정의 방법으로 읽힐 수 있다. 결과적으로 의미
에 대한 그림이론은 신학을 침묵에로 추방하면서 왜곡으로부터, 즉 인
간의 과도한 언어에 대한 침입으로부터 '더 높은 것' 을 지키려고 고안
된 것이다. 비트겐슈타인의 침묵은 속물근성 때문이 아니다. 아니, 칸
트가 '**신앙**의 여지를 마련하기 위해 **지식**을 부인하는 것이 필요하다'[18]
고 한 것처럼, 『논고』는 경이로운 신비적인 힘을 공경하기 위해 말해질
수 있는 것(따라서 사유될 수 있는 것)에 한계를 긋는다.

이런 기제는 1929년 '이교도들(The Heretics)' 로 알려진 케임브리지

---

16 드루리의 침대 위에 있는 십자가상을 본 비트겐슈타인의 말은 '드루리, 신성한
것을 너무 알려고 하지 말게나!' 였다. M. O'C. Drury, 'Conversations with Wittgen-
stein', in Rhees (ed.), *Recollections of Wittgenstein* (Oxford: Oxford University
Press, 1984), p.121.

17 Wittgenstein, quoted in Drury, 'Conversations with Wittgenstein', p.107.

18 Immanuel Kant, *Critique of Pure Reason* (London: Macmillan, 1950), p.29.

소사이어티에서 강연한 비트겐슈타인의 「윤리학에 관한 강의」(Lecture on Ethics)에서 명백히 나타난다. 여기서 비트겐슈타인에게 윤리적인 것은 신비적인 것의 일부를 이룬다는 것과 그가 (신을 삶의 의미와 연관시킨 것처럼(NB 73, 74 참고)) 윤리학을 '삶의 의미에 대한 탐구'(LE p.5/26쪽)라고 한 것을 기억해야 한다. '모든 명제들은 가치가 같다'는 논고식 관점을 되풀이하면서, 비트겐슈타인은 '어떤 절대적인 뜻에서 숭고하거나, 중요하거나, 사소한 명제들은 존재하지 않습니다'(LE p.6/28쪽)라고 계속해서 주장한다. 가장 끔찍스러운 살인조차 돌의 낙하보다 본질적으로 더 중요한 것은 아니며, 또 다른 사실에 불과한 것이다.[19] 그래서 세상에 대한 완전한 기술은 '사실들, 사실들, 사실들만 존재'하고 '윤리는 존재하지 않을 것'이다(LE p.7/29쪽). 이것은 윤리가 의미 있는 탐구의 주제가 될 수 없다는 것과 과학은 '본래적으로 숭고하고 다른 모든 주제들 위에 있을 수 있는' 것을 다룰 수 없다는 것을 함의한다.

저는 저의 느낌을 다음과 같은 은유로 기술할 수 있을 뿐입니다. 즉 만일 어떤 사람이 실제로 윤리학에 관한 책인 윤리학 책을 쓸 수 있다면, 이 책은 세상에 있는 다른 모든 책들을 폭음을 내면서 파괴할 것이라고 말입니다.

우리가 과학에서 사용하는 바와 같이 사용되는 우리의 말들은 의미와 뜻, 즉 **자연적** 의미와 뜻을 포함하고 전달할 수 있을 뿐인 그릇들입니다. 윤리학은, 만일 그것이 어떤 것이라면, 초자연적입니다. 그리고 우리의 말들은 오직 사실들만을 표현할 것입니다. 제가 하나의 찻잔에 일 갤런의 물을 쏟아부어도, 그 찻잔은 한 잔의 찻잔 가득할 만큼의 물만을 담을 것처럼 말입니

---

19   여기에서 우리는 자연의 관점에서는 부부간의 성관계도 강간과 다르지 않다는 사드(Marquis de Sade)의 믿음과 그리 멀리 있는 것이 아니다.

다. (LE p.7/29쪽)

이 멋진 은유는 비트겐슈타인이 인식한 자연 언어와 초자연적 실재들 사이의 근본적인 불일치를 완벽하게 예증한다. 우리의 언어는 평범한 사실 세계를 묘사하는 데만 충분할 뿐이다. 그것은 세계 너머에 있으며, 그래서 말 너머에 있고, 평범한 사태들의 영역 너머에 있는 신비적인 것의 영광스러운 형언 불가능성을 다루는 데는 서글플 정도로 부적합하다. 따라서 비트겐슈타인의 부정의 방법은 '더 높은 것'에 대해 알 수 없다는 통렬한 자각에 근거하는 것으로, 언어의 본성과 한계에 대한 설득력 있는 묘사에 연결된다.

이것은 또 다른 중요하고 놀라운 은유로 이끈다. 비트겐슈타인은 그의 윤리학 강의 말미에, '의미 있는 언어 너머 있는' 그래서 무의미한 어떤 것을 생각하는 데 자신이 많은 시간을 보낸 것을 언급한다.

> 저의 모든 경향은, 그리고 제가 믿기로는 윤리학이나 종교에 대해 쓰거나 말하려고 시도해 본 적이 있는 모든 사람의 경향은, 언어의 한계들에로 달려가 부딪치는 것이었습니다. 우리의 새장 벽에로 이렇게 달려가 부딪치는 것은 완전히, 절대적으로 희망 없는 일입니다. (LE p.11-12/36쪽)

언어의 한계에 대한 충돌이라는 생각은 전기 철학에서 빈번한 주제이며, 비트겐슈타인을 키르케고르와 연결시켜 주는 것이다.[20] 비트겐슈타

---

20 Kierkegaard의 『철학적 단편』(*Philosophical Fragments*)에 있는 '이성의 역설적 격정(paradoxical passion)은 반복적으로 이렇게 미지의 것과 충돌하는데, 미지의 것은 실제로 존재하나 알려지지 않은 것이다. … 그런데 미지의 것은 무엇인가? 그것은 이성이 반복해서 이르는 한계이다'(p.55)와 비교하라.

인은 그것이 그가 결코 비웃지 않을 영원한 인간 충동이라고 말한다.
물론『논고』의 엄격한 요구를 고려하면 무의미한 것을 말하면 안 되므
로 변호해서는 안 되지만, 비트겐슈타인은 이따금씩 논고식 침묵을 깨
는 것이 어느 정도 가치가 있다고 생각한 것처럼 보인다. 비록 언어의
한계에 대한 충돌 결과가 인식적으로 희망이 없을지라도,

> 그 경향, 즉 어떤 것을 향해 달려가는 것은 **어떤 것을 가리키기** 때문이다. 성
> 아우구스티누스가 "어이 당신, 당신은 무의미한 것을 말하지 않기를 원하
> 오! 자, 어서 무의미한 것을 말하시오, 그건 전혀 문제될 게 없소!"라고 말했
> 을 때 그는 이미 그 점을 알고 있었다. (VC 69)

아우구스티누스의 말이 더 일반적으로 알려져 있는데, 그 위대한 성인
은 '벙어리조차 최고의 달변가이므로, 말하지 않는 자에게 재앙이 있기
를!'[21]이라고 말한다. 이 말은 신비 신학에서 신성한 것의 불가지성에
대한 자각과 인간의 인식 너머에 있는 것에 대해 말하고자 하는 어쩔
수 없는 욕망 사이의 긴장을 보여 준다. 비트겐슈타인의 해석에 의하면
비록 무의미하긴 하지만 이러한 욕망은 말하기라는 결과물을 산출하는
데, 이것이 **중요하다**. 이제 우리의 질문은 '어떻게 무의미한 것이 또한
중요할 수 있는가?'일 것이다. 이 질문에 대해 가능한 답을 두 가지로
나눌 수 있는데, 그것들은 간단히 말해 중요한 무의미한 것의 범주에
대한 '인간학적' 해석과 '선험적' 해석이라고 부를 수 있다.

---

21   St. Augustine, *Confessions* (New York: Grosset & Dunlap, no date), Bk I Pt
IV. M. O'C. Drury, 'Some Notes on Conversations with Wittgenstein', in
Rhees(ed.) *Recollections of Wittgenstein* (Oxford: Oxford University Press, 1984),
pp. 89-90에서 이 문구에 대한 비트겐슈타인의 언급 참조.

우리가 인간학적 방법에서 비트겐슈타인의 사유를 신비적인 것으로 해석한다면, 강조할 점은 세계 너머에 있는 것이 아니라 인간 그 자체, 인간의 욕망과 종교적 충동이다. 무엇보다도 「윤리학에 관한 강의」에서 비트겐슈타인은 **'인간 정신 속의** 한 경향'(LE p.12/36쪽, 강조는 추가된 것)에 대해서만 말하며, 그것은 그가 '신비적인 것'이라고 부른 것이 진짜 선험적인 실재라기보다는 인간 정신의 창조물이라는 것을 암시한다. 이제 신비적인 것에 대해 발생한 중요한 무의미한 것에 대한 물음은 그 표현들이 인간 산물이라는 것으로 한발 물러날 것이다. 여기에서 강조할 점은 우리의 존재가 얼마나 하찮고 공허해 보이는지, 사실적 세계가 우리의 간절한 욕망을 얼마나 만족시킬 수 없는지에 있을 것이다. 심지어 사실에 대한 증거를 최대한 끌어모으더라도 영원히 곤혹스러운 삶의 질문인 '우리는 왜 여기에 존재하는가?, 그 모든 것의 의미는 무엇인가?'에 답하기에는 극히 미흡할 것이다. 왜냐하면 우리가 어디를 보든, 우리가 집요하게 찾는 방법이 무엇이든, 우리가 읽는 게 무엇이든, 어떤 것도 우리의 갈망을 진정시킬 수 없을 것처럼 보이기 때문이다. 그래서,

신비적인 것을 향한 충동은 과학으로는 우리의 바람을 만족시킬 수 없다는 데로 이른다. 비록 모든 **가능한** 과학적 물음이 답해진다고 해도 **우리는 우리의 문제가 여전히 전혀 건드려지지 않은 채로 있다고 느낀다.** (NB 51; TLP 6.52 참조)

신비적인 것으로의 도피는 우리로 하여금 우리의 삶을 반성하고, 우리 존재의 문제적 요인들과 타협할 기회를 제공한다. 그런데 이것은 어떻게 성취되는가?

『논고』에서 비트겐슈타인은 '신비적인 것'이 세상을 보는 특별한 방식, 세상에서 직면하는 사실들에 대한 특별한 반응 방식을 제공한다고 말하고 있다. 이것은 다음과 같은 핵심적인 말로 나타낼 수 있다.

6.4321 사실들은 모두 과제에만 속할 뿐, 해결에는 속하지 않는다.

6.44 세계가 **어떻게** 있느냐가 신비스러운 것이 아니라, 세계가 있다는 것이 신비스러운 것이다.

6.45 세계를 영원의 관점에서 직관하는 것은 세계를 전체 — 한계 지어진 전체 — 로서 직관하는 것이다.

한계 지어진 전체로서의 세계에 대한 느낌은 신비스러운 느낌이다.

신비적인 것은 영원의 관점으로 세계를 보는 것이라는 비트겐슈타인의 주장은 더 명확히 할 필요가 있다. 문자 그대로 '영원의 관점에서' 세계를 보는 것은 아주 협소한 초점(말하자면 완전히 자기중심적 초점)을 버리고 자신의 관점을 확장해 전체 세계를 지각하는 것이다. 일단 하찮은 관심이 제거되고 세계가 전체로서 보이기만 하면 중요한 것이 삶에서 발견되기 시작할 수도 있다. 비트겐슈타인의 신비적인 경험에 대한 설명이 **미학적** 경험과 일치하는 것은 바로 "신비적인 관점이 세계를 전체적으로 파악하는 것처럼 예술 작품은 '영원의 관점에서 본 대상'이다. 즉 사물의 한가운데에서가 아니라 '외부로부터' 본 대상이다"(NB 83)라는 말에서이다. 미학적인 것과 신비적인 것 사이의 관계는 중요하다. 두 사람이 하나의 예술 작품에 놀라울 만큼 서로 다른 반응을 할 수 있는 것(한 사람은 그것을 감동적이고 영향력 있는 것으로, 다른 사람은 가치 없고 모욕적인 것으로 보는 것)과 마찬가지로, 두 사람은 세계에 대해 서로 다른 방식으로 반응할 수 있다. 한 사람은 세계를 신비적으로 자각하는 데 반해, 다른 사람은 의미 있는 어떤 것도 감지하지 못할 수 있다. 여기서 우리는 종교적 신자와 무신론자 사이에 대조된 관점을 발견하는데, 이러한 대조는 비트겐슈타인의 후기 사상에까지 이어진다. 그것은 동일한 실재를 서로 다른 방식으로 보는 것에 초점이 맞춰져 있는 대조이다. 믿음과 불신 사이의 충돌은 세계의 **사실들에** 대한 불일치가 아니다. 그것은 **미학적 취향**에서의 불일치에 훨씬 더 가깝다.

이제 미학적인 경험과 더불어 신비적인 경험의 특징을 고려해 보자. 세계 속에 있는 사물들의 배열이 아니라 세계의 존재 **그 자체**가 신비로운 것이다. '미학적으로 기적은 세계가 존재한다는 것이다. 존재하는 것이 존재한다는 것이 기적이다' (NB 86). 세계의 '기적적인' 존재라는 관념은 비트겐슈타인이 신비적인 것을 묘사할 때 핵심적이다. 그것은 그가 「윤리학에 관한 강의」에서 윤리적인 경험에 대해 논할 때 나타나며, 사실상 거기서 '중요한 무의미한 것'의 의미가 포착된다. '절대적 가치'라는 것이 무엇을 의미하는지 보여 주려 할 때, 비트겐슈타인은 이 표현에 해당하는 경험을 든다.

제가 믿기에는, 그 경험을 기술하는 최선의 방법은 이렇게 말하는 것입니다: "내가 그 경험을 할 때, **나는 세계의 존재에 대해 경탄한다**", 그리고 그 경우 저는 "어떤 것이 존재한다는 것은 얼마나 특별한가", 또는 "세계가 존재한다는 것은 얼마나 특별한가"와 같은 그런 문구를 곧잘 사용합니다. 저는 저도 알고 여러분도 잘 알고 있을 터인 다른 한 경험을 곧 언급하겠습니다. 그것은 바로, **절대적으로** 안전하다는 느낌이라고 일컬어질 수 있는 경험입니다. 제가 뜻하는 것은, 우리들이 "나는 안전해; 무엇이 일어나건, 아무것도 나를 해칠 수는 없어"라고 말하고 싶을 때의 그 마음의 상태입니다.

이제 저는 이 경험들을 고찰해 보겠습니다. 왜냐하면, 제가 믿기에는, 그
것들은 우리가 분명히 하고자 애쓰는 바로 그 특징들을 내보이기 때문입니
다. 그리고 거기서 제가 말해야 할 첫 번째 것은, 이러한 경험들에 우리가 부
여하는 언어적 표현은 무의미하다는 것입니다! 제가 "나는 세계의 존재에
놀란다"고 말한다면, 저는 언어를 오용하고 있습니다. (LE p.8/31쪽)

여기에는 무의미하다는 것을 보여 줄 수 있는 — 신비적인 것의 — 가
치에 대한 두 개의 중요한 표현이 있다. 우선 절대적인 안전이라는 관
념이다. 우리는 자신의 집에서 안전하다고 느낄 수 있으며, 혹은 운 좋
게 영국 제도(英國諸島) 내에 안주하여 지진, 토네이도, 독거미로부터
안전하다고 느낄 수도 있다. 그러나 이것은 **어떤 사물들이** 우리를 위험
하게 할 리가 거의 없다는 것을 의미할 뿐이다. **무슨 일**이 일어나건 안
전하다는 것은 어떤 의미일까? 마찬가지로 세계가 존재한다는 것에 놀
라는 것은 무의미하다. 심한 뇌우나 북극 오로라 등 수많은 사물이 존
재한다는 것에 놀랄 수도 있다. 내가 북극광을 보고서 '그런 것이 있을
수 있다는 것이 놀랍지 않은가?' 라고 말할 정도로 아주 감동받을 수도
있다. 하지만 비트겐슈타인은 '제가 세계의 존재에 대해 경탄한다고 말
하는 것은 무의미한데, 왜냐하면 저는 세계가 존재하지 않는 것을 상상
할 수 없기 때문입니다' (LE p.9/32쪽)라고 말한다. 사람들은 이런 추론
이 전혀 납득되지 않을 수도 있다. 즉, 위대한 철학사적 질문들 중 하나
는 '왜 무가 아닌 어떤 것이 존재하는가?' 였으며, 따라서 우주가 존재
하는 이유를 발견하려는 욕망이 정당하며 무의미하지 않다는 느낌이
들 수 있다. 그럼에도 비트겐슈타인이 이러한 예들로 인식시키고자 했
던 교훈은 '우리 언어에 대한 어떤 특징적인 오용이 **모든** 윤리적 표현
들과 종교적 표현들에 퍼져 있다는 것' (LE p.9/32-3쪽)이다.

그가 이 말을 쓴 지 4년 만에, 비트겐슈타인은 어떻게 종교적 개념들이 언어를 오용하는지에 대한 놀라운 예, 즉 레위기 16장에 기록된 희생양 의식(儀式)의 특징에 초점을 둔 예를 제시했다. 이 관습에서 신에게 바쳐진 희생양은 자신에게 옮겨진 공동체의 죄를 짊어지며 죄짐을 지고서 광야로 보내진다.

> 사람들의 죄를 짊어지고, 죄를 가지고 사막으로 달아나는 희생양 — 철학에서 실수를 야기하는 것과 유사한, 거짓 그림 (BT 197)[22]

이 관습에 내재하는 '우리 언어의 오용'은 죄가 마치 염소의 등에 바구니를 놓듯, 어떤 것(이 예에서는 염소) 위에 놓을 수 있는 일종의 대상인 것처럼 '죄'에 대해 표현한 것이다. 여기에 나타난 혼란은 바르트가 '무임(nothingness)'을 **어떤 것**이라고 생각한 언어적 오해와 비교할 만하다. 둘 다 추상 명사들을 실체화하는 데에서 발생한 것이다. 그럼에도 희생양 의식은 어떤 것, 좀 더 정확히 말해 깊고 중요한, 즉 죄짐에서 벗어나고자 하는 욕망과 공동체의 폐부를 찌르는 죄의식을 보여 준다. 이 절박한 열망은 의미의 한계를 충돌하게 하지만 조롱거리가 되지는 않는데, 그것은 인간의 고통과 갈망을 가장 강력한 형태로 드러내기 때문이다.

언어의 한계에로의 충돌에 대한 인간학적 해석은 종교를 형성하는 강렬한 인간적 욕구와 연약함을 강조하긴 하지만, 세계 **너머** 어떤 것의 현존을 반드시 단정하는 것은 아니다. 그 충돌은 순전히 인간의 경향이

---

22 비트겐슈타인은 이 예가 취해진 '대타자본(Big Typescript)'을 1933년에 구상했다. 따라서 초기에 속하는 것은 아니지만, 희생양 의식에 대한 그의 분석은 종교에서 언어적 오용이 본래적이라는 주장을 잘 예증한다.

다. 반면, 내가 '선험적' 해석이라고 부른 것은 비트겐슈타인이 실재들
의 더 높은 질서를 알고 **있으며**, 이런 실재들과 교감하거나 최소한 지성
으로 그것들을 파악하려는 인간의 의도를 강조하고 있다는 것을 의미
한다. 이런 해석에서 '새장'으로서의 언어의 은유는 매우 신중하게 이
해되어야 한다.[23] 우리의 곤경은 자신이 태어난 감옥을 결코 떠나지 못
하는 사람들의 곤경과 비슷하다. 외부 세계의 어떠한 경험도 부인되기
에, 새장 벽 너머에 뭔가가 있다는 유일한 단서는 종종 빛이 반짝이는
벽에 난 작은 틈이다. 그렇게 숨겨진 세계를 알고자 하는 갈망은 결국
어떤 근거도 없이 환상적인 꿈을 가공하게 된다. 침묵도 지식을 줄 수
있다. 새장 비유는 플라톤의 동굴 비유와 유사하지만, 비트겐슈타인의
그림은 낙관적이지 않다. 사람들은 플라톤의 동굴 밖에서 배울 수 있지
만, 비트겐슈타인에게 언어와 세계의 한계로부터의 도피는 없다. 그래
서 우리가 무의미한 말을 더 이상 하지 않게 되는 건 부수적인 것이 아
니다. 우리는 다른 어떤 것도 할 수 없다. 그런데 신비적인 초인간적 실
재에 대한 부인이 (암묵적으로라도) 없다는 것을 주의하라. 엥겔만의
비유에 따르면 우리는 섬에 고립되어서 수평선 너머에 있는 것, 우리가
결코 안 적도 없고 심지어 알 수도 없는 — 그러나 그럼에도 **거기에 있
는** — 어떤 것에 대해 집요하게 헛소리를 하면서 우리의 시간을 보내고
있다.

　전기 철학의 신비적인 요소는 세계 너머에 있는 것을 명료하게 말하
려는 비트겐슈타인의 '희망 없는' 의도로 간주될 수도 있다. 실제로 비
트겐슈타인이 신의 본성에 대한 자신의 생각을 표현한 수많은 중요한
언급이 있는데, 이제 곧 우리는 그것들을 살펴볼 것이다. 하지만 애초

23　비트겐슈타인이 '언어의 한계를 향해 달려가기? 결국 언어는 새장이 아니다'
(VC 117)라고 한 상반된 문구를 보라.

2. 신비적인 것 81

이런 언급들에 정합적이고 일관된 종교철학이 있을 것이라고 기대해서는 안 된다는 것이 강조되어야 한다. 여기서 우리는 언어의 한계에의 비트겐슈타인 개인의 충돌 결과들을 볼 것인데, 그것들은 대략적으로 말해 약간 불가사의하다. 그럼에도 우리가 『논고』와 『노트북』 둘 안에서 발견하는 관념들은 신과 종교적 삶에 대한 비트겐슈타인의 초기 사유에 중요한 통찰력을 제공한다.

우리는 앞서 비트겐슈타인은 신과 삶의 의미 문제를 연결시키려고 했다는 것을 보았으며, 이것은 그가 다음과 같이 쓰면서 이어진다.

> 신을 믿는 것은 삶의 의미에 대한 문제를 이해하는 것을 의미한다.
> 신을 믿는 것은 세계의 사실들이 그 문제의 최종 목적지가 아님을 안다는 것을 의미한다.
> 신을 믿는 것은 삶이 의미 있음을 안다는 걸 의미한다. (NB 74)

이 문구들은 앞서 우리가 지적했던 많은 것을 보강한다. 종교적 믿음은 사실들로는 충분하지 않다는, 즉 사실적인 것 너머에 가장 중요한 의미가 있는 어떤 것이 있다는 느낌과 깊이 연관되어 있다. 신비적인 의식(意識)과 마찬가지로, 종교적 믿음은 과학이 제공하는 답변으로는 전혀 만족되지 않는다. 삶의 의미에 대한 '문제를 이해하는 것'은 삶의 의미가 세계 **내**에서 발견될 수 없다는 것을 깨닫는 것을 의미한다. 신과 마찬가지로, 의미는 사실들의 단조로운 질서 밖에 놓여 있다. 비트겐슈타인이 신과 삶의 의미 사이에 그은 이러한 연관은 어떤 점에서는 요한복음의 서두에 대한 매쿼리(John Macquarrie)의 의역과 비교할 만한데, 그는 '말씀'이나 '로고스' 대신 '의미'를 쓴다.

(1) 모든 것의 근본은 의미이다. 그것은 우리가 '신'이라고 부르는 것과 밀접하게 관련되고, 실제로 의미와 신은 사실상 동일하다. (2) 태초에 신이 있었다고 말하는 것은 태초에 의미가 있었다고 말하는 것이다. (3) 모든 것은 의미 있게 만들어졌으며 의미 없게 만들어진 것은 아무것도 없다. (4) 삶은 의미를 향한 동인(drive)이며, 마치 의미의 (유한한) 소유자이며 수령인인 것처럼 자기의식적 인간에게서 나타났다. (5) 의미는 부조리의 위협을 뚫고서 밝게 빛나는데, 그것은 부조리가 의미를 제압하지 못했기 때문이다.[24]

만일 비트겐슈타인이 이와 같은 것을 말하고 **있다**면, 이때 신에 대한 그의 관점은 정통 기독교 입장에서 아주 벗어난 것이 아닐 수도 있다.

다른 한편 『노트북』에 있는 그의 다른 언급들은 훨씬 더 독특해 보이며, 근본적으로 기독교적 신 개념으로부터 벗어나 있다. 이 언급들에서 비트겐슈타인은 신이 삶의 의미와 세계에 대해 답을 준다는 주장에서 한 걸음 더 나아간다. 이제 그는 '신은 세계**이다**'라고 주장한다. 이러한 주장은 종교에 대한 비트겐슈타인의 전기 사상이 **범신론**의 한 형태임을 보여 주며, 신에 대한 그의 생각은 '우주는 신이다'[25]라는 잘 알려져 있는 스피노자(Baruch Spinoza)의 선언과 아주 유사하다. 범신론자들은 흔히 받아들이는 신과 세계 사이의 구별을 부정하면서, 세계 자체가 신성하다고 주장하는데, 『노트북』에서 비트겐슈타인 역시 그렇게 주장하고 있다.

---

24   John Macquarrie, *Jesus Christ in Modern Thought* (London: SCM Press, 1990), p.106. (절 번호는 요한복음의 원 서두를 지시하기 위해 추가된 것)

25   Benedict de Spinoza, quoted in R. J. Delahunty, *Spinoza* (London: Routledge & Kegan Paul, 1985), p.125.

사물들이 어떻게 존립해 있는가가 신이다.

신은 사물들이 어떻게 존립해 있는가이다. (NB 79)

여기서 신은, 『논고』에서 사실('사물들이 어떻게 존립해 있는가') 혹은 세계('일어나는 모든 것')에 대해 정의한 것과 거의 동일한 방식으로 서술되어 있다. 이는 비트겐슈타인이 신과 세계를 범신론적으로 동일시하고 있다는 것을 강력히 시사한다. 이러한 동일화는 『노트북』 다른 부분에서, 주로 우리의 존재가 '외부 의지'에 의존하고 있다는 것에 대한 (짧게 검토된) 판단 이후 부분에서 발견된다.

그것은 그렇다 치고, 어쨌든 우리는 어떤 의미에서 의존적**이며**, 우리가 의존하는 것을 우리는 신이라 부를 수 있다.

이런 의미에서 간단히 신은 운명, 혹은 동일한 것, 즉 ─ 우리의 의지에 독립적인 ─ 세계일 것이다. (NB 74)

『노트북』에 있는 이러한 기록들은 가장 엄격한 의미에서, 전기 비트겐슈타인의 종교철학이 범신론이라는 것을 보여 준다. 스피노자와 마찬가지로 그는 신 즉 자연(Deus sive Natura)이라는 상관관계를 형성하고 싶어 한다.

그런데 만일 이게 사실이라면, 비트겐슈타인의 범신론은 『논고』의 '신은 자신을 세계 **속에서** 드러내지 않는다'(TLP 6,432)는 유일한 신학적 진술에 반하는 것처럼 보인다. 그럼에도 이것은 『노트북』의 주장과 양립할 수 있는데, 왜냐하면 범신론의 신은 세계**이며**, 그래서 (마치 세계가 세계 속에 존재하지 않듯이) 그는 세계 속에 존재하지 않기 때문이다. 이 특별한 도피로에도 불구하고, 여기에는 분명 긴장이 있다.

이러한 긴장 중에서 가장 흥미로운 것은 세계에 대한 비트겐슈타인의 태도에 있다. 한편에서 그가 세계 **속에는** '가치가 존재하지 않는다. — 그리고 만일 가치가 존재한다면, 그것은 아무 가치도 가지지 않을 것이다' (TLP 6.41)라고 말할 때, 그는 세계를 꽤 무시하는 듯한 분위기를 풍기고 있다. 비록 이것이 '더 높은 것'에 대한 그의 강조와 일관되긴 하지만, 세계 **속에서** 신적인 것을 명확히 파악하려고 하는 전형적인 범신론적 태도와 일치하는 것은 아니다. 예를 들어 워즈워스(William Wordsworth)의 자연 신비주의, 즉 시인이 자연 세계를 통해 드러나는 신성을 감지하는 데서 분명하게 나타나는 범신론을 보자.

> … 나는 느꼈네.
> 기쁨으로 나를 흔들어 놓는 현존을
> 고양된 사유들에서 숭고한 의미를
> 심연 속에 스며든 것에서,
> 그 집은 떠오르는 태양의 빛,
> 기운찬 대양과 활기찬 공기,
> 파란 하늘 그리고 사람들의 마음속
> 몸의 움직임과 정신, 그것은 밖으로 밀어내네.
> 모든 사유하는 것을, 모든 사유의 대상을,
> 그리고 모든 것을 펼쳐 놓네.[26]

워즈워스는 세계 속에는 어떤 가치도 없다는 논고식 주장을 분명 거부하지만, 여전히 『논고』에는 낭만주의적 범신론의 자연 신비주의와 비슷

---

26   William Wordsworth, 'Lines Compeosed a Few Miles Above Tintern Abbey', in *Selected Poems* (London: Everyman, 1975), pp.41-2.

한 어떤 것, 즉 비트겐슈타인을 위대한 전통, 워즈워스, 슐라이어마허
(Friedrich Schleiermacher) 그리고 블레이크(William Blake)에 연결
시키는 어떤 것이 있다.

우선 우리의 종교적 의식(意識)은 어떤 것에 의존한다는 느낌에서 나
온다는 비트겐슈타인의 언급은 분명 슐라이어마허가 후기에 '절대적 의
존'이라는 느낌으로 신앙을 설명한 것을 생각나게 하는데, 슐라이어마
허는 '절대적 의존'을 '신과의 관계 속에 있는 것'과 같다고 보았다.[27]
더구나 우리가 초기 더 명시적으로 범신론적인 『종교를 멸시하는 교양
인들을 위한 강의』(Speeches to the Cultured Despisers of Religion)를 생
각한다면, 주목할 만한 접점들도 발견할 것이다. 슐라이어마허의 '무한
한 것에 대한 감각과 풍미(sense and taste)'[28]라는 종교에 대한 정의를
보라. 그것은 신이 발견되는 것은 진실로 세계 자체를 통해서, 명백히
세속적인 대상들과 사실들의 세계를 통해서라는 블레이크의 생각과 일
치한다. 블레이크의 유한한 것 속에서 무한한 것을 식별하려는 탐구는,

모래 한 알 속에서 세계를
그리고 한 송이 들꽃 속에서 하늘을 보는 것
너의 손바닥으로 무한한 것을
그리고 한 시간으로 영원을 붙드는 것[29]

27 Friedrich Schleiermacher, *The Christian Faith* (Edinburgh: T. & T. Clark, 1986), p.12.

28 Friedrich Schleiermacher, *On Religion: Speeches to its Cultures Despisers* (New York: Harper & Row, 1958), p.39.

29 William Blake, 'Auguries of Innocence', in *Complete Prose and Poetry of William Blake* (London: The Nonesuch Press, 1939), p.118.

이다. 블레이크와 워즈워스 말의 유려함은 『논고』의 딱딱한 금욕적인 구조와는 많이 동떨어진 것처럼 보일 수 있지만, 동일한 정서, 즉 종교와 신비주의의 핵심으로서의 **느낌**에 대한 동일한 강조를 발견할 수 있다. 비트겐슈타인은 신비적인 것을 특별한 느낌 — 세계가 존재한다는 느낌과 '한계 지어진 전체로서의'(TLP 6.45) 세계에 대한 느낌 — 으로 기술한다. 이것이 블레이크가 모래 한 알 혹은 한 송이 꽃을 봤을 때 보려고 했던 바로 그것이며, 여기서 신과 세계가 동일하다는 『노트북』 기록과의 접점은 비트겐슈타인의 비교(秘敎)적 사유를 낭만주의적 범신론으로 확립시키기에 충분하다.

　이런 범신론적 언급들 중 주목할 만한 가치가 있는 또 다른 것이 있다. '두 개의 신성이 있다. 세계와 나의 독립된 나'(NB 74). '첫 번째 신성'(세계)에 대한 비트겐슈타인의 생각은 이미 검토되었으나 '두 번째 신성'('나의 독립된 나')은 당혹스러워 보인다. 그것은 전기 철학의 **유아주의**와 관련된다. 유아주의는 오로지 자신만 존재한다고 믿는다. 그것은 비트겐슈타인의 전기 사상에서 악명 높기로 소문난 부분이며 여기에서는 그것에 관해 상세히 논하지 않을 것이다.[30] 그런데 다음의 말은 『노트북』에서 비트겐슈타인 사상이 유아주의적이라는 것을 증명한다.

　역사가 나와 무슨 상관이 있는가? 나의 역사가 처음이자 유일한 세계이다!

　나는 **내가** 세계를 어떻게 발견했는지 보고하고 싶다.

30　『논고』의 유아주의에 관한 더 깊은 분석은 Peter Hacker, *Insight and Illusion* (Oxford: Clarendon Press, 1986), pp.81-107 참조. 근본적으로 다른 해석—『논고』는 유아주의에 **반하는** 논의를 펴고 있다. — 에 대해서는 H. O. Mounce, *Wittgenstein's Tractatus* (Oxford: Basil Blackwell, 1981), pp.87-92 참조.

세계 속에 있는 다른 사람들이 세계에 대해 나에게 말하는 것은 세계에 대한 내 경험의 아주 작고 부차적인 부분에 지나지 않는다.

나는 세계에 대해 판단해야 하며, 사물들을 측정해야 한다. (NB 82)

놀랍게도 『논고』에도 있다.

6.431   죽으면 세계는 바뀌는 것이 아니라 끝나는 것일지라도.

'나'가 신성으로 간주되어야 할 이유는 비트겐슈타인의 범신론과 깊이 연결된다 왜냐하면 신이 세계이고, '나는 나의 세계'(NB 84; TLP 5.63)라면, '나'는 신성이기 때문이다.

이러한 사유들이 이상해 보일 수 있지만, 비슷한 것이 이전에도 의도된 적이 있었다. 자아가 우주(즉 신)와 하나되는 종교적 느낌(Gefühl)에 대해 슐라이어마허가 기술한 것을 살펴보자.

당신은 무한한 세계의 가슴 바로 위에 누워 있다. 그 순간 당신은 그것의 영혼이다. 당신의 본성 중 일부를 통해 당신은 세계의 모든 능력과 그 끝없는 생명을 당신 자신의 것으로 느낀다.[31]

만약 비트겐슈타인의 생각이 여전히 특이해 보인다면, 『노트북』의 신성한 '나'와 고대 힌두 철학의 신비적인 교의를 담고 있는 성스러운 책인 우파니샤드의 세계관 사이에 존재하는 유사함을 지적할 수도 있다. 우파니샤드에 따르면 인간의 진정한 자아(self)는 그의 몸도 마음도 그의

---

31   Schleiermacher, *On Religion*, p.43.

성격도 아니다. 오히려 그것은 절대 실재 그 자체인 **브라만**으로 드러난 **아트만**이다. 이런 동일한 경향 — 외형적 자아 거부, 진정한 자아의 분리, 그 진정한 자아와 절대 실재의 동일화 — 이 비트겐슈타인에게서 나타난다. 첫 단계는 다음과 같이 이루어진다.

5.631 생각하고 표상하는 주체는 존재하지 않는다.

만일 내가 "내가 발견한 대로의 세계"라는 책을 쓴다면, 그 속에는 나의 몸에 관해서도 보고하고, 어느 부분들이 나의 의지에 종속되고 어느 부분들이 종속되지 않는지 따위도 말해져야 할 터인데, 요컨대 이것이 주체를 격리시키는 한 방법이다; 또는 오히려, 어떤 중요한 뜻에서 주체라는 것은 존재하지 않는다는 것을 보여 주는 한 방법이다. 왜냐하면 오로지 그것만이 이 책에서 이야기될 수 **없**을 것이기 때문이다.

여기서 비트겐슈타인의 논의는 데카르트식 합리적 영혼이라는 관념에 대한 흄의 공격을 반영하는데,[32] 데카르트식 합리적 영혼은 사유하는 주체를 경험적으로 위치 지울 수 없다는 판단에 근거한 것이다. 비트겐슈타인에게서 철학은 환상에 불과한 사유하는 자아를 제거해야 하는

---

32 자아를 위치 짓기 위해서는 일종의 내성(introspection)을 해야 하며, 이것은 흄의 유명한 주장처럼 희망 없는 작업이다. '나의 일부에 대해, 내가 **나 자신**이라고 부르는 것이 아주 친밀하게 떠오를 때, 나는 항상 어떤 혹은 다른 따뜻함이나 차가움, 빛이나 그림자, 사랑이나 증오, 고통이나 쾌락이라는 특별한 지각을 우연히 발견한다. 나는 언제라도 지각 없이는 **나 자신**을 결코 포착할 수 없고, 지각 아닌 어떤 것도 관찰할 수 없다.' A Treatise of Human Nature (Harmondsworth: Penguin, 1984), p.300. 자아를 위치 짓는 것의 이런 실패는 비트겐슈타인으로 하여금 '영혼이란 허깨비'(TLP 5.5421)라고 선언하게 한다.

것이다. 철학이 고려할 자아는 '형이상학적 주체' (TLP 5.641)이다. 이
형이상학적 자아는 세계 속에서 발견되지 않는다. 그것은 '세계의 한
계' (TLP 5.632)이며, 우리의 시야에서 결코 만나지 않는 우리 눈과 유
사한 어떤 것이다(TLP 5.633 참고).[33] 그리고 실제로 그것은 진정한 자
아와 신 사이의 연결을 완성하는 세계 그 자체와 다름없다. '이것이 진
실이다. 인간은 소우주**이며** 나는 나의 세계이다' (NB 84).

  신에 대한 비트겐슈타인의 생각들이 흥미를 돋운다는 건 부인할 수
없다. 하지만 비트겐슈타인에게서 그것의 중요성은 신학적 의미보다는
세상 속에서 특별한 삶의 방식과의 관계에서 비롯되었으며, 종교에 관
한 그의 전기 관점은 신학적이라기보다는 **실천적**이라는 인상을 준다.
그리고 이 점에서 '독립된 나'의 독립성이 중요해진다. 여기서의 실마
리는 다음의 언급들에서 발견된다.

  나는 세계에서 일어나는 사건들을 나의 의지에 굴복하게 할 수 없다: 나는
  완전히 무력하다.
    나는 일어나는 일에 어떤 영향도 포기함으로써 나 자신을 세계로부터 독
  립적으로 만들 수 있을 뿐이다. ― 그리고 이 때문에 어떤 의미에서 그것을
  지배할 수 있다. (NB 73)

여기서 비트겐슈타인은 가장 오래된 철학적 탐구에 임하고 있다. 나의
욕구에 전혀 우호적이지 않는 세계 속에서 어떻게 나는 만족을 얻을 수
있는가? 그의 답은 간단하다. '행복하게 살아라' (NB 75). 그러나 여기

---

33 이런 생각의 근원은 쇼펜하우어이다. 그는 '시신경 입구의 명확한 점이 보이지
않는 망막 위에서 … 눈이 자신을 제외한 모든 것을 보는 것처럼, 의식 속에 있는 흑점
(dark point)에' 나를 비교한다(Hacker, *Insight and Illusion*, p.88).

서의 행복이 쾌락 추구를 의미하는 것으로 생각해서는 안 된다. 비트겐
슈타인이 제시하는 것은 쾌락주의적 교조가 아니다. 오히려 행복은 '신
의 의지를 행하는 것', 즉 세계나 운명으로 간주되는 신과 관계된다.

> 행복하게 살기 위해서 나는 세계와 일치해야 한다. 그것이 '행복함'이 **의미
> 하는** 바이다.
>   말하자면, 나는 내가 의존하는 것처럼 보이는 외부 의지에 일치해야 한다.
> 즉 '나는 신의 의지를 행하고 있다'. (NB 75)

제시된 것은 쾌락주의의 **정반대**이다. 행복에 대한 비트겐슈타인의 규정
은 스토아철학에 더 가깝다. '행복하게 사는' 비법은 **세계를 받아들이는
것**이며 세계가 우리에게 부여하는 어떠한 불행도 받아들이는 것이다.
그것은 고통과 고난에 격분하는 것이 아니라 묵인하는 것이다. 맥기네
스(Brian McGuinness)는 이것이 비트겐슈타인을 슈베르트 음악에 그
렇게 열정적으로 빠져들게 했던 것이라고 주장한다. 왜냐하면 슈베르
트에게서 사람들은 '슈베르트의 삶은 비참했지만 그의 음악 속에는 비
참한 삶의 흔적이 없는, 즉 어떠한 비통함도 없다는 대조를 볼 수 있기
때문이다'[34]. 그래서 비트겐슈타인의 스토아주의는 고통을 무던하게 수
용하고 (결정적으로) 죽음을 행복하게 수용하기를 권한다. '죽음에 직
면한 두려움은 거짓된, 즉 나쁜 삶의 최고의 표식이다' (NB 75). 따라서
고통과 좌절 그리고 죽음을 우리가 수용할 수 있다면, 우리는 세계와
운명에 일치하는 삶을 살게 될 것이다. 달리 말해 우리는 신의 의지를
이행하게 될 것이다.

---

34   Brian McGuinness, *Wittgenstein: A Life* (London: Duckworth, 1988), p.124.

이 상황에서 비트겐슈타인의 종교적이고 윤리적인 주장이 스피노자의 학설과 얼마나 일치하는지 알아보는 것이 유용하다. 둘 다, 삶을 위해 지침을 따르라고 명령하기에 앞서 신 즉 자연이라는 설명으로 시작한다. 이 명령은 스토아철학 형식이다. 그것이 비트겐슈타인이 '행복한 삶' 혹은 '세계와 일치한 삶'이라고 부른 것이다. 명확히 동일한 관념이 『에티카』(*Ehtics*)에 나오는데, 거기서 스피노자는 다음과 같은 이유 때문에 자신의 주장이 중요하다고 한다.

그것이 우리에게 가르치는 것은 우리가 어떻게 운명의 선물 혹은 우리의 능력 밖에 있는 문제들을 존중하면서 처신해야 하는지 그리고 우리의 본성을 따르지 않아야 하는지다. 그것은 우리가, 모든 것이 신의 영원한 뜻에 따른다는 것을 알고, 동일한 마음으로 운명의 여신의 미소나 언짢은 표정을 기다리고 인내해야 한다는 것을 보여 주기 때문이다.[35]

동양 사상과 연결해 보면, 비트겐슈타인의 권고는 분명, 해탈은 이기심을 버리고 욕망을 포기함으로써 성취된다고 하는 불교 사상과 유사하다.

삶의 진지함과 중요성은 스토아식 태도로 살아감으로써, 즉 세계는 행복한 표정으로 당신을 보고 있다고 살아감으로써 명확해진다(TLP 6.43 참고). 무엇이 신비적인지가 그러한 삶을 통해서 **저절로 드러난다**. 앞서 언급했다시피 언어의 한계에로의 자신의 온갖 충돌에도 불구하고, 비트겐슈타인은 실제로 신에 대한 모든 말은 침묵의 영역에 두어야 한다는 말을 하고 싶어 했다. 그런데 신비적인 것이 말해질 수는 없지

---

35   Benedict de Spinoza, *The Ethics* (New York: Dover, 1955), p.126.

만 **보여질** 수는 있다(TLP 4.1212 참고). 그것은 스스로를 드러낸다
(TLP 6.522 참고). 물론 그렇게 하는 한 가지 방식은 **행위**, 즉 특별한
삶의 방식을 통해서이다. 아마 1920년대에 학교 선생으로서의 비트겐
슈타인의 짧은(그리고 비참한) 근무는 그가 가르쳤던 많은 시골 아이를
개선함으로써 신비적인 것을 구현하고 싶은 욕구를 고무했을 것이다.[36]
신비적인 것이 보여질 수 있는 것은 행위들을 통해서만은 아닌데, 엥겔
만은 **예술적인 창조**가 더 높은 것을 전해 줄 수 있다는 비트겐슈타인의
믿음을 실증하는 적절한 사례를 제공하였다. 1917년 엥겔만은 비트겐
슈타인에게 '에버하르트 백작의 산사나무'라는 울란트(Ludwig Uh-
land)의 시 한 편을 보냈다.

　　턱수염 에버하르트 백작,
　　뷔르템베르크 아름다운 땅에서,
　　거룩한 사명으로 나아갔네
　　팔레스타인 바닷가를 향해.

　　숲 속 길을 따라
　　천천히 길을 가는 동안
　　그는 산사나무 덤불을 꺾었네
　　작은 신선한 초록 가지를.

　　투구에 조심스레
　　작은 가지를 꽂고

36　비트겐슈타인이 교사가 되고자 했던 동기에 대한 이러한 해석에 관해서는 Wil-
liam Warren Bartley III, *Wittgenstein* (London: Quartet, 1977), pp.53-96 참조.

전쟁터로 향했지,

바다 건너로.

고향으로 돌아와

백작은 그 가지를 땅에 심었고

따뜻한 봄이 오자

작은 잎들과 새순이 돋았지.

해마다 그것에 헌신했지,

용감하고 진실한 백작

그는 그것이 잘 자라는 것을 보고

크게 기뻐했지.

백작은 늙어 가고

그 가지는 나무가 되었지

노인은 종종 그 나무 아래 앉아

공상에 젖곤 했네.

높이 솟은 아름드리 가지,

부드러운 속삭임은,

회상하게 하네, 과거와

팔레스타인 바닷가를.[37]

---

37 Ludwig Uhland, ʻCount Eberhardʼs Hawthornʼ, Trans. Alexander Platt quoted in Engelmann, *Letters from Ludwig Wittgenstein*, pp.83-4.

이 소박한 시에 대한 비트겐슈타인의 반응은 놀라웠다. 울란트가 ― 대단한 형이상학적 사색에 의지하지도, 그리고 그것으로 감각의 한계를 파괴하지도 않고 ― 삶의 의미를 포착했다는 것을 감지하고선, 예술은 그런 식으로 신비적인 것의 현존과 신비적인 것이 어떻게 인간사(人間事)를 건드리는지를 **암시할** 수 있을 것이라고 비트겐슈타인은 감격에 겨워 엥겔만에게 말했다. 그는 다음과 같이 썼다.

> 울란트의 시는 진실로 장엄합니다. 만일 당신이 말할 수 없는 것을 말하려고 하지만 않는다면 **어떤 것도** 상실하지 **않**으면서 말할 수 없는 것은 ― 말할 수 없게 ― 말해진 것 속에 **들어 있을** 것이기 때문입니다.[38]

여기서 말할 수 없는 것은 보여진다는 비트겐슈타인의 주장은 명백하다. 비록 가장 중요한 것은 감각적 표현 너머에 있긴 하지만, 그럼에도 암시될 수 있고, 그 때문에 인간의 행위나 적합한 예술적 창조를 통해 사람들은 삶의 중요성을 절실히 통감할 수도 있다. 비트겐슈타인의 그림에서 배제**되는** 것은 **신학**이다. 신의 현존은 누군가에게 보여질 수 있지만, 신의 존재에 대해 '웅얼거리려'고 하는 어떤 의도도 적법치 않고 무의미한 것으로 거부되어야 한다.

엥겔만은 비트겐슈타인의 삶과 저작이 '새로운 **영적인 태도**의 가능성'을 제시했다고 썼는데, 그 태도는 '말 없는 신앙'이라는 말로 요약된다.[39] 이 미래의 신앙에서 말로 된 교리들은 없을 것인데, 왜냐하면 그것은 오해의 원천이 되기 때문이다. 신성한 것에 대한 말보다는 신성

---

38   Wittgenstein, quoted in Engelmann, *Letters from Ludwig Wittgenstein*, p.7 (1917년 4월 9일자 편지).

39   Engelmann, *Letters from Ludwig Wittgenstein*, p.135.

2. 신비적인 것 95

한 것에 대한 암시가 말 없는 신앙의 핵심이 될 것이다. '미래에, 이상
들(ideals)은 왜곡이 불가피한 기술(description)을 통해서가 아니라,
삶에서 적합한 행위의 모델들에 의해 전해질 것이다'[40]. 이는 아마도
'미래의 종교는 극단적으로 금욕적이어야만 할 것이다. 그것은 음식과
물 없이 지내는 것을 의미하는 것은 아니다'[41]라는 비트겐슈타인의 말
을 이해할 열쇠가 될 것이다. 『논고』의 종교는 교조적 표현의 현란한
유려함을 부인한다는 의미에서 금욕적이다. 대신 그것은 스토아적 태
도와 세계를 보는 특별한 방식, 즉 세계를 '기적'으로 보는 방식을 견
지한다.

　이 장에서 우리는 비트겐슈타인의 전기 철학을 일종의 논리실증주의
인 것처럼 해석하는 오류가 어떻게 가능한지 보았다. 의미에 대한 그림
이론이 신학자들에게 심각한 문제들을 야기하긴 하지만 종교에 대한
무신론적 비판을 옹호하는 것은 비트겐슈타인의 의도가 아니다. 『논고』
가 쓰인 정신은 종교와 종교적 대상 둘 다에 대한 깊은 존경이었다. 성
스러운 것은 언어적 왜곡으로부터 보호되어야 한다는 경건한 이유 때
문에 신에 대해 말하기는 부인된다. 그러므로 비트겐슈타인의 전기 사
상과 인간이 신성에 다가갈 수 있다는 것을 부인하는 성경 신학 사이에
는 유사성이 있다. 하지만 가장 밀접한 유사성은 '신에 사로잡힌 사람'
스피노자로부터 영감을 받고, 유한한 것 속에서 무한한 것, 즉 평범한
세상사에서 말로 표현할 수 없는 것들을 구별하려고 하는 슐라이어마
허, 워즈워스, 블레이크를 포함한 동시대 작가들과 비트겐슈타인 사이
에 있다. 이런 작가들처럼, 세상에 편재해 있으면서도 세상을 초월해
있는 영원한 실재에 대한 비트겐슈타인의 인식은 그로 하여금 보잘것

40　Ibid.

41　Wittgenstein, quoted in Drury, 'Conversations with Wittgenstein', p.114.

없는 사실 세계로는 만족스러울 수 없게 했다. 그래서 그는 『논고』의 철학을 통해, 과학으로 축적한 모든 지식, 즉 실증주의가 그렇게도 사랑한 지식은 아무것도 아니게 되는 더 심오한 실재의 의미를 소환하려고 했다. 종교에 대한 비트겐슈타인의 전기 철학은 논리실증주의가 전혀 아니며, 오히려 '논리낭만주의'라는 이름이 적합할 수 있다.[42]

---

42   이 장의 마지막 주인 만큼, 어떤 주석가들은 신비적인 것에 대한 비트겐슈타인의 사상을 해명하려는 나의(혹은 어떤) 의도에 찬성하지 않는다는 것을 말해야만 한다. 예를 들면 필립스는 '비트겐슈타인이 논고에서 어떤 관점들이 무의미에 이르게 된다고 말했을 때, 그는 실제로 그것을 의미했다. … 비트겐슈타인이 무의미를 말하려는 충동은 억제되어서는 안 된다고 말했을 때, 그것은 무의미 안에 내용물을 넣을 수 있게 하려는 것이 아니라 무의미를 직면하고 그것에 대해 숙고할 수 있게 하려는 것'('On Giving Practice its Due', *Religious Studies*, vol. 31, no.1, p.126)이라고 하면서, '중요한 무의미한 것'이라는 관념을 기각한다. 내가 믿기에 그러한 관점은 『논고』의 정신을 왜곡하며, 전기 비트겐슈타인과 실증주의 사이에 존재하는 단절이 얼마나 중요한지 인지하지 못하게 한다. 피커와 엥겔만에게 쓴 것(그리고 위에서 설명된 것)처럼, 비트겐슈타인 자신의 생각은 신비적인 것에 대한 고찰이 자신의 전기 철학의 최고 핵심을 표현했다는 것을 명확히 하는 것이었다.

3

종교에 관한 후기 사상

비트겐슈타인 후기 철학이 원자론적 세계관의 핵심적인 특징들을 약화하려 했던 것만큼이나, 종교에 관한 그의 성숙한 사상은 『논고』와 『노트북』에서 나타난 사상과 확연히 다르다. 이런 차이는 주로 언어의 본성에 대한 비트겐슈타인의 변화된 관점에서 비롯되었다. 『논고』의 관점에서 종교적 담론이 무의미한 것은 그것이 그림이론에서 보여 주는 의미 기준을 만족시킬 수 없었기 때문이며, 그 기준을 수용할 수 있는 유일한 언어 형식은 자연과학이다. 언어는 세계 내에 (가능한 혹은 실제적인) 사실적 상황들을 지시할 때만 적법하게 기능한다. 종교는 세계 너머에 있는 것을 기술하려고 할 때 언어를 오용한다. 그때 우리는 말할 수 없는 것에 대해 말하려는 것에 저항해야 한다. 이런 논고식 맹공격에 직면할 때, 신학적 방어 중 하나는 어떻게 종교적 담론이 성공적으로 초경험적 실재들을 기술할 수 있는지, 종교적 담론의 인식 가능성에 대한 실증주의적 도전을 어떻게 극복할 수 있는지를 보여 주는 것일 수도 있다. 그러나 비트겐슈타인이 종교적 발화의 본성에 대해 자신의 생각을 바꾸었을 때, 그런 식의 호교(護敎)론적 임무를 자신에게 부여한 것은 아니다.

1장에서 살펴본 바와 같이 비트겐슈타인 후기 저작 — 주로 『탐구』 — 의 목적 중 일부는 언어가 하나의 획일적인 방식으로 기능한다는 자신의 전기 사상을 반대하는 것이다. 이제 가족 유사성 개념으로 생각해 보면, 언어는 본질도 '일반적 형식'도 없이 무한히 확장 가능한 언어적 실천들의 **집합**으로 간주된다. 과학적 담론은 더 이상 유일하게 합법적인 것이 아닌 여러 언어 중 하나에 불과하며, 그 결과 종교적 담론은 과학적 담론의 기준으로 판단되어서는 안 된다. 후기 저작의 임무는 각 언어적 실천들의 가치를 판단하고 그 가치로 언어들을 서열화하는 것이 아니라, 각각의 **독특한 특성에 주목하는** 것이다. 비트겐슈타인이 자신의 관심을 종교 문제에 돌렸을 때, 그의 계획은 종교가 의미 있다고 주장하는 것을 비판하는 것이 아니었다. 오히려 그의 계획은 종교적 믿음의 특성 — 특별한 **문법** — 을 밝히는 것이었다. 이것은 종교적 언어가 실천 속에서 작동하는 방식, 즉 종교에 관한 비트겐슈타인의 후기 사상을 이해하는 데 도움이 되는 — 단편적이긴 하지만 — 세 개의 주요한 자료에 나타난 탐구 과정을 주의 깊게 주목함으로써 알 수 있다. 예술, 음악, 종교에 관한 다양하고도 잠언적인 문구 모음인 『문화와 가치』, 주술과 원시 종교의 본성에 관한 사상이 들어 있는 『프레이저의 《황금가지》에 관한 소견들』, 신과 최후 심판에 관한 그의 사상을 담고 있는 「종교적 믿음에 관한 강의들」. 우리는 각각을 차례로 살펴볼 것이다.

3.1 『문화와 가치』 속의 신앙 고백

종교에 관한 비트겐슈타인의 전기 사상에는 신앙 고백적 성격이 있다. 예컨대 그는 신과 삶의 의미에 관해 무엇을 '아는지'에 대해 자신의 방식으로 말한다. 『문화와 가치』에 신앙 고백 혹은 최소한, 종교적 믿음을 향한 **제스쳐**임에 틀림없어 보이는 놀랄 만한 문구들이 있긴 해도, 신앙 고백적 느낌은 후기 저작에서는 덜하다. 놀랄 만한 문구들 중 가장 눈여겨봐야 할 것은 아마 그리스도의 부활에 관한 다음과 같은 묵상일 것이다.

> 나 같은 사람마저도 예수의 부활에 대한 신앙으로 기울게 되는 것은 무엇 때문인가? 나는 말하자면 생각을 굴려 본다. — 그가 부활하지 않았다면, 그는 모든 사람과 마찬가지로 무덤에서 소멸하였다. **그는 죽었고 소멸하였다.** 그렇다면 그는 다른 모든 선생들과 마찬가지로 일개 선생이고, 더 이상 **도와줄**수 없다; 우리는 또다시 고아가 되고 홀로 된다. 그리고 우리는 지혜와 사변으로 만족할 수 있다. 우리는 말하자면 단지 꿈만 꿀 수 있는, 그리고 말하자면 덮개 같은 것에 의해서 천국으로부터 차단된 지옥에 있다. 그러나 내가 **실제로** 구원받으려면, — 나는 지혜, 꿈, 사변이 아니라 — **확실성**을 필요로 한다. — 그리고 이 확실성이 신앙이다. 그리고 신앙이란, 나의 사변적 지성이 아니라 나의 **가슴**, 나의 **영혼**이 필요로 하는 것에 대한 신앙이다. 왜냐하면 나의 추상적 정신이 아니라 나의 영혼이, 그 고통과 더불어, 말하자면 그육체와 피와 더불어, 구원받아야 하기 때문이다. (CV p.33/84쪽)

수많은 중요한 것이 여기에 집약되어 있다. 첫 번째 주목할 것은 — 종교에 대한 비트겐슈타인 후기 사상에서 몇 번이고 되풀이되는 — 종교는 지성의 영역이라기보다는 **열정**의 영역이라는 강조이다. 종교는 머리, 즉 사색적 탐구에서가 아니라 정서적인 삶에서, 즉 열정에서 나온다. '지혜는 차가운 어떤 것이며, 그런 점에서 어리석은 것이다. (이에 반해서 믿음은 열정이다.)' (CV p.56/124쪽)¹ 그런데 우리가 이 문구에서 보는 것 역시 구원에 대한 필사적인 갈망이며, 이는 부활이 구원을 위해 본질적이라는 확신과 결합되어 있다. 이 문구는 비트겐슈타인이 부활을 가장 중요한 것으로 여겼다는 걸 보여 준다. 하지만 다른 곳에서는 이 문구가 부정된다. 전통적인 기독교인들은 예수가 죽은 자 가운데서 살아났다는 것을 역사적 사실의 문제로서 중요하다고 생각하지만, 비트겐슈타인은 이를 부인한다. 대화록에는 드루리가 비트겐슈타인에게 구약은 역사적 정확성이 중요하지 않은 히브리의 민간전승 모음에 불과하지만, 신약은 '그것이 실제 일어난 것을 설명하는 것이 아니라면 의미를 잃는다'는 자신의 느낌을 표현한 것이 있다. 다음은 비트겐슈타인의 반응이다.

> 나에게도 구약은 히브리 민간전승의 모음이지. ― 그래, 난 그 표현을 사용할거야. 그런데 신약은 역사가들에 의해 참이라고 증명될 필요가 없어. 예수가 복음서에 묘사된 것처럼 역사적 인물이 아니라고 해도 달라질 건 없어.[2]

비슷하게 『문화와 가치』에서 비트겐슈타인은 '복음서의 역사적 보고는 역사적인 뜻에서는 거짓임이 증명될 수 있을지 모르나, 이로써 신앙이 상실하는 것은 아무것도 없다'(CV p.32/83쪽)[3]고 한다.

---

1   차가운 지혜와 열정적인 믿음의 대조는 『문화와 가치』에서 빈번하게 볼 수 있다. '지혜는 열정이 없다. 이에 반해서 키르케고르에 의하면 믿음은 **열정**이다'(CV p.53/119쪽); '"지혜는 회색빛이다" 삶과 종교는 그러나 색깔이 풍부하다'(CV p.62/135쪽).

2   Wittgenstein, quoted in M. O' C. Drury, 'Conversations with Wittgenstein', in R. Rhees(ed.), *Recollections of Wittgenstein* (Oxford: Oxford University Press, 1984), p.101.

3   비트겐슈타인은 계속해서 '역사적 증명(역사적 증명 놀이)이 신앙과는 전혀 관계가 없기 때문이다. 이 소식(복음)을 사람들은 신앙적으로 (즉 사랑으로써) 움켜잡는다'(CV p.32/83쪽)라고 말한다. 여기서 비트겐슈타인이 '지난 세기에 가장 심오한 사상

　물론 비트겐슈타인이 이렇게 생각한 유일한 사람은 아니다. 다른 많은 사상가가 (알 수 있는 게 거의 없는) '역사적 예수'와 기독교 믿음의 핵심이지만 역사적 인물과 최소한의 연관만 있는 '신앙적 그리스도' 사이의 크나큰 간격을 강조해 왔다.[4] 비트겐슈타인이 기독교를 역사로부터 분리하게 된 것은 종교적 믿음의 독특한 성격에 초점을 맞추었기 때문이다.

　기독교는 역사적 진리에 기초하지 않는다. 그것은 오히려 우리에게 (역사적) 소식을 주고는 말한다: 이제 믿으라! 그러나 역사적 소식에 합당한 믿음으로써 이 소식을 믿으라는 것이 아니라, — 오히려: 만사를 제치고 믿으라, 그리고 그대는 오직 어떤 삶의 결과로서만 그렇게 할 수 있느니라. **여기 그대에게 소식이 있나니, — 그대는 그것을 대함에 있어 다른 역사적 소식을 대하듯 하지 말라!** 그것이 그대의 삶에서 **전혀 다른** 지위를 가지도록 하라. (CV p.32/82쪽)

────────

가 (quoted in M. O'C. Drury, 'Some Notes on Conversations with Wittgenstein', in Rhees(ed.), *Recollections of Wittgenstein* (Oxford: Oxford University Press, 1984), p.87)로 평가하는 키르케고르의 정신에서 (아주 의식적으로) 쓰고 있다는 것은 주목할 만하다. 『철학적 단편』(*Philosophical Fragments*)과 『결론으로서의 비과학적 후서』(*Concluding Unscientific Postscript*)에서 키르케고르는 기독교가 철학적 성찰(말하자면, 신의 존재 증명)이나 역사적 탐구를 통해 객관적으로 정당화될 수 있다는 관념에 반대하려 한다. 키르케고르는 이들 둘 다를 거부하면서 기독교는 증명 가능한 (심지어 정당화될 수 있는) 것과는 거리가 먼 것으로, 그 본성상 불확실성에 근거한다고 주장한다. 사실 그것은 일시적인 것에서 영원한 것의 발현이라는 역설에 의거한다. 사람들이 그러한 부조리에 직면하게 되면, 그저 **결심**해야 하고, 알려지지 않은 것에로 '**도약**'해야 한다. 이러한 과정은 합리적 고찰로부터 종교적 믿음을 분리한다. 그것은 덜 지적이고 더 심적인 일, 즉 감정 혹은 갈망의 결과물이다.
4 이 문제에 관해서는 Albert Schweitzer, *The Quest of the Historical Jesus* (London: SCM Press, 1981) 참조.

여기서 비트겐슈타인의 근본적인 요점은 신자들은 기독교 서사 담론에 대해 다른 역사적 서사 담론과는 전적으로 다른 태도를 취한다는 것이다. 역사적 서사 담론은 감정에 좌우되지 않으며 일시적으로 유지된다. 새로운 증거가 발생되면 이전에 파악했던 것을 바꿀 수 (혹은 거짓으로 입증할 수) 있을 것이다. 이에 반해 기독교 서사 담론은 신자들이, 즉 '목숨 걸고' 믿는 사람들이 일시적으로 받아들이는 것이 아니다. 또 그 것은 '예수라는 사람이 동정녀에게서 태어났고, 우리의 죄짐을 없애기 위해 죽은 자 가운데서 살아났어. 그럼에도 불구하고, 나는 이 모든 것에 흔들리지 않아'라고 말할 수 있는 것처럼, 열정 없는 동의의 대상도 아니다. 아니, 기독교 서사 담론은 전형적인 역사적 서사 담론이 할 수 없는 방식으로 신자의 삶과 행동을 규제하고 지도하면서, 신자의 삶에서 핵심적 위치를 차지할 것이다.

여기서 우리는 벌써 비트겐슈타인의 종교에 대한 성숙한 설명이 정통적인 관점과 첨예하게 갈라설 것이라는 것을 감지할 수 있다. 종교는 어떤 사변적인 믿음과도 연관되지 않을 것이며 역사적 사건과 어떤 직접적인 방식으로도 연관되지 않을 것이다. 비트겐슈타인의 대안적 입장에 접근할 수 있는 한 가지 방법은 부활에 대한 그의 사상으로 잠시 돌아가는 것이다. 그리스도가 죽은 자 가운데서 살아나지 않았다면 우리는 '고아가 되며 외롭게' 된다는 놀랄 만한 그의 말을 상기해 보라. 『문화와 가치』에서 중요한 이 주제는 비트겐슈타인이 다음과 같이 물을 때도 등장한다.

만일 우리가 그리스도에 관하여 들어 본 적이 없다면, 우리는 어떤 느낌을 지닐까?
　우리는 암흑과 버림받음의 느낌을 지닐까?

우리가 그런 느낌을 지니지 않는 것은 단지, 누군가가 자기와 함께 방 안에 있다는 걸 알 때 어린아이는 그런 느낌을 지니지 않는다는, 바로 그런 식일 뿐인가? (CV p.13/47쪽)

여기서 그리스도의 부재와 어두운 방에 있는 아이의 두려움, 즉 고아가 된 자의 두려움 사이의 연관은 종교가 아이의 상태와 같은 것을 표현한다는 프로이트(Sigmund Freud)의 생각 — 종교적 믿음은 육신의 부모가 삶의 위험으로부터 우리를 보호할 수 없다는 광적인 인식의 결과이며, 신에 대한 믿음은 유아가 유아용 침대 속에 있는 것처럼, 보호받고자하는 무의식적 욕망의 결과이다. — 을 떠오르게 할 수 있다(「윤리학에 관한 강의」의 '절대적 안전'을 상기하라). 따라서 기독교에 대한 비트겐슈타인의 해석은 어쩌면 의식(意識)적으로 유아(幼兒)적인 종교, 즉 역사적 연구나 지적 탐구에 근거한 것이 아니라, 단지 소원 성취의 환상에 근거한 종교일지도 모른다.

비트겐슈타인이 종교를 삶의 고통에 대한 일종의 보상으로 보는 측면은 분명히 있다. 다음을 보자.

한 인간은 그러므로 무한한 고난에 처할 수 있으며, 그러니까 무한한 도움을 필요로 할 수 있다.

기독교라는 종교는 오직 무한한 도움을 필요로 하는 자를 위한 종교, 그러니까 오직 무한한 고난을 느끼는 자를 위한 종교이다 …

기독교적 믿음은 — 내 생각으로는 — 이러한 **최고의** 고난 속으로의 도피이다.(CV p.45-6/105쪽)

이것은 마르크스(Karl Marx)의 종교에 대한 진단을 생각나게 한다. 고통 속에 있는 무력한 인간은 '무정한 세상 속의 온정'이라는 종교적 환상 속으로 도피한다. 경우에 따라, 삶에서 경험하는 고난 때문에 종교에 의지하는 사람은 현실성과 성숙함 둘 다 결여된 사람이라고 말하고 싶을 수도 있다. 그러나 비트겐슈타인이 피난처로서의 종교를 말할 때 그는 단순히 '억압받는 피조물의 한숨'보다 고결한 어떤 것을 마음에 품고 있다. 오히려 그의 설명은 사람들에게 자신의 삶을 특별한 방식으로 받아들이게 하는 **하나의 방향 틀(a mode of orientation)**을 제공하는데, 이것은 어떤 점에서 『노트북』에서의 금욕적 순응을 통해 사람이 세상에서 '행복하게 살 수' 있게 했던 방식과 비교할 만하다.

비록 이런 사상들이 『문화와 가치』에서 실질적인 방식으로 정교화되지는 않았지만, 여기서 추정할 수 있는 것은 비트겐슈타인이 종교를 세계에 대한 이론적 설명이라기보다는 삶의 방식, 즉 행동 방식으로 본다는 것이다.

> 내가 믿기에는, 기독교가 말하고 있는 것은 무엇보다도, 모든 훌륭한 가르침들이 아무 소용이 없다는 것이다. **삶**이 바뀌어야 한다는 것.(또는 삶의 **방향**이 바뀌어야 한다는 것.) (CV p.53/118쪽)

사람들은 이것을 명백한 오류라고 생각할 수도 있다. 무엇보다 기독교 역사는 분명 '건전한 교리들'에 관한 빈번한 말다툼과 대결의 역사였다(부자동질론적(父子同質論的)/부자유질론적(父子類質論的) 논쟁이나 필리오케(filioque) 논쟁[5]에 대해 생각하라.). 그런데 기독교가 본질적으로 비-교리적이라는 비트겐슈타인의 생각이 종교사를 비판하려는 의

---

5 filioque는 '아들로부터도'라는 뜻이다. 필리오케 논쟁은 성령이 아버지(성부)로부터만 오는지 아니면 아들(성자)에게서도 오는지에 대한 논쟁이다._역자주

도는 아니다. 오히려 그는 우리가 종교의 핵심을 꿰뚫는다면, 그리고 종교의 특성에 주의를 기울인다면 언뜻 보기에 기독교가 교리를 통해 초경험적 실재와 우주에 대한 이론적 설명을 제공한다는 인상은 거짓으로 판명된다고 생각한다.

　종교가 이론적 체계와는 다른 것이라는 것을 보여 주는 이러한 기술(技術) 속에 암묵적으로 포함되어 있는 방법에 대해 말할 필요가 있다. 그것은 비트겐슈타인이 『탐구』에서 형이상학적 혼란으로 간주한 것을 발견하려고 할 때도, 그리고 낱말이나 문장의 '심층 문법'인 **사용**에 호소할 때도 사용한 방법이다.

　낱말의 사용에서 우리는 '표층 문법'을 '심층 문법'으로부터 구별할 수도 있을 것이다. 낱말의 사용에서 우리에게 직접 각인되는 것은 **문장 구성**에서의 그 낱말의 사용 방식, 그 낱말의 사용 중 — 말하자면 — 우리가 귀로써 파악할 수 있는 부분이다. — 그리고 이제 심층 문법, 가령 '뜻하다'란 낱말의 심층 문법을 그것의 표층 문법이 우리로 하여금 추측하도록 만들 것과 비교하라. 우리가 훤히 알아내기가 어렵다는 것을 발견한다 해도 하등 놀라운 일이 아니다. (PI §664)

종교 해석에 적용하면 심층 문법에 대한 관심 — 종교적 표현의 사용에 대한 관심 — 은 종교적 발화가 **자연적** 존재자에 대한 과학적 기술(記述)과 비슷한 방식으로 초자연적 존재자에 대한 기술로서 기능하지 못한다는 것을 보여 준다. 우리는 앞서 복음서의 역사적 서사 담화에 관해서 어떻게 유사한 결론이 나오는지 보았다. 예수 이야기가 신자들의 삶에서 하는 역할을 주목하면, 그 이야기는 역사가 아니라 오히려 '삶의 규칙들이 비유의 옷으로 포장'(CV p.29/77쪽)된 것이다.

이런 기술(技術)의 더 많은 예는 비트겐슈타인의 종교에 대한 설명의 면면들을 밝혀 주는 데도 기여할 것이다. 첫째, 『문화와 가치』에 있는 비트겐슈타인의 선결 문제 중 하나는 예정 교리, 즉 태초에 구원받을 자와 저주받을 자가 신으로부터 정해진다는 논쟁적인 관념에 관한 것이다. 비트겐슈타인은 그런 교리는 '무신앙심, 불유쾌한 헛소리'(CV p.32/82쪽)라고 생각하며 전혀 찬성하지 않았다. 그러나 우리의 목적을 위해 주목할 점은 예정설의 역동성이, 즉 이 믿음이 신자들의 삶에서 하는 역할이 미래 사건들에 대한 냉정한 예측보다 훨씬 덜 지적이라는 것을 알려 준다는 비트겐슈타인의 생각이다.

> 예정설: 우리들은 오직 가장 무서운 고뇌하에서만 이렇게 쓸 수 있을 것이며, 또 그 경우 그것은 전혀 다른 것을 의미한다. 그러나 또한 그 때문에 이 것을 누구도 — 자신이 고통 속에서 그 말을 하는 것이 아니라면 — 진리로 서 인용하지 않을 것이다. — 그것은 도대체 이론이 아닌 것이다. — 또는 이 렇게도 말할 수 있다: 그것이 진리라면, 그것은 일견 그로써 진술되었다고 보이는 그런 진리가 아니다. 하나의 이론이라기보다, 그것은 오히려 한숨 또 는 절규이다. (CV p.30/78쪽)

'언뜻' 예정설이 보여 주는 것은 신의 의지, 개인의 궁극적 운명 등에 관한 일종의 가설이다. 그런데 더 위대한 성찰은 예정론에 관한 애기가 전혀 다른 어떤 것 — 고통에서 나온 경험, 그리고 그런 고난에 적응할 수단 — 이라는 걸 보여 준다. 예정에 관한 순수한 종교적 표현은 고통스러운 운명의 수용과 비슷할 것이다.[6]

---

6   예정에 관한 비트겐슈타인의 사상에 대한 논의는 Cyril Barrett, *Wittgenstein on Ethics and Religious Belief* (Oxford: Basil Blackwell, 1991), pp.219–26; Rush

이론이나 기술(記述)이 아닌 다른 어떤 것이라는 걸 보여 주는 것이 예정설에만 국한된 것은 아니다. 비트겐슈타인에게는 종교적 단언들이나 종교적 문제들에 직접적인 사실–서술적, 혹은 사실–요구적 성격이 있다고 생각하는 것은 잘못된 것이다.

신을 믿는 사람이 자기 주위를 돌아보고, "내가 보는 것들은 모두 어디로부터 왔을까?", "이 모든 것은 어디로부터?" 하고 묻는다면, 그는 (인과적) 설명을 요구하는 것이 **아니다**. 그의 물음에서 긴요한 점은, 그 물음이 이러한 요구의 표현이라는 것이다. 그 사람은 그러니까, 모든 설명들에 대한 어떤 입장을 표현하고 있다. (CV p.85/174쪽)

전통적으로 그러한 물음들은 수많은 신학자와 철학자로 하여금 '이 모든 것'이 신의 존재로부터 비롯되었다고 생각하게끔 했다. 아퀴나스(Thomas Aquinas)와 라이프니츠(G. W. Leibniz)와 같은 우주론적 증명의 지지자들은 '왜 무가 아닌 어떤 것이 존재하는가?' 라는 질문에서 시작해, 신의 존재를 가정함으로써만 모든 것이 존재하는 이유를 이해할 수 있다는 걸 보여 주려고 하였다. 가령 내가 왜 존재하는지 회의해 볼 수 있으며, 출산이라는 자연법칙과 내 부모의 선조를 통해 내가 여기 있는 이유를 찾으려 할 수 있다. 하지만 이것은 내 부모와 선조들이 존재하는 이유 그리고 출산의 법칙이 어디에서 비롯되었는지에 대해서는 충분한 설명이 아니다. 근원적인 문제는 다른 어떤 것에도 의존하지 않고 자연법칙의 제작자이며 우주의 제일 원인인 신이 존재한다는 인식으로만 만족될 수 있다.

Rhees, "Election and Judgement", in D. Z. Phillips(ed.), *Rush Rhees on Religion and Philosophy* (Cambridge : Cambridge University Press, 1997), pp.238–55 참조.

그 논증이 의심의 여지가 없는 것은 아니다.[7] 그러나 비트겐슈타인의 관심은 그 논증이 얼마나 성공적으로 세계를 설명하는가에 있는 것이 아니다. 오히려 그는 근원적인 질문이 답을 요구하는 것은 **아님**을 강조하고 있다. 사실 그 논증은 정보를 요구하는 것과 유사해 **보인다**. 만일 내가 내 책상에 다가가 쌓여 있는 서류 뭉치를 본다면, '이 모든 게 어디서 온 거야?'라고 묻고, 힐난할 누군가를 찾으면서 해답을 모색할 것이다. 그런데 같은 말이 종교적 신자들이 세계를 돌아볼 때 사용되긴 하지만, 발화되는 **어조**에 엄청난 차이가 있다. 심층 문법에 주목하면 그 문제가 답을 요구하는 것이 아니라 **경이의 표현**이라는 것을 알게 된다. 나아가 비트겐슈타인은 종교적 교리와 주장들이 초자연적 영역이나 속세에 대한 설명인 것처럼 생각해서는 안 된다고 말하고 있는 듯하다. 그것들은 특성상 표현적이다. 예정론은 '한숨'이며, 창조 이야기는 세계의 아름다움에 대한 경이의 표현이다.

비트겐슈타인이 믿음 자체의 정확한 형식은 상대적으로 덜 중요하다('정통적인 교리들은 무익하다')고 말하고 싶어 한 건 바로 이 때문이다. 이제 초점은 사람들의 삶 속에서 믿음이 하는 역할로 옮겨진다.

실로 나는 여기에서도 중요한 것은 우리들이 발화하는 **말**이나 그때 우리들이 생각하는 것이 아니라, 그 말이 삶의 다양한 장소에서 만들어 내는 차이라고 말했으면 한다. 두 사람이 각각 자기는 신을 믿는다고 말할 때, 그 둘이 동일한 것을 뜻한다는 것을 나는 어떻게 아는가? 그리고 이와 똑같은 말을

---

7   우주론적 논증에 대한 비판은 David Hume, *Dialogues Concerning Natural Religion* (Oxford: Oxford University Press, 1993), Part IX; J. L. Mackie, *The Miracle of Theism* (Oxford: Clarendon Press, 1982), pp.81-92; Bertrand Russell, 'The Existence of God', in *Why I am not a Christian* (London: George Allen & Unwin, 1967), pp.133-53 참조.

우리들은 삼위일체에 관해서 말할 수 있다. **어떤** 낱말들과 구절들의 사용을 강요하고 다른 것들은 금지하는 신학은 아무것도 더 명료하게 해 주지 않는 다(카를 바르트).

그것은 말하자면 말을 마구 휘두르는 것이다. 왜냐하면 그것은 어떤 것을 말하고자 하면서 그것을 표현할 줄 모르기 때문이다. **실천**이 말에 그 뜻을 준다. (CV p.85/175쪽)

여기서 종교적 표현은 더 이상 일말의 성공 가능성을 가진 '초-기술 (super-descriptions)들'이나 가설이라는 지위로 평가되지 않는다. 초점은 어떤 초자연적 존재가 아니라 인간 자체의 본성에 있다. 종교적 표현의 의미는 지시 대상이 아니라 ― 인간 삶 속에서의 ― 그것의 사용에 있다. 그러므로 다음의 언급이 중요하다.

당신이 "신"이라는 낱말을 어떻게 사용하고 있느냐는, 당신이 **누구를** 생각하고 있느냐가 아니라, 당신이 무엇을 생각하고 있느냐를 보여 준다. (CV p.50/113-4쪽)

비트겐슈타인은 마치 '신'이라는 낱말이 어떤 것(거의 인격적이지 않은 어떤 것)을 지시할 수 있듯이, '당신이 무엇을 생각하고 있느냐'에서 '무엇'을 강조하지 않는다는 걸 주의하라. 아니, 우리는 신에 대한 진술을 마치 유사(quasi)-전기(傳記)로 이해하지 않는다. 신은 이름이 아니며, '신이 세상을 만들었다'는 '베번(Aneurin Bevan)이 국가 의료 제도를 만들었다'와 논리적으로 유사한 것이 아니다. 다음의 언급은 종교적 표현이 실제로 어떻게 기능**하는**지를 이해하기 위한 실마리가 될 수 있다.

나는 신들이라고 불릴 수 있는 인간적-초인간적 존재가 그 어디엔가 존재한
다고 믿지 않는데, 그런 내가 "나는 신들의 분노를 두려워한다"고 말한다면,
그것은 내가 그로써 어떤 것을 뜻할 수 있다거나 저 믿음과 필연적으로 결합
되어 있지 않은 어떤 감정을 표현해 낼 수 있다는 것을 보여 준다. (RFGB
p.8/46-7쪽)

이 언급은 비트겐슈타인의 『프레이저의 《황금가지》에 대한 소견들』에
있는 것으로, 『소견들』은 『문화와 가치』에서 살펴보았던 관심사들을,
즉 종교의 독특한 성격을 이해하게 하고, 특히 종교에 어떤 이론이나
어떤 가설도 없다는 것을 보여 주려는 일련의 메모들이다. 사실 비트겐
슈타인의 종교적 믿음과 실천에 대한 후기 관점은 프레이저(James
Frazer)에 대한 그의 논평 속에 가장 명확히 표현되어 있다. 따라서 이
제 우리는 이것으로 방향을 돌려야 한다.

3.2 동종 요법적 주술

『프레이저에 대한 소견들』은 종교에 대한 비트겐슈타인의 설명을 이해
하는 데 결정적인 것이므로 되돌아올 것이다. 현재 우리 목적을 위해서
는 소견들이 종교적 믿음과 의식(ritual)의 본성에 대해 만연된 생각,
즉 종교를 세계에 대해 설명하고 자연의 흐름을 조종하려는 것으로 보
는 관점을 비트겐슈타인이 비난한다는 것을 보여 준다는 정도의 언급
만으로도 가치 있다. 비트겐슈타인의 비판은 프레이저의 이론을 겨냥
한 것이다. 그 이론은 1890년 초판된 프레이저의 명저 『황금가지』에 나
타나 있다. 프레이저는 원시 문화에서 발견되는 의식(儀式)적 현상의
기원과 본성에 관심을 가지고 있었다. 가령 지독한 가뭄 때 그 문화 사

람들은 왜 메마른 땅에 물방울을 뿌리는가? 혹은 미워하는 사람의 작은 상(像)에다 핀을 꼽으면 무슨 일이 일어나는가?『황금가지』는 그런 물음들에 대해 답을 찾는다.

프레이저의 방법론은 의식(儀式)적 행위가 발생하는 이유를 이해하기 위해서는 원시 의식주의자들의 머릿속을 들여다보고 그들이 이런 의식(儀式)으로 무얼 성취하려 하는지 확인할 필요가 있다는 생각에 근거한다. 이러한 상상의 비약은 적대적인 세상 속에 나약한 존재로서의 원시인이라는 그림으로 귀착된다. 과학을 접하지 않았고, 문명화된 서구에서 획득한 자연 세계에 대한 이해에서 나온 발전을 접하지 않았기에 원시인들은 이해할 수도 통제할 수도 없는 세상 속에서 당황해한다. 끔찍스러울 정도의 무능력 때문에 원시인들은 살아남기 위해서 어떤 것이라도 쟁취할 필요가 있다. 음식과 은신처, 적으로부터의 보호가 필요하며, 자신의 존재를 위협하는 자연력을 조절할 필요가 있다. 그래서 필요, 즉 세계 이해에 대한 필사적인 필요에서 원시인들은 철학자가 되고, 자연의 작용들에 대한 이론을 정교화한다. 이 이론이 **주술**이다.

이론으로서 주술 — 삶에 대한 인간의 첫 번째 철학 — 은 세계에서 사물들이 주로 어떻게 서로 영향을 미치는지 설명하는 두 개의 법칙으로 구성된 자연법칙 체계이다. 첫 번째 법칙은 프레이저가 유사성 법칙 (혹은 동종 요법 법칙)이라고 부른 것이다. 간단히 그것은 **유사한 것이 유사한 것을 산출한다**, 혹은 결과는 그 원인을 닮는다로 기술된다. 전염 (혹은 접촉) 법칙인 두 번째 법칙은 **한번 서로 접촉한 사물들은 물리적 접촉이 단절된 후 서로 떨어져 있어도 서로에게 계속 작용한다**는 것이다. 두 법칙을 가지고서야 원시 철학자는 자연의 활동을 이해할 수 있게 된다. 더 중요한 것은 주술 이론이 특별한 행동 방식을 성립시킬 수 있으며, 원시인들이 자신에게 유리하도록 자연을 다룰 기회를 제공한다는 것이다.

동종 요법 법칙이 실행에 옮겨질 때 **동종 요법적 주술**이 연출된다. 여기서 주술사는 희망하는 바를 모방하는 것으로 목적을 달성하려 한다. 그래서 만일 주술사가 그의 적을 해하고자 한다면, 그는 증오하는 사람의 작은 상을 만들고 그것에 위해를 가하거나 파괴한다. '유사한 것은 유사한 것을 산출하기' 때문에, 상으로 표현된 적은 상에 가해진 상해에 상응해서 느끼게 될 것이다.

예를 들어, 오지브와이(Ojebway) 인디언이 누군가에게 악한 일이 일어나기 원할 때, 그는 적의 형상을 본뜬 작은 목상을 만들어 바늘로 그것의 머리나 가슴을 찌르거나 혹은 그것에 화살을 쏜다. 그 상을 바늘로 찌르거나 화살을 쏘는 동시에 그의 적은 상응하는 그의 신체 부위에서 날카로운 고통에 사로 잡힐 것이라고 믿으면서. 그러나 그가 그 사람을 확실히 죽이고자 한다면, 그는 그 작은 인형을 불태우거나 매장한다.[8]

그러한 예가 사악하고 파괴적인 활동으로서의 주술에 대한 인식을 강화하는 데 기여할 수 있지만, 그것이 항상 사악한 목적을 위해서만 사용되는 것은 아니다. 주술이 자연을 조절하고 인간에게 이익이 되게 하는 것처럼 종종 자비로운 실용적인 메커니즘으로 적용된다. 가령 동종 요법적 주술은 가뭄에 대항하려는 의도로 사용되기도 한다. 모방, 즉 땅에 물을 뿌리거나 최대한 폭풍의 효과를 흉내 냄으로써 비를 만든다.

러시아의 타르투(Dorpat) 근처 한 마을에서는, 비가 많이 오기를 바랄 때,

---

8 J. G. Frazer, *The Golden Bough* (abridged edition) (London : Macmillan, 1922), p.13.

3. 종교에 관한 후기 사상 113

오래되고 신성한 작은 숲의 전나무 위로 세 명의 남자들이 올라가곤 한다. 그들 중 한 명은 천둥을 흉내 내기 위해 망치로 솥이나 작은 통을 두드린다. 두 번째 사람은 번개를 흉내 내기 위해 불이 붙어 있는 타다 남은 나무 조각 두 개를 가지고 마주 두드려 스파크가 나게 한다. 레인 메이커(rain-maker) 라고 불리는 세 번째 사람은 잔가지 뭉치로 통 속의 물을 온 사방이 뿌린다.[9]

지금 말한 것이 동종 요법적 주술의 특징 — 바라는 사건을 흉내 내기 — 이다.

접촉 주술의 특성은 사람들을 해하기 위해 사용하는 또 다른 사례를 통해서 설명될 수 있다. 주술가는 적의 머리카락이나 깎은 손톱, 옷 등을 모아 태운다. 이런 조각들은 한때 그 사람과 접촉했던 것이고, 그래서 계속 이어지는 그와의 교감이 그에게 실제 죽음을 초래할 것이다. 그것들이 태워질 때 그 역시 파괴될 것이다.

주술이 겨냥하는 목표가 완벽하게 합리적이라 하더라도, 그것은 치명적인 결함을 안고 있다. 그것은 아주 무모하다. 주술가가 아무리 여러 번 적의 작은 상을 태우고 많은 물을 나무 꼭대기에서 뿌려도, 적은 여전히 살아 있으며 가뭄은 계속된다. 요컨대 주술은 신통찮으며 '실패한 기술', **오류**이다. 물론 이 오류는 결국 간파되며, 그러한 간파로 절망적인 무력감을 얻는다. 하지만 새로운 이론이 출현한다. 자연의 흐름을 지배하는 것은 자신의 필요에 치우친 법칙 체계가 아니라 달래고 설득하기 위해 기도와 제물이 바쳐져야 하는 어떤 초자연적 존재 — 신 — 이다. 그래서 레인 메이커가 비를 흉내 내는 대신, 의식 집행자는 다른 방법, 즉 신에게 기도로 간청하거나 혹은 다음과 같은 매력적인 예

---

9 J. G. Frazer, *The Golden Bough*(first edition) (London : Macmillan, 1890), vol.I, p.13.

에서처럼 자신의 감정을 연극하는 등의 다른 방법에 의지할 것이다.

> 가뭄의 시기에 테네리페(Teneriffe)섬의 관체(Guanches)족 사람들은 그들
> 의 양을 신성한 땅으로 끌고 가 거기서 어미로부터 분리하는데, 어린 양의
> 구슬픈 울음소리는 신의 마음을 움직일 수도 있다.[10]

그러면 그 가련한 소리에 마음이 움직여 신의 눈물이 하늘에서 떨어질
것이다.

종교가 주술의 무모함을 깨닫게 되어 탄생한 것이라면, 그것은 전임
자와 동일한 운명에 처해져야 한다. 기도는 주문(呪文) 이상의 역할을
하지 못하며, 신들은 궁극적으로 자연의 작용에 불필요한 것으로 간주
된다. 그리고 주술과 종교가 빠진 공간 속으로 삶의 철학이 들어간다.
삶의 철학은 인간이 자연의 흐름을 효과적으로 예측하고 조작하게 하
면서 자연의 활동을 성공적으로 설명한다. 이때 등장한 것은 **과학**, 즉
'자연의 보고(寶庫) 속에 있는 수많은 자물쇠를 여는 황금 열쇠'[11]이다.
이 세 개의 철학 — 주술, 종교, 과학 — 각각은 동일한 목적(자연에 대
한 설명과 통제)을 추구했으나 과학만이 효과적임이 증명되었다. 프레
이저는 주술과 종교를 신봉하는 자들에 대해, '그들의 오류는 고의적인
엉뚱함이나 정신 이상적 헛소리가 아니라, 그들이 제시했을 그 당시 그
나름대로 정당화할 수 있는, 그러나 더 풍부한 경험은 그것이 부적절하
다는 것을 증명한, 가설일 뿐'[12]이라고 한다.

프레이저의 종교인류학은 일종의 **주지주의**로 두 가지 특징적인 주장

---

10 Ibid., pp.19–20.

11 J. G. Frazer, *The Golden Bough*(abridged edition), p.712.

12 Ibid., p.264.

을 한다. 첫째, 주술과 종교는 세계에 대해 설명하려는 의도에서 발생한다. 둘째, 주술과 종교적 의식들은 의식 집행자가 바라는 목적을 성취하려고 이용하는 **도구적** 활동으로 기능한다. 이러한 해석이 원시적 현상에 대한 설명에만 한정되는 것은 아니다. 왜냐하면 오늘날 종교철학에서 기독교적 믿음은 주지주의적 관점으로 읽히기 때문이다. 기도가 목적한 바에 효과가 있다고 여겨질 때, 유신론은 우주의 존재나 세계의 아름다움과 의도, 혹은 둘 다를 설명하는 하나의(아마도 최고의) 가능한 방법으로 간주된다. 프레이저는 '고등한' 유신론적 종교를 특성상 본질적으로 오류라고 생각하면서 계속 그러한 판단을 유지한다.

주지주의에 대한 비트겐슈타인의 반응은 심히 부정적이며, 프레이저에게서 의식(儀式)의 본성에 대해 전적으로 오해를 야기하는 '정신적 삶의 협소함'(RFGB p.5)을 간파하고 있다.

인간의 마술적이고 종교적인 직관들에 대한 프레이저의 묘사는 불만족스럽다; 그것은 이들 직관들을 **오류들**로 보이게 만든다.

《고백》의 매 페이지에서 아우구스티누스가 하느님을 부를 때, 그는 그러니까 오류에 빠져 있었는가?

그러나 이렇게 말하는 사람도 있을 수 있다. 즉 그는 오류에 빠져 있지 않았더라도, 전혀 다른 직관들을 표현하는 종교를 가진 불교의 성자는 — 또는 그 누구이건 간에 — 오류에 빠져 있었다고. 그러나 그들 중 **누구도**, 그가 이론을 수립한 경우를 제외한다면, 오류에 빠져 있지 않았다. (RFGB p.1/38쪽)

프레이저를 향한 비판은 표층 문법과 심층 문법이라는 용어로 표현될 수 있다. 프레이저는 모든 것을 과학적 형식으로 해석하려 하기 때문에, 종교적 믿음의 표현을 구성적 가설이나 이론으로, 종교적 실천을 구체적이고 경험적인 목표를 성취하려는 실용적 행위로 간주한다. 그런 식으로 봤기에, 불가피하게 주술과 종교는 오류라는 결론을 낼 수밖에 없었다. 의식적 행위들의 이론적 토대가 근본적으로 결함이 있기에, 의식적 행위들은 자연의 흐름에 영향을 미치지 못한다. 그런데 비트겐슈타인에 따르면 이런 결론은 순전히 표현(presentation)의 문제이다. '오류는 마술이 과학적으로 해석될 때 비로소 발생한다'(REGB p.4/42쪽). 비트겐슈타인은 우리가 의식(儀式)의 표층적 관점을 벗어나 심층문법에 주목한다면, 과학에서 말하는 원시적 의도와는 다른 것을 주술에서 발견할 것이라고 주장한다.

사회에서 의식이 하는 역할을 고려해 보면 주지주의적 설명이 오류일 수 있을 것이라는 의심이 생긴다. 프레이저에 의하면 의식(儀式)의 역할은 단도직입적으로 말해 실용적이다. 과학 기술적 행위가 우리에게 도움이 되는 것처럼, 의식(儀式)은 원시인들에게 도움이 된다. 그런데 우리는 믿을 만한 기술을 효과적으로 사용하지만 원시인들은 그들의 무익한 방법이 실패하는 데서 오는 좌절에 대처해야 한다. 비트겐슈타인은 이러한 견해가 취약하다는 걸 간파하고서, 원시인들이 프레이저가 주장하는 것처럼 무능하다면 그들은 거의 생존할 수 없었을 것이라는 사실을 지적한다. 사실 그들은 상당한 정도의 기술(技術)을 보유하고 있다.

외견상 자신의 적을 죽이기 위해 적의 그림을 찌르는 그 동일한 미개인이, 자신의 목재 오두막을 실제로 지으며 자신의 화살을 솜씨 있게 깎아 만든다 — 저주 형상을 만드는 것이 아니라. (RFGB p.4/42쪽)

3. 종교에 관한 후기 사상 117

이것은 프레이저 이론의 핵심을 찌르는 것이다. 왜냐하면 프레이저가 옳다면, 우리는 작은 형상으로 건물을 짓는 원시인을 볼 거라고 기대해야 하기 때문이다. 그 원시인들은 모형 오두막을 구성하고 그 후 주술적으로 실물 크기의 오두막이 나타나는지를 보기 위해 이리저리 살펴볼 것이다. 물론 그런 일은 일어나지 않으며, 그래서 주술은 사이비 과학이 아니라는 생각이 들게 한다. 우리가 알 수 있는 두 종류의 활동이 한 문화 속에 나타나 있다. 비트겐슈타인은 다음과 같이 말한다.

> 인류학에 관한 책은 다음과 같이 시작될 수 있을 것이다: 세상의 인간들의 삶과 행동거지를 고찰한다면, 우리들은 그들이 음식물 섭취 등등과 같이 동물적이라고 불리는 행위들 외에 제의적 행위들이라고 불릴 수 있는 독특한 성격을 지닌 행위들도 수행하는 것을 본다.
> 그러나 이제 **이러한** 행동들의 특징으로서, 그것들은 사물들의 물리학에 관한 잘못된 직관들로부터 나올 터인 그러한 행위들이라고 말하는 것은 헛소리이다. (프레이저가 마술은 본질적으로 잘못된 물리학 내지 잘못된 의술, 기술 등이라고 말할 때 그는 그렇게 말하고 있다.) (RFGB p.7/45-6쪽)

일단 이 두 행동 영역이 분리되면 주술을 파산 선고를 받은 과학의 선조가 아닌 다른 어떤 것으로 기술(description)할 수 있다.

우선 비트겐슈타인이 동종 요법적 주술에 대해 말했던 것을 살펴보자. 주지주의적 해석에 대한 그의 비판은 **우리는 사랑하는 사람의 사진에 키스한다**와 같은 단순한 관찰 형식을 띤다. 이 예는 두 가지 목적에 도움이 된다. 첫째, 이국적 문화 속에 있는 사람들의 행동들을 서구 사람들이 보통 행하는 행동들과 연결시킨다. 그래서 '저 미개인들과 우리의 근친성'(RFGB p.10/49쪽)을 보여 주고, 그로써 주술을 덜 낯선 것으로 만든다. 둘째, 원시적 의식에 대한 이론적 해석을 제공한다.

> 미운 사람의 모습을 한 인형을 불태우기. 사랑하는 사람의 그림에 입 맞추기. 이것은 그 그림이 묘사하는 대상에 대해 특수한 효과가 있으리라는 믿음에 기초하고 있는 것이 **물론 아니다**. 그것은 만족을 목적으로 하고 있으며 또한 만족을 얻는다. 또는 차라리, 그것은 전혀 아무것도 **목적으로 하지 않는다**; 우리는 그냥 그렇게 행위하며, 그다음 만족을 느낀다. (RFGB p.4/41쪽)

내가 사랑하는 여인과 멀리 떨어져 있다면, 나는 그녀의 사진을 가지고 다닐 것이다. 그녀가 없어 고통스러울 때 나는 그 사진, 그녀의 형상에 키스할 것이다. 그러나 그녀의 형상에 키스할 때, 나는 그녀가 그녀의 얼굴에 나의 입술이 닿는다는 느낌을 가질 거라고 믿지는 않는다. 그 키스는 단순히 내 사랑의 표현이다. 만일 내 연애가 시들해지거나 그녀가 내게 상처를 준다면, 나는 그녀의 사진을 조각조각 찢거나 불태워 버릴 것이다. 그러나 그것은 그녀를 죽일 의도가 아니다. 사진을 불태울 때 나는 나의 분노, 좌절을 표현하고 있다. 어떤 도구적 동기 없이도 그런 동종 요법적 행동이 행해지는 경우가 있다. 2차 세계 대전 중, 연합군 측 군인들은 다트보드에 꽂힌 히틀러의 그림에 다트를 던졌다. 하지만 이것은 암살 기도가 아니다. 그 전쟁을 승리로 이끄는 쉬운 혹은 가능한 방법으로 간주되지도 않는다. 군인들은 그들의 분노를 보여 주며, 적에 대한 그들의 증오를 표현하고 있었다.

동종 요법적 주술에 대한 비트겐슈타인의 성찰이 가진 의미는 명료해 보인다. 만일 개인의 의식(儀式)적 행동이 표현적 행동으로 해석될 수 있다면, 원시적 주술도 표현적 행위로 해석될 수 있지 않은가? 원시 문화에서 주술은 과학의 조야한 형태도, 단순히 오류도 아니다. 그것은

표현적이다. 적의 상을 정교하게 만드는 주술가는 살인 행위가 아니라
카타르시스 행위 — 격렬한 느낌이 들고 때때로 숨은(종종 어두운) 감정
이 드러나는 행위 — 를 행한다. 의식에 대한 카타르시스적 설명은 우
리 안에 가끔 표출될 필요가 있는 어떤 격정, 희망, 느낌들이 있다는 것
을 강조한다. 의식(儀式)은 개인적으로 그리고 집단적으로 우리로 하여
금 그 감정들을 털어놓을 수 있게 하고 우리의 바람과 원망을 표현할
수 있게 함으로써, 마치 감정적 안전판처럼 기능한다. 이 주제는 비 만
들기 의식에 대한 비트겐슈타인의 고찰에서 나타난다.

> 무수히 많은 비슷한 예들 중에서, 나는 아프리카의 비의 왕에 대해서 읽는
> 데, **우기가 오면** 사람들은 이 비의 왕에게 비를 빈다고 한다. 그러나 이는 분
> 명, 그들은 본래 그가 비가 오게 만들 수 있다고 생각하지 않았다는 것을 뜻
> 한다. 그렇지 않다면 그들은 땅이 '말라붙은 불모의 사막'이 되는 건기에 비
> 가 오게 만들었을 것이다. 왜냐하면 사람들이 일찍이 어리석음으로 인해 비
> 의 왕이라는 이러한 직책을 정했다고 가정해도, 그들은 3월에 비가 시작한
> 다는 경험을 이미 이전에 했고, 그렇다면 그들은 비의 왕으로 하여금 비가
> 내리지 않는 나머지 기간에 역할을 하도록 했을 거라는 것이 확실하게 분명
> 하기 때문이다. (RFGB p.12/51-2쪽)

가뭄의 시기가 아니라 비가 내리기 시작할 때에만, 그리고 어두운 구름
이 지평선에 모이기 시작할 때에만 레인 메이커에게 의뢰하는 것이라
면, 확실히 주지주의적 입장은 틀렸다고 말하는 게 타당하다. 그 의식
은 비를 내리게 하려는 것이 아니라 비가 오는 것에 대한 **축제**의 역할을
한다. 농작물이 땅속에서 시들어 죽지 않고, 냇물이 말라 버리지 않을
것이라는 사실에 대한 축제. 비트겐슈타인은 계속해서 '사람들은 태양

이 떠오르는 아침 무렵에는 낮이 되는 제의들을 거행하지만, 밤에는 그런 제의들을 거행하지 않고 단순히 등불을 붙인다'(RFGB p.12/52쪽) 고 쓰고 있다. 이것은 비의 왕의 예와 같다. 주술은 자연 순환을 조작하려는 것이 아니라 자연의 순환을 나타내는 역할을 한다.

동종 요법적 주술과 비의 왕 의식들에 대한 표현주의적 해석이 언뜻 보기에 그럴듯하더라도, 주술에 대한 일반적인 설명으로서는 부적절하다는 것을 말해야만 한다. 그 예로 프레이저는 비를 내리게 할 수 있으면서 '사람들의 기대에 미치지 못하고, 엄청난 가뭄이 든다면 돌로 맞아 죽는'[13] 아비시니아왕 알파이(Alfai)의 경우를 든다. 이것은 의식을 이행하는 자들이 왕은 비를 내릴 능력이 있다고 믿는 것이지, 단순히 희망이나 두려움을 표현하는 것이 아니라는 것을 강력히 주장한다. 그렇지 않다면 왕이 하늘을 열지 못할 때 그들이 왜 실망하겠는가? 이 때문에 이것은 표현주의적 테제에 대한 일종의 장애물이다. 표현주의는 근거 없는 도구주의에 효과적인 반박을 제공하지만(예컨대 무덤에 꽃을 두는 것은 죽은 후에도 계속 후각을 유지한다고 믿고 그 후각을 만족시키려는 것이 아니다.), 원시 사회에서 의식 이행에 수반하는 진지함을 얻는 데는 실패한다.

따라서 어떤 의미에서는 확실히 표현주의가 몇몇 의식적 행동의 특성을 왜곡한다고 말할 수 있다. 그런데 비트겐슈타인의 설명이 직접적으로 표현주의적 성격을 띠는 것은 아니다.[14] 그는 원시 주술이 특성상 도구적일 필요가 없다는 점을 강조하는 동시에, 의식이 정말로 구체적

13 Ibid., p.107.
14 『프레이저의 《황금가지》에 대한 소견』의 표현주의적 해석에 반대하는 논의를 위해서는 Brian R. Clack, *Wittgenstein, Frazer and Religion* (London: Macmillan, 1999), 특히 pp.21-50, 129-34 참조.

인 결과들을 목표로 한다고 주장하면서 표현주의를 피하고 있다. 다음의 두 가지 예들을 보자.

한때 사람들은 풍요로운 곡물 수확을 위해 사람을 죽이고, 풍요의 신에게 그를 희생 제물로 바치는 것이 유용하다고 생각했다. (WLA 33)

우리의 (또는 어쨌든 내가 사는) 사회에서 어떤 사람이 너무 많이 웃는다면, 나는 반쯤 부지불식간에 내 두 입술을 눌러 닫는다. 마치 그로써 그의 입술을 닫게 만들 수 있다고 믿는 듯이 말이다.[15]

이런 언급들이 비록 특별한 경우에 도구주의를 지지한다 하더라도, 프레이저에 대한 항복으로 읽혀서는 안 된다. 실제로 두 번째 언급은 주지주의의 중요한 주장, 즉 의식(儀式)은 선행한 믿음에 의존하며 이성이나 사유의 산물이라는 주장에 대한 통렬한 비판이 된다. 프레이저에게 주술과 종교는 무엇보다도 의식적 실천이 나오는 **이론**이라는 점을 기억하라. 비트겐슈타인은 이를 전적으로 거부한다. '그 관례는 그 직관으로부터 발원하는 것이 아니'다(RFGB p.2/39쪽). 우리가 미워하는 사람의 그림을 갈기갈기 찢는 데 어떤 이론화도 필요하지 않은데, 왜냐하면, 의식(儀式)적 행동 — 사유의 결과가 아닌 인간에게서 자발적으로 일어나는 행동 — 에 대한 자연스러운 어떤 것 — '무의식적인' 어떤 것 — 이 있기 때문이다. 따라서 사진에 키스하는 예에서, 표면상 표현

15 Wittgenstein, 'Remarks on Frazer's Golden Bough', in C. G. Luckhardt (ed.), *Wittgenstein: Sources and Perspectives* (Hassocks: The Harvester Press, 1979), p.73/54쪽. (Luckhardt의 모음에 있는 『소견들』판은 Brynmill Press 판에서 생략된 수많은 주석을 포함한다. 그중 하나가 인용된 소견이다.)

주의적 내용이 아니라 '우리는 이러 방식으로 **행동하며** 그리고 만족을 느낀다'는 비트겐슈타인의 놀랄 만한 언급을 강조해야 한다. 원초적인 것은 사유가 아니라 행동이다.

> 내가 어떤 것에 격분해 있을 때, 나는 때때로 내 지팡이로 땅을 두들겨 패거나 나무를 두들겨 팬다. 그러나 그렇다고 내가 땅이 책임이 있다거나 그렇게 두들겨 패는 것이 뭔가 도움이 될 수 있다고 믿는 것은 아니다. "나는 화를 터뜨리고 있는 것이다." 그리고 모든 제의들은 이런 종류이다. 이런 행위들을 우리는 본능-행동들이라고 부를 수 있다.[16]

의식(儀式)에 대한 비트겐슈타인의 설명은 '종교는 사유보다는 오히려 춤에서 우러난다'[17]는 매럿(R. R. Marett)의 놀랄 만한 지적을 떠올리게 한다. 종교는 추론보다는 행동에 기대어 있다. 실제로 인형 태우기가 효과 있다는 믿음에서 방법을 **끌어낼** 수 있다는 프레이저의 관점은, 본능적인 설명에는 없는 무리함이 있어 보인다. 우리는 이성이 작동하기 전에, 본능적으로 일종의 주술적인 사유 방식에 이끌린다. 체스터턴(G. K. Chesterton)의 동화 — '이 꽃을 따면 공주는 바다 너머 성 안에서 죽을 것이다' — 의 영향력을 보자.[18] 공주의 죽음이 꽃을 따는 것 때문이라고 생각하는 것은 아주 명백한 거짓(심지어 제정신이 아닌 것)이다. 그런데도 잠시 동안 그런 불가능성은 '불가피한 것처럼도 보인다'.[19] 마찬가지로 인형을 불태우는 것은 실존하는 인간에게 결코 해

---

16   Ibid. p.72/52쪽.

17   R. R. Marett, *The Threshold of Religion* (London: Methuen, 1929), p.xxxi.

18   G. K. Chesterton, *The Everlasting Man* (London: Hodder & Stoughton, 1930), p.121.

19   Ibid.

를 입힐 수 없다는 것을 알지만, 그럼에도 우리는 본능적으로 그리고 전(前) 이성적으로 그런 행위의 효과를 (두려워하고) 받아들이려는 쪽으로 끌린다. 그런 생각들은 결코 논리적인 것도 합리적인 것도 아닌 인간으로서의 우리 성향의 일부이며, 체스터턴이 '우리의 본성에서 아주 깊은 것'[20]이라 부른 것에서 일어난다. 그런 이상하고 당황스러운 생각과 행동의 원인에 관해 의문이 일어난다면, 비트겐슈타인의 대답은 아주 간단하다. '인간 삶이란 그런 거다' (RFGB p.3/40쪽).

3.3 최후 심판으로부터의 교훈

『문화와 가치』와 『프레이저에 대한 소견들』에 있는 비트겐슈타인의 종교에 대한 후기 관점의 중요한 요소들은 첫째, 종교적 믿음은 과학과 관계없으며, 따라서 과학 용어로 평가되어서는 안 된다는 것이다. 프레이저에 대한 비트겐슈타인의 핵심적인 비판은 프레이저가 주술을 과학의 한 형태로 보고 주술이 과학 임무를 완수하지 못한 무능력에 대해 비난하는 것에 있다. 둘째, 종교는 세계에 대한 합리적인 숙고에서 나오는 것이 아니며, 세계에 대한 초경험적 설명도 아니다. 종교는 추론에 뿌리를 두고 있는 것이 아니라, 세계에 대한 반응의 한 방식, 하나의 방향 틀 혹은 세계 속에서의 삶의 방식과 같은 것이다.

내 생각에는, 종교적 믿음은 하나의 좌표 체계를 위한 열정적 자기 결단(과 같은 어떤 것)일 수 있을 뿐이다. 그러니까 그것은 비록 **믿음**이기는 하지만, 그러나 삶의 한 방식, 또는 삶을 판단하는 하나의 방식이다. 이 견해를 열정

---

20   Ibid.

적으로 붙잡는 것이다. (CV p.64/138쪽)

이와 같은 생각들은 1938년에 한 「종교적 믿음에 대한 강의」에서 더 논의된다. 이 글은 비트겐슈타인이 직접 쓴 글이 아니고 그의 강의에 참석한 학생들이 받아 적은 것이라는 걸 알아야 한다. 하지만 그들이 논의된 문제들에 대한 비트겐슈타인 생각의 본질을 정확히 전달했다는 점은 거의 의심의 여지가 없다.

비트겐슈타인은 이 강의에서 종교적 담론의 독특한 문법을 탐구하고 밝히는 데 다시 한 번 열중하고 있다. 그는 종교 속에 있는 생각들과 언어의 독특함에 관심을 가진다. '종교적 담론에서 우리는 다음과 같은 표현을 사용한다: "나는 그러그러한 것이 일어날 것을 믿는다" 그리고 과학에서 사용하는 방식과는 다른 방식으로 그것들을 사용한다' (LC 57). 사실을 묘사하는 데 사용되는 문장들과 이름으로 기능하는 낱말들 같은 언어의 과학적 사용을 고려한다면, 종교적인 것과 과학적인 것 사이의 구별은 종교에서 사용되는 낱말들과 문장들이 직접적으로 대상-명명적 특성, 사실-기술적 특성을 가지지 않는다는 것을 의미할 것이다. 실제로 이것이 비트겐슈타인이 우리가 어린 시절 '신'이라는 낱말을 배우는 방식을 명료화하려고 하면서 '신'의 의미를 숙고할 때 강조한 것이다.

'신'이라는 낱말은 최초에 배우는 것 — 그림들과 교리 문답서들 등 — 속에 있다. 하지만 숙모의 그림과 동일한 중요함을 갖지는 않는다. 나는 [그 그림이 그리는 것을] 보지 않았다. (LC 59)

사람의 외모를 표현하는 데 실패한 특정한 초상화에 불만을 터트릴 수

도 있다. 그래서 '코가 완전히 틀렸어. 난 이 그림에서 그를 거의 알아
볼 수 없어'라고 말할 수도 있다. 그러나 어떤 사람이 화가가 신의 코를
정확히 표현하는 데 실패했다고 불평한다면 이상할 것이다. 신의 그림
은 어떤 의미에서도 초상화로 여겨질 수 없다. 이것은 쉽지 않은데, 왜
냐하면 화가는 앉아 있는 대상 없이 신이 어떠어떠하게 보인다고 상상
해야 하기 때문이다. ('이것이 아더왕이 어떻게 생겼는지 내가 추정하
는 것이다'와 비교하라.) 비트겐슈타인은 다음과 같이 말한다.

"신이 사람을 창조했다"는 걸 생각해 보자. 천지창조를 보여 주는 미켈란젤
로의 그림. 일반적으로 그림만큼 단어의 의미를 잘 설명하는 것은 없다. 그
리고 나는 다른 사람만큼 미켈란젤로도 선하며 그가 최선을 다했다고 생각
한다. 그리고 여기에 아담을 창조하는 전지전능한 신에 대한 그림이 있다.
    우리가 이것을 본다 하더라도 우리는 이것을 전지전능한 신이라고 생각하
지 않을 것이다. 만약 우리가 저 이상한 담요를 쓰고 있는 사람을 '신' 등의
말로 부르고자 한다면, 그 그림은 전적으로 다른 방식으로 사용되어야 한다.
… 나는 열대 식물의 그림을 무어(Moore)에게 보여 줄 수 있다. 그림과 식
물을 비교하는 기술(技術)이 있다. 내가 그에게 미켈란젤로의 그림을 보여
주고 "물론 나는 당신에게 단지 그림만 보여 줄 수 있을 뿐 실물을 보여 줄
순 없어"라고 말했다면 …. 부조리는 내가 그에게 이 그림을 사용하는 기술(
技術)을 가르친 적이 결코 없다는 것이다. (LC 63)

이와 같이 비트겐슈타인이 신의 그림을 사용하기 위한 (나아가 '신'이
라는 낱말 자체를 위한) '기술(技術)'을 모색할 때, '토니 블레어'가 한
사람의 이름이라거나 '대영제국의 수상'이 한 사람의 직함이라는 식으
로 '신'을 누군가의 이름이라고 생각하는 것은 분명 틀렸다는 점을 함축

하고 있다. 신을 믿는 것은 네스호의 괴물(Loch Ness Monster)[21]이나 히말라야 설인을 믿는 것과 다르다.

('신이 세계를 창조했다' 나 '전지한 신의 눈이 모든 것을 살펴본다' 와 같은) 유신론적 신앙 표현들이 사실에 관한 추정적 진술이나 기술 (記述)이 아니라면, 그것들의 기능은 무엇인가? 『문화와 가치』와 『프레이저에 대한 소견들』을 심사숙고하면 하나의 가능성을 발견하는데, 그 것은 신에 대해 말하기는 어떤 식으로 감정, 태도, 정서를 표현한다는 것이다. 「종교적 믿음에 대한 강의」에는 다른 (하지만 관련된) 제안이 등장하는데, 이는 최후 심판에 대한 비트겐슈타인의 사유를 살펴봄으로써 접할 수 있다.

비트겐슈타인의 관심은 최후 심판에 대한 믿음의 특성, 그리고 신자와 비신자를 구분하는 것에 있다. 신자와 비신자를 구분하는 문제는 차이가 분명하다고 말하고 싶을 수도 있을 것이다. 한 사람은 사후에 심판받을 것이라고 생각하는 반면, 다른 사람은 그런 심판이 있다는 것을 부인한다. 한편 비트겐슈타인은 이 경우는 아주 다르다는 것을 강조하고 싶어 한다. 최후 심판을 믿는 자와 믿지 않는 자 사이의 차이는 보수당이 다음 총선에서 승리할 것이라고 믿는 사람과 그렇지 않다고 믿는 사람 사이의 차이와 다르다.

어떤 사람은 최후 심판을 믿고 나는 믿지 않는다면, 이것은 내가 그와 반대되는 것, 즉 그런 일은 없을 거라는 것을 믿는다는 것을 의미하는가? 난 다음과 같이 말할 것이다: "전혀, 혹은 항상 그런 건 아냐."

내가 육체는 썩는다고 말하고, 다른 사람은 "아니. 입자들은 천 년 안에

---

21   스코틀랜드 서북구 인버네스(Inverness) 주에 있는 네스 호수의 괴물._역자주

재결합할 거고, 당신의 부활이 있을 거야"라고 말한다고 가정해 보라.

만일 누군가가 "비트겐슈타인, 당신은 이것을 믿소?"라고 말한다면, 난 "아니"라고 말할 거다. "당신은 그 사람과 반대되오?" 난 "아니"라고 말할 거다. (LC 53)

언뜻 이것은 좀 이상해 보일 수 있다. 분명 비신자는 신자와 반대**된다**. 최후 심판에 대한 믿음이 어떤 특이한 종류의 예언이라면 그럴 것이다. 비트겐슈타인은 최후 심판에 대한 믿음이 특이한 예언이 아니라는 점에서 확고하다.

이를테면 우리가 미래를 예견하는 사람들을 알고 있었다고 가정해 보자. 여러 해 앞서 예측을 한다고. 그리고 그들이 심판의 날 같은 것을 기술한다고. 아주 특이하게도, 비록 그러한 일이 일어난다 하더라도, 또 그것이 내가 기술한 것보다 더 설득력 있다 하더라도 이것이 일어날 것이라는 믿음은 전혀 종교적 믿음이 아닐 것이다. (LC 56)

믿음이 예언이라면 그건 아주 우스꽝스러울 것이다. 그런 일이 일어날 거라는 증거가 어디 있는가? 어떤 사람이 심판에 대한 꿈을 꾸고서 개종할 수도 있지만, 이것은 다른 곳, 말하자면 과학이나 법정에서의 증거처럼 간주되지는 않는다. 꿈이 종교적 믿음을 받아들이는 데 영향을 미칠 수도 있다는 사실이 종교적 믿음의 독특한 성격에 관한 비트겐슈타인의 의심을 불러일으켰다. 믿음을 가지는 방법은 아주 특이하며, 믿음들 자체도 아주 독특해 과학적 가설과 같은 것으로 간주될 수 없다.

당신은 "실수치곤 너무 큰데"라고 말할지도 모른다. 만약 당신이 갑자기 칠판에다 숫자를 쓴 후 "지금 나는 더하기를 하고 있다"고 말한 다음, "2 더하기 21은 13이다" 등을 말한다면, 나는 "이건 실수가 아니야"라고 말할 것이다. (LC 61-2)

이것은 적을 죽이기 위해 인형을 불태우는 현상에 적용할 수도 있다. '실수치곤 너무 큰데'.

종교적 믿음은 미래 사건에 대한 믿음과는 다른 것이며, 같은 이유로 유신론자와 무신론자가 사실에서 불일치하는 게 아니다.

어떤 사람이 신자이고 다음과 같이 말했다고 가정해 보라. "난 최후 심판을 믿어", 그리고 나는 다음과 같이 말한다. "글쎄, 난 그렇게 확실하진 않은데. 아마도" 당신은 우리 사이에 거대한 심연이 있다고 말할 거다. 만일 그가 "독일 비행기가 머리 위에 있어"라고 말하고 내가 "아마도 난 그렇게 확실하진 않은데"라고 말한다면, 당신은 우리가 꽤 가깝다고 말할 것이다.

그것은 내가 그의 근처 어디에 있는지의 문제가 아니라, 당신이 "비트겐슈타인, 당신은 전혀 다른 것을 의미하고 있소"라는 말로 표현할 수 있는, 전적으로 다른 수준에 있는 것이다. (LC 53)

종교적 믿음의 성격에 대해서 무엇이 '전혀 다른'가? 그리고 그런 믿음이 초자연적 실재에 대한 기술(記述)이나 미래 예언, 혹은 그 비슷한 것이 아니라면 신자와 비신자 사이의 차이는 어디에 있는가?

이 질문에 대한 답은 최후 심판과 그에 수반되는 징벌에 대한 생각이 신자의 삶에서 하는 역할을 고려해 보면 얻을 수 있다. 비트겐슈타인은 이러한 (심리학적) 기능에 주목하는 것은 무신론자가 확실히 신자와 반대된다는 본능적 느낌을 약화한다고 주장한다.

당신이 두 사람을 알고 있고, 그중 한 사람은 어떤 과정을 택할지 결정할 때 응보를 생각하고, 다른 사람은 그렇지 않다고 가정해 보라. 가령, 한 사람은 그에게 일어날 모든 것을 보상이나 벌로 생각하는 경향이 있고, 다른 사람은 이에 대해 전혀 생각하지 않는다.

그가 만일 아프다면, 그는 다음과 같이 생각할 수도 있다. "이런 일을 받을 만한 어떤 일을 내가 했지?" 이것은 응보를 생각하는 한 방식이다. 다른 식은 그가 자신을 부끄럽게 여길 때마다 "이건 벌 받을 거야"라고 일반적으로 생각하는 것이다.

자신의 행동과 응보로 그에게 어떤 일이 일어났는지에 대해 말하는 사람과 그렇지 않은 사람, 이 두 사람을 고려하라. 이 두 사람은 완전히 다르게 생각하고 있다. 그런데 이 점에서 당신은 그들이 서로 다른 것들을 믿고 있다고 말할 수 없다. (LC 54-5)

최후 심판, 즉 장차 있을 신의 응징에 대한 믿음은 비트겐슈타인이 '그림'이라고 부른 것이다. 그 그림은 신자가 나쁜 일을 하고 싶어 할 때 그의 생각 속에 떠오르는, 신자의 마음 앞에 항상 있는 어떤 것이다. '그가 어떤 것을 하려고 할 때마다 이것은 그의 마음 앞에 있다'(LC 53). 종교적 믿음은 신자에게서 핵심적이며 행동-결정적 역할, 즉 '그의 삶 전체를 규제하는'(LC 54) 역할을 한다.

종교적 믿음이 이런 식으로 기술된다면, 종교적 대상이 존재한다는 것을 보여 줄 수 없다거나 최후 심판에 대한 조망이 그럴듯하지 못하다는 근거로 무신론자가 종교적 믿음을 거부하는 것은 어리석은 것이다. 무신론자의 반응은 지구 밖으로의 납치 사건에 대한 회의주의자의 반응, 정확하게 말해 '당신의 증거는 불확실하며, 당신의 증언은 부적절하다'고 할 수 있는 회의주의자의 반응과는 전적으로 다른 것이다. 무신론자는 전적으로 다른 궤도 위에 있다.

> 어떤 아픈 사람이 다음과 같이 말한다고 가정하라. "이건 벌이야." 그리고
> 나는 다음과 같이 말한다. "만일 내가 아프다면, 난 절대 벌로 생각하지 않을
> 거야." 만일 당신이 "당신은 그 반대를 믿는가?"라고 말한다면 — 당신은 그
> 것은 반대를 믿는 것이라고 할 수 있지만, 그건 우리가 정상적으로 반대를
> 믿는다고 하는 것과는 전적으로 다르다.
>
> 나는 달리, 즉 다른 방식으로 생각한다. 나는 나 자신에게 다른 것을 말한
> 다. 나는 다른 그림들을 가지고 있다.
>
> 그건 이런 식이다. 만일 어떤 사람이 "비트겐슈타인, 당신은 아픔을 벌로
> 생각하지 않는군, 그래 당신은 뭘 믿소?"라고 말하면 — 나는 "나는 벌에 대
> 한 어떤 생각도 없어"라고 말할 것이다. (LC 55)

무신론은 종교적 사유가 없는 것이다('나는 신에 대해 어떤 생각도 없
다'). 그것은 믿음의 모순이 아니다. 비트겐슈타인이 서로 아주 다른 관
념들을 가지고 있는 종교들이 이론을 제시하는 것 외에는 서로 반대되
지 않는다고 말한 것과 마찬가지로(RFGB p.1/38쪽 참조), 종교와 무신
론을 경쟁하는 이론들로 이해해서는 안 된다. 그것들은 서로 다른 **사상
체계들**이라기보다는 서로 다른 **사고방식들**인 것처럼 보인다.

규제하는 그림 모음이라는 종교의 특성으로부터 수많은 중요한 결과
가 도출된다. 우선 종교적 믿음을 이해하는 것은 종교적 믿음이 어떻게
신자의 행위들을 좌우하거나 영향을 미치는지를 알아차리는 문제가 된
다. 이해의 과정은 일반적으로 종교적 믿음이 하는 것이 아니다. 다시
말해 믿음의 명백한 지시 대상의 본성을 이해하거나 믿음이 참이라면
어떤 경우가 그에 해당하는지를 이해하는 것이 아니다. 예를 들어 유신

론적 신앙의 한 가지 독특한 특성은 신이 전지하다는 믿음이며, 이런 생각이 확실하다는 것을 증명하는 성서 문구들('주께서 나의 앉고 일어섬을 아시며'[22])이 많다. 신이 전지하다는 생각에 관한 연구는 모든 것을 아는 존재가 있을 수 있는지 혹은 그것이 의미하는 바가 무엇인지, 그리고 그러한 것에서 도출되는 것이 무엇인지에 초점을 맞추는 것일 수 있다. 성가신 난관들 — 만일 전지한 존재가 아직 일어나지 않은 모든 것을 알고 있다면, 이는 인간들이 자신의 미래 행동을 통제하지 못하며, 결국 진정한 자유가 없다는 의미인가? — 에 부딪힐 수도 있다. 하지만 비트겐슈타인에게서 그러한 탐구는 종교적 관념들을 오해한 증거일 것이다. 모든 것을 보는 신의 눈을 믿는다는 것은 결국 죄는 드러날 것이라는 생각을 항상 염두에 둔, 특별한 행동 방식, 특별한 삶의 형태를 받아들인다는 것이다. 신이 전지하다는 믿음은 경각심을 일으키는 그림을 마음에 품는 것이며, 그 믿음을 이해하는 것은 신자의 삶에서 그것의 역할을 알아차리는 것이다. 단연코 이해는 어떤 형이상학적 존재의 존재론을 탐구함으로써 얻어지는 것은 아니다. 비트겐슈타인에게 그러한 탐구란 자리를 잘못 잡은 것일 게다. '내가 의미하는 것은 다음과 같다. 당신은 어떤 결론을 끄집어내고 있는가? 등등. 신의 눈과 관련해 눈썹을 말하고자 하는가?' (LC 71) 신은 빅브라더가 아니며, 신의 전지한 활동은 항상 주변을 맴돌면서 엿보는 비밀경찰의 활동들과 비교될 수 없다.

전지함이라는 것은 비트겐슈타인이 종교적 믿음에 대해 생각한 것처럼, 종교적 믿음의 명백한 **도덕적** 성격을 표면화하는 것이다. 도덕적 규제 그림으로서 — 선한 행동을 돕는 것으로서 — 최후 심판의 지위는

---

22   시편 139편 2절.

분명하다. 그리고 비트겐슈타인 역시 '신'이라는 단어가 도덕성과 아주 밀접하게 결합되어 있다는 것을 강조한다.

> 신 혹은 유일신의 존재에 관한 문제가 발생한다면, 그것은 내가 이전에 들어 본 적이 있던 사람이나 사물의 존재에 관한 문제와는 전적으로 다른 역할을 한다. 사람들은 그 존재를 **믿었다**고 말했고 말해야 했으며, 만일 믿지 않는 다면 이것은 나쁜 것으로 간주되었다. 통상 내가 어떤 것의 존재를 믿지 않는다 하더라도 이 경우, 어느 누구도 잘못된 것이 있다고 생각하지 않을 것이다. (LC 59)

어떤 사람이 유령을 더 이상 믿지 않게 되었다면, 그런 영들이 실제로 존재한다고 여전히 믿고 있는 사람들은 그 사람이 세계에 있는 수많은 존재에 대해 오류를 범하고 있다고 생각할 것이다. 그러나 만일 어떤 사람이 신에 대한 믿음을 버리고 이전에 예배 드리던 교회를 떠난다면, 신도들 중에 남아 있는 사람들은 그가 오류를 범하고 있다고 생각하는 것이 아니라 **타락했다**고 생각한다. 실로 여기에,

> '믿는다'라는 낱말의 이상한 사용법이 있다. 우리는 믿는 것에 대해 이야기 하면서도 보통처럼 '믿는다'를 사용하지 않는다. 당신은 (평소 사용에서) "당신의 믿음에 불과할 뿐이오. — 음, 글쎄 …"라고 말할 수 있다. 여기서 그것은 전적으로 다르게 사용되었다. (LC 59-60)

종교 언어는 큰 혼란을 야기하는데, 그것은 믿음-진술들이 '통상적인' 믿음들로 기능하는 것이 아니라, 특별한 삶의 형태의 언어 요소가 되며 행위의 맥락과 분리될 수 없기 때문이다.

「종교적 믿음에 대한 강의」에서 다루는 것은 종교에 대한 도덕적 해석이다. 종교가 믿음이긴 하지만 '그것은 실제로 삶의 방식'이라는 비트겐슈타인의 견해에 맞게, 종교가 외관상으로는 (그 표층 문법에서는) (신, 개인의 운명, 의미와 역사의 종말 등에 관한) 일련의 사이비-이론적 진술들이라는 것을 주장하는 듯하다. 왜냐하면 사실상 종교는 행위를 돕는 것이고, 독특한 도덕성을 강화하는 그림 모음이며, '비유의 옷을 입고 있는 삶의 규칙들'(CV p.29)이기 때문이다.

종교에 대한 비트겐슈타인의 설명이 이런 노선을 따른다면, 그는 브레이스웨이트의 고전적인 논문「종교적 믿음의 본성에 관한 경험주의자의 관점」(An Empiricist's View of the Nature of Religious Belief)에 있는 종교에 대한 꽤 유사한 사고 유형을 표출한 것으로 여겨질 수 있다. 브레이스웨이트가 검증 원리를 받아들인 것은 종교적 담론에는 인식적 성격이 있을 수 없다는 것을 의미한다. 대신 종교적 발화는 특별한 삶의 방식을 받아들였다는 것을 표현하고 또 권하면서 도덕적 목적에 종사한다. 일단 분석되기만 하면 종교적 진술들은 위장한 **도덕적** 진술들이라는 것이 밝혀질 수 있다. 예컨대 신은 사랑이라는 기독교인의 진술은 '아가페적 삶의 방식을 따르려는 자신의 의사'를 선언하는 것에 불과하다.[23] 브레이스웨이트에 따르면 종교는 심리적 그리고 도덕적 기능을 가진 (허구적) 이야기 모음이다. 그는 '마음속에 특정한 이야기들과 연관된다면, 많은 사람이 쉽게 자신들의 자연적 경향들에 반대되는 일련의 행동을 결심하고 이행하는 것은 경험적인 심리 사실'[24]이라고

23   R. B. Braithwaite, 'An Empiricist's View of the Nature of Religious Belief', in Mitchell (ed.), *The Philosophy of Religion* (Oxford: Oxford University Press, 1971), p.81.
24   Ibid., p.86.

말한다. 그래서 기독교는 신자들이 선한 삶을 살도록 격려하는 이야기
들 — 말하자면 세상을 창조한 신, 어린이들을 축복하는 예수, 산상 수
훈 등 — 로 이루어져 있다.[25]

브레이스웨이트의 비인식적 이론과 비트겐슈타인의 종교에 관한 후
기 관점이 어디에서 유사한지 쉽게 알 수 있다. 이 두 관점에서 종교적
단언들은 표면적으로 사실적 본성을 가진다고 추정되는 것에서 도덕적
으로 훈계하는 그림인 종교의 심리적/도덕적 기능으로 초점이 이동하
는 것처럼 보인다. 그러나 브레이스웨이트와 비트겐슈타인의 입장을
융합하는 것은 결과적으로 비트겐슈타인의 설명을 왜곡하게 될 것이
다. 살펴봤듯이 브레이스웨이트는 종교적 그림들이 전적으로 윤리적
진술로 환원될 수 있는 것으로 본다. 종교적 믿음의 목적이 순전히 특
별한 행위 양식을 촉구하고 진작하는 것이기 때문에 종교적 믿음은 배
타성을 주장할 수 없다. 즉 다른 믿음 혹은 다른 식의 격려도 괜찮을 수
있다. 비트겐슈타인은 그런 주장들을 단호히 거부할 것이다. 첫째, 그
는 종교적 표현들은 환원될 수 없고, 비종교적 언어로 번역될 수 없으
며, 곧바로 '환금가(cash-value)'가 제시될 수 있는 것이 아니라고 말
하고 싶어 한다. 이것은 강의 참가생 중 한 명인 루이(Casimir Lewy)와
의 다음 대화에서 잘 나타난다.

어떤 사람이 중국에 가기 전 다시는 나를 만나지 못할 수도 있을 때, 나에게

---

25   콜링우드(R. G. Collingwood)의 주술 이론은 종교적 이야기의 기능에 대한 브
레이스웨이트의 설명과 동일한 특성을 지닌다. 프레이저에게는 미안한 말이지만, 콜링
우드에 따르면 주술은 어떤 구체적인 목적을 이루려는 의도가 아니다. 그것은 오히려
공동체의 사기를 위한 일종의 좋은 발전기와 같은 것이다. 공동체의 제의들은 위기에
직면하여 연대감과 인내심을 불어넣고 진작한다. (Collingwood, *The Principles of Art*
(Oxford: Oxford University Press, 1958), pp.57-77 참조.)

'우리 죽은 후에 만납시다' 라고 말한다고 하자. ─ 반드시 나는 그를 이해하지 못한다고 말하게 될까? 나는 단순히, '예. 나는 그를 전적으로 **이해합니다**' 라고 말할 수도 있다[말하고 싶다].

루이: 이 경우에 당신은 단지 그가 어떤 태도를 표현했다는 걸 의미할 것입니다.

난 '아니, 그것은 "난 그를 아주 좋아해"라고 말하는 것과 같지 않아' 라고 말할 거다. ─ 그리고 그것은 다른 어떤 것을 말하는 것과도 같지 않을 거다. 그것은 그것이 말하는 바이지. 왜 다른 어떤 것으로 대체할 수 있어야 하지?

내가 '그는 그림을 사용했다' 고 말한다고 가정하라. (LC 70-1)

종교적 그림들은 환원할 수 없다. 다른 생각들이나 다른 표현들이 같은 걸 해낼 수 없다.

어떤 그림들에 대해 우리는 그것들이 다른 것으로 대체되는 편이 낫다고 말한다. ─ 예를 들어 어떤 상황에서 다른 것 대신 그려진 타원 투사체를 가질 수 있었을 것이다.

[그는 다음과 같이 **말할 수도 있다**]. '나는 다른 그림을 사용할 준비를 하고 있으며, 그것은 동일한 효과를 가질 거야 …'

전체 **비중**은 그림에 있을 것이다. (LC 71-2)

우리가 체스 게임을 한다면, (특별히 지나치게 까다롭지 않다면) 놀이하는 체스의 말들의 정확한 크기나 모양에 대해서는 별 주의를 기울이지 않을 것이다. 하나의 루크 상은 다른 것과 마찬가지일 것이다. 그런데 종교 문제에서 **전체 비중은 그림에 있을 것이다**. 그것은 믿음이 변하거나 (시간이 경과하여) 믿음을 상실한다면 달라진다. 이는 종교적 믿

8

8

음이 사물에 대한 어떤 태도를 표현하는 것이라거나 (비록 최후의 심판에 대한 믿음은 사물들에 대한 기괴한 해석이긴 하지만) 사건에 대한 해석이기 때문이 아니다. 반대로 믿음은 신자가 세상을 보는 방식을 **결정한다**. 그래서 신자와 비신자는 **다른 세계**에 산다고 말할 수 있다.

이런 관념은 비트겐슈타인 사상의 두 다른 측면들 — 하나는 초기에서 또 하나는 후기에서 — 을 언급함으로써 더 정교하게 될 수 있다. 먼저 『노트북』과 『논고』에 있는 '행복하게 살기'라는 관념을 상기하라. 금욕적 삶의 방식이 성취된다 하더라도, 행복한 사람이 불행한 사람과는 다른 방식으로 세상에 반응한다는 건 간단치가 않다. 아니, 행복하게 사는 것의 결과는

전혀 다른 세계가 되어야 한다. 말하자면 세계는 전체로서 감소하거나 증가해야 한다.

행복한 자의 세계는 불행한 자의 세계와는 다른 세계이다. (TLP 6.43)

물론 어떤 의미에서 행복한 사람과 불행한 사람은 다른 세계에 살고 있지 **않다**. 그들이 거주하는 세계는 물리적으로 동일한 세계이기 때문이다. 하지만 어떤 사람이 세계를 보며 행복한 얼굴로 회상한다면, 그의 세계는 찌푸린 세계를 가진 사람과는 전혀 다를 것이다. 비트겐슈타인의 요점은 어떤 사상과 삶의 형태를 익힌 (종교적 개념과 종교적 삶 속에서 학습된) 사람은 다른 세계를 알 수 있으며, 그렇지 않았다면, 즉 그런 특별한 사상과 삶의 형태를 익히지 않았다면 우리에게 닫혔을 의미 유형들과 가능성을 감지할 수 있다는 것이다.[26]

---

26 서덜랜드(Stewart Sutherland)는 그의 책 『신, 예수, 믿음』(*God, Jesus and Belief*) (Oxford: Basil Blackwell, 1984)에서 종교에 관해 비교할 만한 설명을 상세히

이것은 우리를 비트겐슈타인의 두 번째 사상, 그의 유명한 '상을 봄 (seeing an aspect)'[27]이라는 논의로 이끈다. 『탐구』에 나타나 있듯이, 비트겐슈타인의 생각들은 유명한 '오리-토끼' 퍼즐과 같은 퍼즐 그림들의 본성에 관한 것이다.

어떤 사람은 이 그림을 토끼로만 볼 수도 있고, 다른 사람은 오리로만 볼 수도 있다. 물론 이 두 사람은 (논쟁의 여지없이) 동일한 그림을 보고 **있다**. 그럼에도 오리는 토끼와 다르기 때문에 어떤 의미에서 각자가 보는 것은 다르다. 문제의 핵심은 각자가 자신 앞에 있는 그림에서 식별하는 것이다. 한 사람은 토끼를, 다른 사람은 오리를 본다. 누군가는 그것을 오리로만 볼 수밖에 없는 경우가 있을 수 있다 하더라도, 정상적으로 사람은 그 그림에서 두 개의 상 모두를 볼 수 있다. 아마도 그들이 이전에 결코 토끼로 본 적이 없어서 토끼의 독특한 형태가 인지되지 않거나, 오리 이미지에 사로잡혀 있어 다른 것으로 보지 못할 수도 있다. 오리는 토끼로 대체되지 않을 것이다. 이 경우 우리는 이미지의 다른 형태를 보지 못하는 '상맹(aspect-blindness)'에 대해 말할 수 있다. 비트겐슈타인은 그것이 ''음감'의 결핍과 **근친적**'(PI p.214/318쪽)이라고 한다.

하고 있는데, 거기서 유신론의 언어는 세계에 대한 특별한 관점, 그 언어 사용과 동떨어져서는 얻을 수 없는 관점을 가능하게 하며 유지한다고 주장한다.

27   PI pp.193-214/288-319쪽 참조.

종교적 믿음이 일종의 '~로서 봄(seeing-as)'으로 간주될 수 있는지에 관해서 문제 삼을 수도 있다. 확실히 신자는 세계 속에서 무신론자가 감지하지 못하는 의미 유형을 볼 수 있다고 말할 수 있다. 신자는 세계를 신의 피조물로 보고, 역사 속에서 신의 계획을 볼 것이다. (워즈워스가 어떻게 '숲에서 영혼'을 감지하는지, 그의 자연에 대한 인식을 회상해 보라. 워즈워스의 세계는 영혼을 느끼지 못하는 사람의 세계와 다르며, 각각에게 서로 다른 가능성이 나타난다.) 종교가 그렇게 파악된다면 그러한 신적 유형들을 보지 못하는 것 때문에 무신론자가 상맹이라고 비난받는 것이 정당할 수 있는가? 아마도. 그런데 신자가 아닌 사람은 신자들이 인간 삶의 특징인 현실의 고통과 불합리함에 있는 무신론적 함의를 보지 못한다는 이유로 신자들에게 동일한 비난을 가할 수도 있다. 여기서 우리는「종교적 믿음에 대한 강의」의 핵심 문제, 즉 신자와 무신론자 사이의 불일치의 본질로 돌아가고 있다. '~로서 봄'의 맥락 속에서 이러한 불일치는 퍼즐 그림을 대할 때 아주 다른 것을 보는 두 사람의 경우와 유사할 것이다.

종교적 믿음을 '~로서 봄'으로 생각하는 것이 옳든 그르든, 이런 사유들은 종교와 **미학** 사이에 주목할 만한 연관이 있다는 — 신비로운 것에 대한 비트겐슈타인의 전기 철학 속에 등장하는 — 생각으로 향하게 한다. '봄(seeing)'의 방법들과 방식들에 관계된다는 점에서 종교적 경험이 미학적 경험과 비슷하다면, 신자와 무신론자 사이의 차이를 명확히 하기 위해 미학적 불일치의 경우를 살펴보는 것이 도움이 될 수 있다. 사람들은 종종 미학적 불일치는 개인적 기호에 불과하다고 말하고 싶어 하며, 비트겐슈타인이 그런 생각에 일정 정도 기여한 것처럼 보인다.

[루이: 내 여관집 안주인이 그림이 사랑스럽다고 말하고 나는 끔직하다고 말하더라도, 우리는 서로 반대되지 않습니다.]

어떤 의미에서 … 둘은 서로 반대되지. 그녀는 조심스럽게 그것의 먼지를 털고, 종종 그것을 보는 것 등을 해. 자네는 그걸 불 속에 던져 버리고 싶고 …. 여주인이 다음과 같이 말한다고 가정해 보세. '이건 끔직해' 라고. 그리고 자네는 '이건 사랑스러워' 라고 말하고. — 그래, 그것이 그거야. (LC 11)

사람들이 미학적 취향에서의 차이는 개인적 기호에 불과하며, 특별한 그림이나 음악에 대한 정서적 반응에 불과하다고 말하려 한다면, 그리고 종교적 믿음이 일종의 미학적 취향이라고 말하려 한다면, 그것은 신자와 무신론자는 단지 개인적 관점들/취향들에서의 차이에 불과하며 그게 전부라는 걸 뜻할 게다. 여기서 종교는 사실들에 대한 하나의 특별한 정서적 반응으로 기술(記述)될 수 있다.

한편, 일반적으로 미학적 불일치는 다양한 개인적 견해로 충분하지 않다. 어떤 사람이 환희의 송가가 음악적으로 우둔한 귀에 거슬리는 작품이라고 한다면, 베토벤을 인정하는 사람들은 문제가 그렇게 되도록 내버려 두지 않을 것이다. 그들은 그 사람을 설득하려고 할 것이다. 그는 (이것이 사실적 논쟁인 것처럼) 새로운 정보를 제공하는 것이 아니라, 아마도 다른 환경에서 어떠한 특징들을 지적하고 강조하며 다시 그 곡을 듣게 함으로써 설득하는 일을 할 것이다.[28] 이런 식으로 생각해 보면, 지적인 '증거들' 을 제공하는 것은 아니지만, 한 사람의 종교적 혹은 비종교적 관점을 바꾸려는 정당한 의도가 있을 수 있다.

28 John Wisdom, 'Gods', in *Philosophy and Psychoanalysis* (Oxford: Basil Blackwell, 1953), pp.154-61 참조.

어떤 사람에게 '신의 존재를 확신' 시키는 일은 아마도 일종의 교육을 통하여, 즉 그의 삶을 이러이러하게 형성함으로써 가능할 것이다. (CV p.85/ 175-6쪽)

이런 언급은 종교적 관점에서의 수많은 개종이 지적 탐구가 아닌 다른 것의 산물이라는 것을 강조한다고 볼 수 있다. 왜냐하면 후기 사상 전체에 걸쳐 종교에 관한 비트겐슈타인의 관심은 믿음의 전(前)사유적 정서적 근원이기 때문이다. 만일 "비트겐슈타인은 이성을 파괴하려고 한다"는 불만이 있다면, … 이것은 거짓이 아닐 것이다. 이것은 실제로 그러한 문제들이 발생하는 방식이다' (LC 64).

비트겐슈타인의 후기 저작에서 종교에 대해 체계적으로 다룬 것을 기대한 사람들은 실망할 것이다. 어떤 포괄적인 종교철학도 없다. 얻을 수 있는 것이라곤 머독(Iris Murdoch)이 '짜증나게 하는 힌트'[29]라고 적절하게 표현한, 종교적 믿음의 특성과 그것이 신자의 삶에서 하는 역할에 대한 관찰들과 메모들이다. 이 장에서 하려고 한 것은 이런 사유들과 그 파생된 결과들을 추적해 보는 것이었다. 이것이 종교에 관해 충분히 정합적인 설명을 제공하지는 않겠지만, 그럼에도 여기서 살펴본 세 가지 자료 속에는 통일된 주제가 있다. 이 주제는 종교적 믿음을 형이상학적 존재자와 세계의 작동, 역사와 개인의 궁극적 운명 등에 대한 가설, 즉 이론으로 해석하려는 유혹은 근본적으로 오류라는 것이다. 이것은 주지주의에 대한 비트겐슈타인의 혹독한 비판에서 명확히 나타난다. 비트겐슈타인이 분노한 대상은 종교가 과학과 마찬가지로 추론에서 발생하고, 과학과 마찬가지로 자연의 흐름에 대한 실패한 설명이

---

29 Iris Murdoch, quoted by Kai Nielsen in *An Introduction to the Philosophy of Religion* (London: Macmillan, 1982), p.45.

며, 효과적인 행동 양식을 위한 이론적 토대 역할을 한다는 프레이저의 생각이다. 그의 대안적 생각들은 ― 예컨대 의식은 자연스러운 정서적 행동에 뿌리를 두고, 종교는 삶을 결정하는 그림으로 기능하며, '열정적으로 수용하는 지침서'와 같은 것이라는 ― 여전히 감질나는 힌트들이다. 신비트겐슈타인주의적 종교철학자들의 저작들로 눈을 돌리면 비트겐슈타인이 힌트를 주고 있는 것에 대해 좀 더 완벽한 설명을 얻을 수 있을 것이다.

4

신(neo)비트겐슈타인주의자들의 종교철학

'비트겐슈타인주의자들의 종교철학'이라고 하는 것은 비트겐슈타인의 종교적 믿음과 의식(儀式)에 대한 글들이 출판되거나 논의되기 전부터 있었던 현상이었다. 이런 일이 일어난 것은 종교의 특성을 조망하는 데 비트겐슈타인 후기 철학의 통찰력을 부지런히 이용한 수많은 작가 — 주로 말콤(Norman Malcolm), 필립스(D. Z. Phillips), 리즈(Rush Rhees)와 윈치(Peter Winch) — 의 작업 덕분이었다. 이 장에서는 우선 '언어놀이'와 '삶의 형태'라는 모티브가 어떻게 믿음 문제에 적용될 수 있는지를 보여 줌으로써, 종교에 대한 정평 있는 비트겐슈타인주의자들의 설명이 갖고 있는 특징들을 개괄하려고 한다. 이어지는 절에서는 이 철학자들이 기적, 기도, 불멸에 대해 얼마나 참신한(original) 분석을 제공하는지 자료로 증명한 후, 끝으로 그러한 분석들이 결과적으로 환원주의의 한 형태가 되는지에 대한 문제를 검토할 것이다.

4.1 언어놀이와 신앙형태주의(Fideism)

비트겐슈타인의 가까운 친구이자 그의 저작들의 편집자인 리즈가 종교 문제에 관해 주목할 만한 일련의 글들을 쓰기 시작한 것은 1950년대였다. 이것들은 분명 믿음의 특성에 대한 비트겐슈타인의 후기 사상에서 영감을 받은 것이며, 많은 점에서 그의 후기 사상을 잇는 것이었다. 비트겐슈타인과 마찬가지로, 리즈의 관심은 종교 언어를 '초-사실들(hyper-facts)'을 기술하려는 목적을 가진 담론의 형식으로 생각하는 것이 얼마나 잘못되었는지를 보여 주는 것이었다. 그는 다음과 같이 말한다.

'신은 존재한다'는 사실적 진술이 아니다. 당신은 그것이 직설법이 아니라고도 말할 수 있다. 그것은 믿음의 고백 ─ 혹은 표현 ─ 이다. 이것은 사람들이 사실 문제에 해당하는 '우연성'에 대립되는 것으로서 신의 존재를 '필연적 존재'라고 말할 때, 그리고 사실에 대해서는 실수라고 하는 데 반해 신의 존재를 의심하는 것은 죄라고 말할 때 어느 정도 깨닫게 된다.

　만일 당신이, '그렇다면, 우리가 신에 대해 말할 때, 언어는 어떤 것도 **지시하지 않는가?**'라고 묻는다면, 내가 여기서 시도했던 것처럼 이 언어의 특별한 문법 중 어떤 것을 강조하는 것으로 시작하고 싶다. 다른 경우라면 물리적 대상 언어가 어떤 것을 지시할 수 있다고 생각하는 것은 자연스럽다. 물리적 대상 언어는 어떤 것을 지시할 수 있다. 그리고 예를 들어 어떤 사람이 실수를 했거나 그 언어가 뒤죽박죽이라면, 물리적 대상 언어는 어떤 것도 지시하지 않을 수도 있다. 당신은 이것이 내가 신에 대한 언어는 어떤 것도 지시하지 않는다고 말할 때 의미하는 것이라고 생각할 수도 있다. 이것은 분명 핵심이 아니다. 혹은 신에 대한 언어는 일종의 아름다운 가장(假裝)이라거나 혹은 테이블 스피치같이 형식적인 의례의 일부 행위를 의미한다고 생각할 수도 있다. 물론 난 그런 것을 의미하지 않으며, 내가 **그런 것**을 피하고 싶으면 신에 대한 언어는 어떤 것을 지시한다고 말할 수도 있다. 하지만 그때 나는 '신에 대해 말하는' 것이 무엇인지, 그리고 그것이 달이나 새 집 혹은 여왕에 대해 말하는 것과 얼마나 다른지 말해야 한다. 내가 의미하는 건 '-에 대해 말하기'가 얼마나 다른가이다. 그것은 문법에서의 차이이다.[1]

여기에는 친숙한 것들이 많은데, 그것은 모두 앞의 장에서 논의되었던 비트겐슈타인의 사유들과 일치하기 때문이다. 신에 대한 믿음의 절대적 본성 — 신을 믿지 않는 것이 죄 있는 것으로 간주되는 기이한 사실 — 은 비트겐슈타인주의자들로 하여금 이것은 우주 속에 존재하는 또 다른 사물에 대한 단순한 믿음이 아니라고 말하게 한다. 신에 대한 믿음은 우주를 창조하고 전능하며 초인적 존재가 어딘가에 있다는 것을 믿는다고 해석되어서는 안 된다. 종교는 특별한 삶의 방식과 밀접하게 연결되어 있으며, 종교 언어는 사변적이기보다는 **고백적**이다. 우리는 철학자의 임무가 종교적 발화의 독특한 문법을 밝히고, '물리적 대상 언어'의 문법과의 차이를 보여 주는 것이라는 규정도 알고 있다.

이러한 명백한 유사성들에도 불구하고, 비트겐슈타인의 이름과 연관되어 있는 종교에 대한 철학적 유형은 이제까지 우리가 주목했었던 주제들을 넘어서는 것이다. 비트겐슈타인의 사유가 단편적이고 다소 개인적인 반면, 그의 추종자들의 글들은 종교적 현상들에 대해 더 포괄적인 이해를 제공한다. 이런 특별한 비트겐슈타인주의적 종교철학에 대한 체계적인 틀은 윈치가 자신의 책『사회 과학의 이념』(*The Idea of a Social Science*)에서 제법 개진했었다.

윈치는 자연과학의 방법들이 인간과 사회 현상을 이해하는 데 유용

---

1   Rush Rhees, 'Religion and Language', in D. Z. Phillips(ed.), *Rush Rhees on Religion and Philosophy* (Cambridge: Cambridge University Press, 1997), p.49.

하게 적용될 수 있다는 생각을 좋아하지 않는다. 그래서 그는 '자연 변
화를 설명하는 원리와 사회 변화를 설명하는 원리 사이에 근본적으로
논리적 차이가 있을 수 없다'[2]는 (예컨대 밀(John Stuart Mill)의『도덕
과학의 논리』(*Logic of the Moral Sciences*)에 있는) 관점을 단호하게 반
대한다. 윈치에게 인간은 사유하지 않는 과학적 탐구 대상과 근본적으
로 다르다. 식물의 라이프 사이클과 삼투압 과정을 이해하기 위해 사유
나 행위 동기와 같은 것들을 고려할 필요가 없다. 반면 사람들의 행위
와 생활 방식을 이해하는 것은 그 사람들의 생각과 동기들을 밝힘으로
써**만이** 성공적으로 이루어질 수 있다. 그래서 윈치는 인간 행동에 대한
과학적 이해, 즉 이유와 생각을 무시하고, 기본적인 메커니즘에 호소함
으로써 인간 행동에 대한 이해를 얻을 수 있다는 매력적인 관념과 거리
를 둔다. 그의 대안적 관점은 인간 행동을 이해하는 것은 '시계의 작동
을 이해하려고 역학 법칙을 적용하는 것이라기보다는 대화를 이해하려
고 언어에 대한 지식을 적용하는 것과 유사하다'[3]는 점을 강조한다. 윈
치가 적절하게 제시한 예는 수도사 공동체 속에서의 사회적 관계에 관
한 것이다. 종교적 사유가 수도사들의 사회적 환경 선택을 결정한다는
걸 이해하지 못한다면, 이들 사이의 관계를 이해하는 건 완전히 난관에
봉착할 것이다. 종교적 사유는 무시될 수 있는 것이 아니라 오히려 본
질적이다.

　사회적 이해를 위한 윈치의 프로그램이 비트겐슈타인 후기 철학적
방법을 적용한 것은 명백한 듯하다. 윈치가 인간 행동을 **설명**하려는 과
학적 욕구를, 인간 행동의 패턴을 알려 주며 인간 행동 패턴의 토대가

2　Peter Winch, *The Idea of a Social Science* (London: Routledge & Kegan Paul,
1958), p.71.

3　Ibid., p.133.

되는 관념들에 대한 **기술**(記述)로 대체하듯이, 비트겐슈타인도 철학이 자연과학의 방법을 채용해야 한다는 생각과 철학은 현상을 설명해야 한다는 관념 모두를 일관되게 거부했다. 정말 '모든 **설명**은 사라져야 하고, 오직 기술(記述)만이 그 자리에 들어서야 한다' (PI §109). 다시 한 번 '철학은 그저 모든 것을 벌거벗겨 내놓을 뿐, 아무것도 설명하고 추론하지 않는다. — 모든 것이 드러나 거기 놓여 있으므로, 설명할 것이 아무것도 없기도 하다' (PI §126). 윈치의 생각대로 이러한 권고는 사회학이 사회적 제도를 **설명하기**보다는 사회적 제도 속에서 표출된 사유들을 **드러내는** (생물학보다는) 철학과 유사하다는 것이다.

자연스럽게 이런 접근법은 종교적 삶에 관한 연구에서 주목할 만한 결과를 얻는다. 종교는 신자들이 잘 모르거나 신자들에게 생경한 역학(dynamic)에 의해서가 아니라(예컨대 프로이트와 뒤르켐(Emile Dur- kheim)의 이론들을 보라), **신자들 자신이** 표현한 생각들로 이해되어야 한다.

바리새인과 세리의 우화(누가복음 18장 9절)를 생각하라. '신이여, 제가 다른 사람과 같지 않음을 당신께 감사드립니다' 라고 말한 바리새인은 '신이여 죄인인 저에게 자비를 베푸소서' 라고 기도하는 세리와 동일한 일을 하고 있었는가? 답을 얻기 위해서는 기도라는 관념이 의미하는 것을 생각하는 것에서 출발해야 한다. 이것이 **종교적** 질문이다. 달리 말하면, 이 두 남자들의 행위가 동일한 것인지 아닌지를 결정하기 위한 적절한 기준은 종교 자체에 속한다.[4]

---

4   Ibid., p.87.

윈치에게 종교에 이질적인 기준이나 절차로 종교적 문제를 평가하는 것은 불합리한 것일 게다. 여기서 비트겐슈타인이 프레이저에게 했던 비난이 되풀이된다. 주지주의자가 종교를 잘못된 과학의 일종으로 본 것이 비난받아 마땅한 것처럼, 주술 행위자의 행위들은 사업가의 실책과 같다는 파레토(Vilfredo Pareto)의 관점 역시 비판받아야 한다.

> 도대체 기업가의 실수가 주술적 의식 행위와 실제로 비교될 수 있는가? 분명 그것은 차라리 주술적 의식에서의 **실수**에 견주어져야 한다. 기업가의 실수는 사업 행위의 **범주** 내에서 … 특별한 행위이다. 그러나 주술적 행위는 그 자체로 행위 범주를 **구성한다**. 주술은 그것이 일어난 사회 속에서 자신의 독특한 역할을 하고 고유한 고려 사항에 맞춰 이행된다.[5]

신(neo)-비트겐슈타인주의자들의 종교 분석을 특징짓는 것은 어떤 다른 요소들보다도 바로 이런 — 종교(혹은 주술)는 특별한 '행위 범주'를 구성하며, '고유한 고려 사항에 따라 이행된다' 는 — 특별한 주장들이다. 여기서 그러한 생각은 모든 인간 제도와 실천들에 공통되고 각각의 실천이 평가될 수 있는 진리, 의미 그리고 합리성에 대한 하나의 일관된 설명이 있다기보다는 끝없이 확장될 수 있는 수많은 독특한 사회 생활 양식이 있으며, 그것은 자신의 용어들에 의해서만 평가될 수 있다는 것이다.

> 과학은 하나의 양식이며 종교는 또 다른 양식이다. 그리고 각각 자체에 고유한 이해 가능성 기준을 가지고 있다. 과학이나 종교 내에서의 행위들은 논리

---

5   Ibid., p.99.

적이거나 비논리적일 수 있다. 가령 과학에서는 적절하게 수행된 실험 결과
로 한정되어야 한다는 것을 거부하는 것이 비논리적일 것이고, 종교에서는
자신의 힘을 신과 겨룰 수 있다고 생각하는 것이 비논리적일 것이다.[6]

윈치가 '사회생활 양식'이라고 부른 것을 다른 비트겐슈타인주의자들
은 『탐구』에서 따와 '언어놀이'나 '삶의 형태'라고 부른다.

언어놀이로서의 종교에 대해 말하는 것은 종교를 독특한 담론 영역
으로, 특별한 삶의 형태 혹은 삶의 방식에서의 언어 구성 요소로 간주
하는 것일 게다. 비록 '놀이'라는 낱말이 종교에 진지함이 결여되어 있
음을 암시하는 것 같은 어떤 불쾌한 함의를 가지고 있다 하더라도, 이
것은 그 명칭에 속하지 않는다. 1장에서 봤듯이, 비트겐슈타인이 언어
놀이 비유를 도입한 것은 언어 현상의 다양한 범위, 말하기가 특별한
활동들과 연결된 방식, 그리고 그러한 활동들의 규칙 지배적 본성을 강
조하기 위해서였다. 이러한 측면들 모두 종교가 언어놀이로 기술될 때
중요한 역할을 한다. 첫 번째 측면은, 종교적 담론 규칙들은 **신학**에서
발견되는데, 신학은 '무엇이 신에게 그리고 신에 대해 말하는 걸 의미
있게 하는지 결정한다. 간단히 신학은 종교 담론의 문법이다'[7]. 이러한
생각이 비트겐슈타인에게 있는 것처럼 보이는데, 그것은 『탐구』에서 그
가 다음과 같이 쓴 것을 볼 수 있기 때문이다.

본질은 문법에서 언표된다.

---

6   Ibid., pp.100-1.

7   D. Z. Phillips, *Faith and Philosophical Enquiry* (London: Routledge & Kegan
Paul, 1970), p.6.

> 어떤 것이 어떤 종류의 대상인가는 문법이 말한다. (문법으로서의 신학.)
> (PI §§371, 373)

여기서 신학에 대한 생각은 무엇이 종교 언어놀이 내에서의 말하기에
적법하며 적법하지 않은지를 결정하는 규칙 만들기, 규칙 실행하기 훈
련에 대한 생각이다.
　신학의 특성에 대한 다른 언급, 즉 언어놀이 명칭의 두 번째 측면에
관련된 언급에서 비트겐슈타인은 다음과 같이 쓰고 있다.

> 하나의 낱말이 어떻게 이해되느냐는 단지 말만으로 말해지지 않는다. (신
> 학.) (Z §144)

사용 없는 말은 죽은 것, 즉 사용(employment)은 의미로 낱말을 확장
시킨다는 비트겐슈타인의 핵심 사상과 일관되게, 여기서의 교훈은 실
천(이 경우에는, 종교)을 이해한다는 것이 순전히 낱말들이나 문장들의
분석으로 얻을 수 있는 것이 아니라는 것이다. 그런 낱말들이 엮여 있
는 활동들이 결정적인 것이다. '**실천**이 말에 그 뜻을 준다' (CV p.85/
175쪽)는 말을 기억하라. 언어놀이로서 종교의 특성은 사변적 사상 체
계가 아니라 오히려 사람이 **하는** 어떤 것, 즉 전체 삶의 방식이다.
　언어놀이 명칭의 세 번째 측면은 종교의 고유한 특성과 독특한 발화
를 강조하는 역할을 한다. 비트겐슈타인이 놀이 비유를 도입하는 일부
목적은 논리, 진리, 합리성 등이 (윈치의 말로 하면) '신으로부터 온 직
접적인 선물'[8]이 아니라, 그들의 출생지이며 그들의 정합성과 이해 가

8　Winch, *The Idea of a Social Science*, p.100.

능성을 제공하는 사회적 활동에서 그러한 것들이 어떻게 비롯되었는지
를 보여 줌으로써, 그것들에 대한 다양한 관점을 조명하는 것이었다.
그러하다면, 그리고 종교가 실제로 언어놀이라면 (최소한) 두 가지가
따라 나온다. 첫째, 종교는 외부에서는 이해될 수 없는데, 왜냐하면 종
교를 이해한다는 것은 전적으로 종교적 삶에 참여하는 것이기 때문이
다. 둘째, 다른 언어놀이의 기준들과 목표들로 종교를 비판하는 것은
적합하지 않다. 이 두 번째 결과에서 나오는 파생물은 아주 놀랄 만하
다. 그것은 예컨대 지난 150년간 큰 논쟁들 대부분이 불필요했다는 것
을 함의한다. 왜냐하면 서로 다른 관심과 목표를 가진 서로 다른 언어
놀이인 과학과 종교 사이에 (이론적) 충돌은 없을 것이며, 따라서 다윈
의『종의 기원』이 창세기의 창조 설화와 갈등한다고 볼 이유가 없기 때
문이다.[9] 다윈은 인간의 기원을 밝히려는 과학적 프로젝트에 종사한 반
면, 창세기는 그렇게 하는 것처럼 **보일** 뿐이다. 순수한 종교적 담론의
특성에 따라, 창세기는 (여분의) 가설이 아니라 아마도 세상의 숭고함
과 아름다움에 대한 경이를 표현하는, 다른 기능을 한다.

　일단 종교가 언어놀이라고 말해지면, 그것은 비판으로부터, 즉 서서
히 다가오는 과학의 침해로부터 혹은, 종교를 환상이나 인간의 정신적
꿈, 잘못된 가설 혹은 무엇으로라도 설명하고 싶어 하는 무신론적 성향
의 이론가들로부터 면제부를 받는다. 그렇게 하는 것이 같은 척도로 잴
수 없는 삶의 방식과 담론 영역에 외부 기준을 제시하는 것이기 때문만
은 아니다. 그보다도 비트겐슈타인주의자들에게 언어놀이나 삶의 형태
로서의 실천이나 제도는 실천이나 제도가 기정사실이라는 것을 뜻한
다. 그것은 설명이 필요 없는 '주어진' 것이다. 비트겐슈타인은 다음과

9　Peter Winch, 'Darwin, Genesis and Contradiction', in *Trying to Make Sense* (Oxford: Basil Blackwell, 1987), pp.132-9 참조.

같이 말하고 있다.

> 당신은 언어놀이란 말하자면 미리 볼 수 없는 어떤 것이라는 점을 명심해야
> 한다. 내 말뜻은, 그것은 근거 지워져 있지 않다는 것이다. 이성적(또는 비이
> 성적)이지 않다는 것이다.
> 그것은 거기에 있다. — 우리의 삶과도 같이. (OC §559)

> 받아들여져야 하는 것, 주어진 것은 **삶의 형태들**이라고 말해질 수 있을 것이
> 다. (PI p.226/336쪽)

> 우리의 잘못은, 우리가 사실들을 '원현상(原現象)들'로 보아야 할 곳에서 어
> 떤 설명을 구하는 것이다. 즉 **이러한 언어놀이가 행해지고 있다**고 우리가 말
> 해야 할 곳에서. (PI §654)

종교 현상에 대한 우리의 올바른 태도는 그것의 특성들을 기술하는 것
이어야 하며, 얼마나 이상하게 보일 수 있는가에 개의치 않고 그것을
설명하려는 시도를 저지하는 것이어야 한다. 우리는 '모든 것을 있는
그대로 놓아두어야'(PI §124 참조) 한다.
 이 모든 주제는 필립스의 저서 중에서 의미심장한 제목이 붙은 『설명
없는 종교』(*Religion Without Explanation*)에서 주요하게 다뤄진다. 거
기서 필립스는 종교를 설명하려는 통상적인 모든 의도를 거부한다. 종
교를 거짓 과학으로 만들었다는 전형적인 비트겐슈타인식 이유로 프레
이저는 비판받는다. 다른 사람들(특히, 포이어바흐, 프로이트, 뒤르켐)
은 신자들의 개념들을 자신들의 설명에 의도적으로 포함시키지 않았기
때문에 비판받는다. 필립스는 이런 회의적인 철학자들 모두 언어의 본

성에 대한 선입견 때문에 오도되었으며, 그러한 선입견으로 그들은 종교적 담론은 설명이 필요하다고 생각했다고 주장한다.

무엇이 언어의 이해 가능한 사용이어야 하는가를 규정하는 것보다는, 언어가 사실상 어떻게 사용되는가를 보**아야 한다**. 그렇게 한다면 주술적이며 종교적인 의례와 의식들 속에 있는 언어 사용과 마주칠 것이다. 그러한 언어는 의견이나 가설에 의존하는 것이 아니라 표현적이다. … 그 언어를 직시했을 때, 철학자의 임무는 자신이 본 것을 증명이나 반증하는 것이 아닌데, 그것은 그렇게 하는 것이 이 문맥에서 의미가 없기 때문이다. 철학자의 임무는 기술하는 것이다. 그는 명료하지 않는 언어 사용에 대한 설명을 제공한다. 그는 이런 언어놀이들이 이행된다고 말할 수 있을 뿐이다.[10]

종교적 믿음의 기정사실적 지위에 대해 더 단호한 단언을 발견하기는 어려울 것이다. '단지 거기 있는' 어떤 것을 직시하게 된다면, 종교에 대한 비평가들의 비난은 '의미 없다'.

종교 이해에 대한 이러한 접근이 어떻게 방어적 전략, 즉 모든 회의적인 공격을 영구적으로 무력화할 수 있는 종교에 대한 철학적 방어로 간주될 수 있는지 아는 데 대단한 비약적 상상이 요구되는 것은 아니다. 왜냐하면 종교가 점점 더 비난을 받고 가장 기본적인 믿음들이 오류나 시대착오적인 것, 심지어 의미 없는 것으로 널리 간주되는 시대에, 신비트겐슈타인주의자들의 철학은 지성으로 지지할 수 없는 믿음 주변에 언어놀이와 삶의 형식이라는 말로 난공불락의 요새를 건설하는 것으로 보일 수도 있기 때문이다. 사실 이것은 이 독특한 종교철학

10　D. Z. Phillips, *Religion Without Explanation* (Oxford : Basil Blackwell, 1976), p.41.

을 겨냥한 최초의 비판이었으며, 닐슨(Kai Nielsen)이 '비트겐슈타인
주의자들의 신앙형태주의'라고 부르면서 그 특징들을 정교화할 때 등
장했다.

　신앙형태주의는 일부 신자들이 믿음은 이성이 아니라 신앙을 토대로
하며, 따라서 종교에 대한 지적 정당화는 불필요하다고 주장할 때 취하
는 입장이다. 비트겐슈타인주의를 신앙형태주의로 변환하는 것은 삶의
형태로서 종교는 정당화될 필요도 없고, 비종교적 삶의 형태에서 가해
지는 비판을 두려워하지 않아도 되는 기정사실이라고 주장하는 것이
다. 닐슨은 자신이 받아들일 수 없는 신앙형태주의적 그림의 수많은 특
성을 강조한다. 첫 번째는, 내부자(신자)만이 종교의 본성을 완전히 이
해할 수 있다는 관념이다. 가령 말콤은 안셀무스의 신에 대한 존재론적
증명이 '인간의 "삶의 형태"가 한없이 위대한 존재라는 관념을 요청한
다고 생각하면서, 그리고 그것의 외부가 아니라 **내부**에서 보고, 그러한
종교적 삶의 형태에 **참여하려는** 경향을 가진 이들만 완전히 이해할 수
있는 것'[11]이라고 말한다. 닐슨은 여기에 의심할 수 없는 진실이 있긴
하지만, 비트겐슈타인주의자들의 주장은 건전한 원리의 어리석은 확장
이라고 말한다. 여기서 현대 인류학적 방법에서 얻은 교훈이 도움이 된
다. 특정 부족의 문화와 믿음에 대한 깊은 이해는 그 부족의 삶에 젖어
들고 그 부족의 관점을 공감해 공유해야만이 도달될 수 있다. 다른 한
편, 그 인류학자는 그 부족과 무시할 수 없는 간격이 있어서 그들의 믿
음에 대한 자신의 이해는 그들의 믿음을 **수용하는 것**으로까지 (일반적
으로) 확장되지 않는다고 주장한다. 왜 동일한 현상이 문화 속 종교에
관해서는 적용되어서는 안 되는가? 그러니까 종교를 받아들이지 않고

11　Norman Malcolm, 'Anselm's Ontological Arguments', in *Knowledge and Certainty* (Englewood Cliffs: Prentice-Hall, 1963), p.162.

는 그것을 완전히 이해할 수 없는가? "'내부'에서 시작하라는 요구가
실천 자체(삶의 형태)에 있는 간극, 불일치, 부정합의 요소들에 대한 인
식을 배제하지는 않는다'[12]. 삼위일체의 교리가 비논리적이라고 느끼면
서도 그 교리 속에 포함된 것을 완전히 이해할 수도 있다. 유신론적 믿
음에서 악이 등장하는 것이나 기도할 때 전지한 신에게 말한다는 것이
부적절하다는 문제에도 비슷한 것을 말할 수 있다.

널슨의 두 번째 반대는 제도들과 실천들을 고유한 언어놀이들이라고
할 때 따라오는, 그가 사회생활의 '구획화(compartmentalisation)'라
고 간주한 것에 집중된다. 이러한 구획화는 다른 문화들의 믿음들과 실
천들을 고려할 때 그럴듯할 수 있지만(그 관념은 아잔데(Azande)인들
의 주술에 대한 믿음들과, 이런 믿음이 어떻게 서구의 과학적 평가를
피할 수 있다고 생각하는지에 대한 윈치의 설명에서 나타나는 것으로
보인다.[13]) 우리 문화에서의 사회생활을 살펴보면 이상하다. '신에 대해
당황스러워하는 사람은 아잔데 사람들의 주술적 실체에 대한 믿음에
당황해하는 사람과 다르다. 그는 삶의 형태를 모르는 외부인이 아니라
삶의 형태를 아는 내부인이다'[14].

이러한 사유는 널슨의 세 번째 비판, 즉 비트겐슈타인주의자들이 한
것처럼, 종교가 오랫동안 형성된 기정사실이기 때문에 종교 언어는 있
는 그대로 두어야 하며, 정합적이지 않다는 이유로 비난받거나 비판될
수 없다는 생각은 명백히 잘못이라는 주장으로 이끈다. 널슨은 이것이
다음과 같은 이유로 종교사적 사실에 맞지 않다는 것을 알게 된다.

---

12   Kai Nielsen, 'Wittgensteinian Fideism', *Philosophy*, vol.42, July 1967, pp.205-6.
13   Peter Winch, 'Understanding a Primitive Society', in *Ethics and Action* (London: Routledge & Kegan Paul, 1972), pp.8-49 참조.
14   Nielsen, 'Wittgensteinian Fideism', p.204.

한때 요정들과 마녀들을 현실적 존재자로 취급하는 삶의 형태가 있었지만, 사람을 포함한 다양한 존재가 시공간적 경험 세계의 일부인지 아닌지를 결정하는 데 실제로 사용하는 기준을 점차 숙고함으로써, 요정들과 마녀들에 대한 믿음을 포기하기에 이르렀다. 하나의 언어놀이가 작동했고, 하나의 삶의 형태가 존재했다는 것이 그것에 포함된 개념들의 정합성과 그것이 개념화했던 것의 실재성에 대한 의심을 막지는 않았다.[15]

그래서 닐슨은 신비트겐슈타인주의자들의 종교철학은 진보하는 세속적 비판으로부터 종교를 보호하려 할 뿐만 아니라, 그렇게 함으로써 사회 제도에 대해 왜곡된 분석을 제공하는 신앙형태주의적 장치라고 비난한다. 신앙형태주의는 사회 활동은 비판에 열려 있으며 지적으로 흠이 드러나면 거부될 수 있다는 우리의 상식적 이해와 우리의 공통된 문화생활 경험을 반영하지 못한다.

종교적 믿음이 독특한 언어놀이라고 자주 말했던 필립스는 종교를 그렇게 특징짓는 것은, 닐슨이 말한 불안 같은 것으로 이끌 수 있다는 것을 인정하며, 만일 종교에 대한 비트겐슈타인주의자들의 설명이 신앙형태주의 같은 것을 함축한다면 그것은 확실히 잘못된 생각이라는 것에 동의한다. 그래서 필립스는 『믿음, 변화와 삶의 형태』(*Belief, Change and Forms of Life*)에서 어떻게 자신의 설명이 닐슨이 반대할 만한 요소들을 제시하지 않는지 보여 주려고 한다. 그중 첫 번째를 보면, 필립스는 결코 '내부자'만 신의 말씀을 이해할 수 있다고 생각하지 않는다고 주장한다. '어떤 사람은 종교적 믿음과 같은 것을 알 수 있으면서도 자신이 종교적 믿음에 따라 살지 않기 때문에 여전히 스스로를

---

15   Ibid., p.208.

무신론자라고 부를 수도 있다'[16]. 또한 필립스 자신은 종교적 믿음을 인간 삶의 다른 측면들로부터 논리적으로 배제시키는 구획화 관념을 일관되게 거부했다고 주장한다. 기도에 대해 (짧게 다룬) 저서에서 필립스는 기도가 삶의 사건들과 얼마나 깊이 연관되어 있는지를 강조한다. 놀이처럼 기분 전환용(game-like diversion)이기는커녕, 기도는 폭넓은 삶의 흐름 속에 놓일 때만, 즉 사람들이 어떤 것을 고백하고 무언가를 요청하며 어떤 것에 대해 신에게 감사하는 등등의 필요를 느낄 때에만 이해될 수 있는 것이다. 삶과의 깊은 연관 없는 종교는 부적절한 것이다.

그러나 닐슨이 구획화를 강조하는 주된 이유는 비트겐슈타인주의자들이 종교를 외부 비판으로부터 보호하고 싶어 한다는 의구심에 있으며, 필립스의 저서를 읽어 보면 확실히 이러한 의구심이 일어난다. 종교를 정당화하는 것은 '의미 없다'는 자신의 언급에도 불구하고, 종교를 걷어차 버릴 수 있게 할 요소들이 분명 있다는 걸 필립스는 인정한다. 그러한 요소 중 하나는 지속적으로 논란이 된 악의 문제인데, 만일 신자들이 '고통이 존재하는 이유를 설명하려 하거나 모든 고통에는 어떤 의미가 있다고 말하려 한다면…, 사람들은 그들이 고통을 심각하게 여기지 않는다고 비난할 수도 있다'[17]. 더구나 필립스는 종교가 문화의 발전과 더불어 발생하고 사라지며, 이것은 믿음이 사회생활의 흐름과 완전히 분리되었다면 있을 수 없는 현상이라는 걸 인정한다.

믿음을 언어놀이라고 부르는 것이 단절된 활동을 암시하는 것이라면, 그것

---

16   D. Z. Phillips, *Belief, Change and Forms of Life* (London: Macmillan, 1986),
p.12, quoting from *Religion Without Explanation*, p.189.

17   Ibid., p.13.

은 오해를 야기할 수 있다. 다른 문화적 변화들이 사람들의 숭배에 영향을 미칠 수 있다. 예를 들어 『멋진 신세계』(*Brave New World*)에서는 도덕적 책임감이 쇠퇴한다. 그런 사회에서 심판자로서의 신의 관념 역시 어떻게 쇠퇴할 수 있는지 어렵지 않게 볼 수 있다.[18]

그런데 이 문장에서 필립스가 종교적 믿음이 사건들로부터 이의 제기를 받거나 다른 문화적 발전으로 인해 침해된다고 말할 때, 그가 의도하는 것은 가설의 거부가 아니라는 것을 유념해야 한다. 종교적 믿음은 증거로 확립되거나 붕괴되는 이론이 아니라, 세계를 보는 방식이며 삶을 평가하는 방식이다. 그래서 어린아이의 죽음으로 배신감이 들 때, 이 변화는 반증 실험이 과학적 가설을 폐기하게 하는 방식과는 다른 것이다. 더 정확히 말하자면 그 비극은 이전에 신자였던 이가 이전처럼 세계에 반응할 수 없게 한다. 아마 그는 더 이상 '주님'이라고 말할 수 없거나, 이전에는 신의 영광을 드러내던 세상이 비참하게 보일 수 있다. 이러한 사유들이 신앙형태주의에게 부여된 부담을 효과적으로 제거할 수도 있으나 다른 이유가 그 부담을 제거할 수도 있다. 전통적 신앙형태주의는 세속적인 공격으로부터 **어떤 것**을 방어하기 위해 형성되었는데, 나중에 살펴보겠지만 비트겐슈타인주의자들의 설명은 종교를 방어하는 데 아주 빈약하다.

신앙형태주의라는 주제에서 벗어나기 전에, 관련된 다른 비판에 대해 언급할 필요가 있다. 이는 비트겐슈타인주의자들의 언어놀이와 삶의 형태라는 개념 사용에 관한 것이다. 말콤의 '종교는 삶의 형태이다; 그것은 행위 — 비트겐슈타인이 "언어놀이"라고 부른 것 — 속에 새겨

---

18   Ibid., pp.15-16, quoting from *Faith and Philosophical Enquiry*, p.120.

져 있는 언어이다'[19]라는 선언에도 불구하고, 비트겐슈타인 자신은 어디에서도 종교에 대해 그런 식으로 언급하지 않았다. 비트겐슈타인이 간과한 것은 아니다. 이 두 주요한 용어에 대한 간단한 분석은 왜 그 용어들을 종교에 적용하는 것이 경솔한 것일 수 있는지를 보여 줄 것이다.

비트겐슈타인이 '언어놀이'를 정의하려고 하지는 않았지만, 그가 언어적 현상으로 제시한 예들은 과학이나 종교, 혹은 실천이나 제도만큼 생각한 것은 없다는 것을 보여 준다. 오히려 언어놀이들은 인간의 다양한 상황 속에서 발생하는 언어 사용의 아주 작은 단위처럼 보인다. 『탐구』에 제시된 리스트를 상기해 보면 거기에는 어떤 것에 대해 묻기, 인사하기, 명령하기, 사건을 보고하기 등등의 예가 있다(PI §23). 그는 다른 데선 물리적 대상들(PI p.180/270쪽)이나 색깔(Z §345)을 통해 언어놀이에 대해 말한다. 명백히 그러한 현상들은 모든 사회적 관습 속에 있으며, 특정한 제도의 특권이기보다는 여러 다양한 제도에 공통된다. 비록 비트겐슈타인이 수학을 완전한 언어놀이라고 말하긴 했지만(RFM 173), 이것은 실제로 우리 언어 중 그 명칭을 부여받는 가장 방대한 영역이다. 더구나 비트겐슈타인 후기 철학에서 언어놀이의 주요한 기능은 사회적 그리고 언어적 현상들을 가리키기보다는 언어 사용의 특정 요소들이 야기하는 당혹스러운 혼란에 대처하려는 철학적 방법론에 기여하는 것이다. 철학적 문제는 언어가 작동하는 것을 명확히 보지 못한 데서 발생하기 때문에, 비트겐슈타인은 실제 언어에서 문제가 되는 부분과의 비교를 통해 언어의 본성을 해명하는 단순한 언어 상황을 **고안하는** 것이 도움이 된다고 느꼈다.[20] 이런 식의 스스로 발견케 하는 설명

19   Norman Malcolm, 'The Groundlessness of Belief', in *Thought and Knowledge* (Ithaca: Cornell University Press, 1977), p.212.

이 언어놀이 개념을 온전히 밝힐 수 있을지는 논란의 여지가 있다. 분명한 것은 거기에는 언어놀이 개념이 아주 부풀려져 종교에서처럼 어떤 것을 특징짓기 위해 사용할 원문의 근거가 없어 보인다는 사실이다.

삶의 형태라는 개념에 대해서도 거의 동일하게 말할 수 있다. 말콤을 위시해 여러 사람이 말한 것은 비트겐슈타인이 문화 제도들에 대해 언급하고 있다는 걸 의심쩍게 할 수 있겠지만, 비트겐슈타인 자신이 그 관념을 또 한 번 사용하고 있는 것은 (비록 모호하긴 하지만) 다른 것을 제안한다고 볼 수 있다. '삶의 형태'라는 낱말은 『탐구』에서 딱 다섯 번 나오지만 각각 그 개념의 의미에 대해 중요한 실마리를 제공한다.

> 어떤 하나의 언어를 상상한다는 것은 어떤 하나의 삶의 형태를 상상하는 것이다. (PI §19)

> "언어**놀이**"란 낱말은 여기서, 언어를 말하는 것은 어떤 활동의 일부, 또는 삶의 형태의 일부임을 부각시키고자 의도된 것이다. (PI §23)

> "그러니까 당신의 말은 사람들의 일치(一致)가 무엇이 옳으며 무엇이 잘못인지를 결정한다는 것인가?" — 사람들이 **말하는** 것은 옳거나 잘못이다; 그리고 **언어** 내에서 사람들은 일치한다. 이것은 의견들의 일치가 아니라, 삶의 형태의 일치이다. (PI §241)

> 우리는 동물이 성내고, 두려워하고, 슬퍼하고, 기뻐하고, 깜짝 놀라는 것을

20　언어놀이의 본성과 기능에 대한 이런 해석에 대해서는 G. P. Baker and P. M. S. Hacker, *Wittgenstein: Meaning and Understanding* (Oxford: Basil Blackwell, 1984), pp.47–56 참조.

상상할 수 있다. 그러나 희망하는 것은? 그리고 왜 못하는가? …

오직 말할 수 있는 자만이 희망할 수 있는가? 오직 언어의 사용에 통달해 있는 자만이. 즉, 희망한다는 현상들은 이 복잡한 삶의 형태의 변용(變容)들이다. (PI p.174/261쪽)

받아들여져야 하는 것, 주어진 것은 **삶의 형태들**이라고 말해질 수 있을 것이다. (PI p.226/336쪽)

어떤 철학자들은 삶의 형태는 '삶의 방식(way of life)'을 의미한다고 해석한다.[21] 그러한 해석은 삶의 형태로서의 종교에 대해 논의할 여지를 남겨놓을 것이다. 여기서 종교는 특정한 삶의 양식을 형성할 것이다. 종교를 그런 식으로 볼 때 부인할 수 없는 장점들이 있다. 하지만 비트겐슈타인이 삶의 형태로 의미한 것은 단연코 삶의 방식이 **아니다**. 위에 인용된 글들은 아마도 생물학적인 어떤 것, 즉 특별한 방식으로 반응하는 인간의 경향 같은 것을 제시한다. 그러한 제시는 비트겐슈타인이 우리의 삶 속에서 확실성이 하는 역할에 대해, 그리고 우리의 행동과 믿음 대부분이 어떻게 우리가 신뢰하는 것에 의존하는지를 말할 때 명확히 나타난다.

나는 이제 이 확신을 성급함이나 피상성에 가까운 어떤 것으로 보기보다는 (하나의) 삶의 형식으로 보고 싶다.

---

21   Stewart R. Sutherland, *Atheism and the Rejection of God* (Oxford: Basil Blackwell, 1977), pp.85-98 참조. 또, J. F. M. Hunter, 'Forms of Life in Wittgenstein's *Philosophical Investigations*', in E. D. Klemke (ed.), *Essays on Wittgenstein* (Chicago: University of Illinois Press, 1971), pp.273-97에서 헌터의 '삶의 방식'의 해석(그리고 다른 해석들)에 대한 논의 참조.

그러나 이는 내가 그것을 정당화된다 안 된다를 뛰어넘어 있는 어떤 것으로
서, 말하자면 동물적인 어떤 것으로서 파악하고자 한다는 걸 뜻한다. (OC
§§358, 359)

삶의 형태는 '동물적인 어떤 것', 아마도 인간의 전형적인 어떤 것이다.
이런 이유로 비트겐슈타인은 신뢰하기, 돌보기, 동정하기 같은 인간적
반응의 자연스러움을 강조하고 싶어 한다.

　삶의 형태에 대한 이런 생물학적 관점은 삶의 형태에 대한 비트겐슈
타인의 생각 대부분을 확실하게 요약하지만, 문화적 부가물로 한정되
어야 한다. 1장에서 비트겐슈타인은 경우에 따라 삶의 형태를 '문화'와
동일시했었다는 것이 생각날 것이다. 삶의 형태라는 개념은 인간 생물
학(본성, 자연스러운 경향과 능력)을 문화(양육, 특별한 종류의 훈련)
와 비교하는 것처럼 보인다.[22] 그러므로 여기서 삶의 형태는 부분적으
로는 유전적이고, 부분적으로는 양육된 본능적 인간 행위 방식, 즉 문
화에 의해 개선된 생물학적 본성이라고 생각할 수 있다.

　종교적 믿음을 조명하는 수단으로서의 삶의 형태에 대한 이런 특별
한 독법은 (비록 말콤이 예상한 방식으로는 아니지만) 어느 정도 의미
가 있을 것인데, 마지막 장에서 그에 대해 다시 고려해 볼 것이다. 한편
언어놀이라는 관념은 그것이 종교를 기술하는 데 사용될 때 잘못 적용
되는 것처럼 보인다. 그럼에도 그 용어가 사용될 때 의도된 것 — 종교
적 담화의 고유한 성격, 즉 언어의 의미가 문맥 의존적이며 행동에 근
거한다 — 은 종교적 믿음과 실천을 이해하는 데에 필수적이다. 일단

22　G. P. Baker & P. M. S. Hacker, *Wittgenstein: Rules, Grammar and Necessity*
(Oxford: Basil Blackwell, 1985), pp.229-51; Brian R. Clack, *Wittgenstein, Frazer
and Religion* (London: Macmillan, 1999), pp.160-1 참조.

이것을 깨닫게 되면 우리는 아마도 '언어놀이'라는 용어를 불필요한 곁말로 생각해 옆에 제쳐 두고서, 대신 그 용어가 개괄하는 생각들이 어떻게 종교에서 중요한 측면들의 본질을 파악할 수 있게 하는지에 집중할 수 있다. 실제로 비트겐슈타인주의 종교철학자들이 이것을 정확히 했을 때 그들은 전성기였다. 따라서 종교의 중요한 측면들에 대한 그들의 분석에 우리의 관심을 돌리는 것이 좋을 것이다.

4.2 기적과 기도

기적에 관한 철학적 논쟁은 무엇이 기적을 형성하는지, 그리고 기적적인 사건들이 실제로 발생하거나 역사적으로 발생했다고 믿는 것이 합리적인지라는 두 가지 주제에 집중되어 있다. 전형적으로 기적에 대한 정의는 어떤 사건이 놀랄 만한 방식으로 사물들의 정상적인 흐름을 깨뜨릴 때 그 사건은 기적적인 사건이라는 상식적인 생각을 반영한다. 우리는 본능적으로 루르드(Lourdes)에서 보도된 치료[23]나 홍해가 갈라지는 것, 동정녀 탄생, 예수가 나사로를 무덤에서 살린 것과 같은 성경 사건들을 생각할 수도 있다. 이런 예들에서는 마치 자연법칙이 깨진 것처럼 보이며, 그래서 기적은 그런 것들에 한정되는 경향이 있다. 예를 들어 흄은 '기적은 명확하게 **조물주의 특별한 의지 혹은 어떤 보이지 않는 작인의 개입으로 자연법칙의 일탈(transgression)**이라고 정의되거나'[24] 더 간단히 '자연법칙의 위반(violation)'[25]으로 정의될 수 있다고 말한

---

23 프랑스 루르드 지방에 기적의 샘물이 있어 사람들을 치료한다는 이야기._역자주

24 David Hume, *An Enquiry Concerning Human Understanding* (Oxford: Clarendon Press, 1975), p.115 (note 1).

25 Ibid., p.114.

다. 그러한 정의가 제시되면 논의는 그런 사건이 발생할 가능성 쪽으로 방향을 틀고 사람들은 즉각 흄의 도전에 부딪힌다. 흄에 따르면 자연법칙의 위반이라고 정의된 기적은 거의 있을 수 없는 일이다. 그것은 자연법칙에 대한 지식이 우리로 하여금 법칙의 유연성보다는 항상적인 기능을 아주 견고히 믿게 하기 때문이다. 반면 기적에 대한 '지식'의 출처는 세계에 대한 우리 자신의 경험이 아니라 다른 (아마도 그다지 존경스럽지 않고 속기 쉬운) 사람들에게서 들었던 것이다. 이러한 보고들을 맞닥뜨리면, 우리는 기적을 보고하는 사람이 실수했다고 판단하거나 (혹은 우리를 속이려 하거나) 아니면 실제로 자연법칙이 위반된 것 중 어느 것이 더 그럴듯한지 결정해야 한다. 답은 간단하다. 법칙이 위반된 것이 훨씬 덜 그럴듯하다. 그래서 우리는 기적적인 이야기를 거부해야 한다. 비록 우리 자신이 명백히 기적적인 사건을 목격했다 하더라도 우리의 눈이 실수했다고 결론 내리는 것이 현명할 것이다. 그 사건이 얼마나 생생한가와 관계없이, 자연법칙이 작동하지 않았다고 생각하는 것은 합리적이지 않을 것이다. 사람들은 '자연법칙의 위반'이라는 바로 그 관념이 이치에 맞지 않다고 할 수도 있다. 사람들은 — 말하자면, 어떤 사람을 살해하거나 코카인을 소유하거나 혹은 과속하는 것으로 — 민법을 위반할 수는 있지만, 자연법칙은 그렇게 쉽게 위반되지 않는다.

놀랍게도 기적에 관한 대부분의 철학적 문헌이 기적에 대한 흄의 반박이 논파될 수 있는지에 대해서는 관심 갖지 않는다.[26] 비트겐슈타인

---

26   예를 들어 Francis J. Beckwith, 'Hume's Evidential/Testimonial Epistemology, Probability and Miracles', in Radcliffe & White (eds.) *Faith in Theory and Practice* (Chicago: Open Court, 1993), pp.117–40; Brian Davies, *An Introduction to the Philosophy of Religion* (Oxford: Oxford University Press, 1993), pp.190–211; Richard Swinburne, *The Concept of Miracle* (London: Macmillan, 1970) 참조.

주의자들이 이 논쟁에 기여한 것은 관심을 다른 데 둔 것이다. 비트겐
슈타인주의 철학자들은 의미의 문맥적 원리를 적용하면서 '이것은 기
적이다' 라는 외침을 본래 그것이 나온 맥락들에서 살펴보고, 그로써 그
런 상황 속에서 기적이 의미하는 바를 정립시키려고 했다. 문맥에 집중
하게 되면 위반이라는 관념이 타당한지에 대해 회의적이 된다. 홀랜드
(R. F. Holland)가 제공한 유명한 사례를 살펴보자.

아이가 타고 있던 장난감 자동차가 집 근처를 가로지르는 안전망이 없는 철
도에 빠져 바퀴 하나가 레일 한쪽 면에 박힌다. 고속 열차는 빨리 가기 위해
신호를 지나치기 때문에, 트랙의 곡선은 운전자가 교차로에서 마주칠 수 있
는 장애물을 피하기 위해 제때 기차를 멈추게 할 수 없다. 아이를 찾으러 집
밖으로 나온 엄마는 아이가 교차로에 있는 것을 보며 기차가 접근하는 소리
를 듣는다. 그녀는 손을 흔들고 소리치면서 뛰어든다. 어린 소년은 차 안에
앉아서 아래를 내려다보며 페달 밟는 것에 몰두하고 있다. 브레이크가 작동
되어 아이를 불과 몇 피트 앞에 두고 기차가 정지한다. 엄마는 기적에 대해
신에게 감사한다. 아이 엄마가 정상적으로 배운 것처럼, 기차의 브레이크가
작동하는 방식에 초자연적인 것이 전혀 없음에도, 그 일에 대한 감사를 멈추
지 않는다. 선로 위에 있는 아이와 전혀 무관한 이유로 운전자가 졸도했고,
컨트롤 레버에 압력을 가하던 그의 손이 멈춤으로써 자동적으로 브레이크가
작동했다. 그는 이 특별한 날 오후에 기절했는데, 그것은 그가 동료와 싸우
면서 심하게 과식한 후 그의 혈압이 증가했고, 혈압의 변화가 혈전 하나를
떼어내 순환시켰기 때문이다. 그는 문제의 그 오후에 그가 졸도해야 할 바로
그때 졸도했는데, 이때가 그의 혈류 속에 있던 응고물이 뇌에 도달한 시간이
기 때문이다.[27]

이것은 분명 자연 질서 속에 신의 간섭으로 여겨질 수 없지만, 소년의
엄마(그리고 다른 사람들)가 이 사건을 기적이라고 생각하는 것은 충분
히 이해될 수 있다. 홀랜드에게, 이것은 위반이라는 관점이 기적적인
사건들을 설명하기에는 너무 제한적이며, 그래서 대신 종교적으로 간
취된 **유익한 우연의 일치(beneficial coincidences)**로 기술하는 걸 의미
할 수 있을 뿐이다.

　기적의 특성에 대해 이런 이해가 제시되면, 동일한 사건이 어떤 사람
에게는 기적이지만 다른 사람에게는 기적이 아닐 수 있다. 왜냐하면 뭔
가가 기적인지 결정하는 것은 기이한 사건의 특징을 열정 없는 사색하
는 것이 아니며, '이것은 기적이야'라는 진술은 사건을 기술한 것이 아
니라 사건에 대한 사람의 **반응**을 기술한 것이기 때문이다. 더구나 그 사
건은 객관적으로 놀랄 만한 것이 전혀 없는 사건일 수 있다. 기적을 이
런 식으로 생각하는 것은 기적에 대한 말하기를 특유의 종교적 문맥 속
에, 즉 신자의 삶 속에 두는 것이다. 그것은 '그것은 기적이었어'라는
문장을 중립적으로 사용할 수 없다는 것을 깨닫는 것이다. 어떤 사건에
대해 이런 식으로 말하는 것은 자신의 삶에서 일어난 일을 종교적으로
인식한다는 것을 암시한다. 그것은 세속적인 삶의 방식으로부터 종교
적 삶의 방식으로의 전환을 보여 주는 고백적 진술일 것이다.[28] 어떤 사

27　R. F. Holland, 'The Miraculous', in *Against Empiricism* (Oxford: Basil Blackwell, 1980), pp.169-70.
28　따라서 리즈는 '그것은 신의 간섭이었어'라는 진술의 '환금가(cash value)'는 '새로운 겸손의 성장' 같은 어떤 것일 수도 있다고 한다('Miracles', in *Rush Rhees on Religion and Philosophy*, p.331). 물론 비트겐슈타인주의자들은 종교적 그림들이 변환될 수 없다는 이유로, 종교적 그림에 '환금가'를 제시한다는 생각을 피하고 싶을 것이다(상기하라. '그것은 그것이 말하는 바이다. 왜 당신은 다른 어떤 것을 대체할 수 있어야 하는가?' (LC 71)).

람이 한 사건을 기적으로 기술한 다음, 자신의 삶 속에서 그 중요성을 전혀 감안하지 않고, 그것에 대해 완전히 냉담할 수 있다는 것은 있을 수 없는 **것**이다. 기적적인 것이 종교적 맥락 속에서만 이해될 수 있다는 걸 알게 되면 위반이라는 개념은 작동할 수 없다. 자연법칙의 일탈과 물리학에 대한 이해를 감안해 이러한 일이 발생할 수 있는지에 대해 말하기 시작하면, 우리는 자연에서 기적을 제거하고, 언어가 빈둥거리는 사례만 남긴다. 그래서 기적에 대한 비트겐슈타인주의자들의 분석은 사건 자체의 본성이 아니라 증인의 인식 — 반응 — 을 강조한다. 기적을 이런 식으로 이해하게 되면, 실제로 기적이 발생하는지에 대해 의심을 품을 수 없다. 기적의 실재성을 증명하는 것은 사람들이 예기치 않은 유익한 사건들(가령 교통사고를 용케도 피한 것)이나 평범하지만 아름다운 사건들(아이의 탄생, 일출)에 감격적으로 반응하면서 자신의 삶의 방향을 바**꾸는** 것이다.

이 중 대부분은 비트겐슈타인의 성찰과 일치한다. 여기서 우리는 비트겐슈타인이 「윤리학에 관한 강의」에서 사물에 대한 종교적 관점은 세상을 기적으로 보는 것이라고 말한 걸 기억해 낼 수 있다(LE p.11/35쪽). 그의 후기 저서들에서 비트겐슈타인은 총체적인 방식보다는 단편적인 방식으로 기적적인 것에 대해 말한다. 다음은 한 예이다.

자연의 경이.
　우리들은 이렇게 말할 수 있을 것이다: 예술은 우리에게 자연의 경이를 **보여 준다**. 예술은 자연의 경이라는 **개념**에 기초하고 있다. (개화하는 꽃. 그것의 무엇이 **멋진**가?) 우리들은 말한다: "보라, 저것이 어떻게 피는가를!"
(CV p.56/124-5쪽)

이 언급의 의의는 자연의 '기적들'을 목격한 사람의 반응을 또 한 번 강
조한다는 데 있다. 어떤 사람은 개화하는 꽃에 전혀 감동하지 않지만
어떤 사람은 기적으로 보는데, 이런 차이는 세상에 대한 관점과 세상을
사는 방식에 영향을 미친다.

　기적과 마찬가지로 기도에 대한 비트겐슈타인주의자들의 해석도 상
식적인 관점에서 생각될 만한 것에서 벗어난다. 사람들은 직관적으로
기도는 누군가에게 어떤 것을 요청하거나 누군가에게 어떤 것을 말하
는 것에 불과하며, 차이는 이 경우 대상이 되는 존재가 가시적으로 현
존하지 않는다는 것뿐이라고 생각할 수도 있다. 비트겐슈타인주의자들
입장에서 그런 식으로 생각하는 것은 표층 문법을 오도한 것이다. 기도
가 신자들의 삶에서 하는 역할에 대한 성찰은 '신에게 어떤 것을 요청
하는 것'과 (말하자면) '국회의원에게 어떤 것을 요청하는 것' 사이의
차이는 단순히 적절한 방법들 혹은 요청서들에서의 차이가 아니라는
것을 알게 해 준다. 종교적 문맥 속에서의 **요청이라는 것**은 다르다. 윈
치는 다음과 같이 말한다.

> [기도]는 'x'에 '신'을 대입하여, 'x에게 요청함'이라는 함수로 시작한 다음,
> 신이 다른 x들과 다른 특징들을 가지고 있다는 사실이 어떤 차이를 형성하
> 는지를 묻는 것으로 해명될 수 없다. 즉, 'x에게 요청함'은, '신' 혹은 인간
> 의 어떤 이름이나 묘사가 'x'를 대신할 수 있는지 없는지 관계없이 동일한
> 의미를 유지하는 함수가 아니다.[29]

기도의 본성을 제대로 이해하기 위해, 사람들은 기도의 외적 형식이 아

29　Peter Winch, 'Meaning and Religious Language', in *Trying to Make Sense*, p.119.

니라 종교적 문맥 속에서의 기도의 쓰임에 대해 집중해야 한다.[30] 이것이 필립스가『기도의 개념』(*The Concept of Prayer*)에서 끊임없이 강조한 것이다.

필립스가 집중적으로 강조한 것 중 하나는 기도가 신자의 삶에서 확실히 차이를 만들지만, 그 차이는 신자가 간청하기 때문에 어떤 일이 일어난다는 의미에서 신이 기도에 응답한다는 것이 아니다. 다시 말해, 기도는 일을 해결하는 수단이 아니다. 필립스가 '진정한' 기도라고 부르는 것과 '미신적' 기도라고 하는 것을 구별하고 싶어 하는 것도 바로 이 때문이다. 기도가 진정한 것인지 아닌지를 결정하는 기준은 두 가지이다. 첫째, 진정한 기도라면 기도는 광적이지 않아야 한다. 즉 그 사람의 삶과 완전히 무관하며 이후의 행동에 영향을 미치지 않는 것이 아니어야 한다. 다음을 고려해 보자.

사람들이 위험에 처했거나 죽음에 직면해 있다고 생각할 때, 그들은 때때로 '오, 신이시여, 오, 신이시여'라는 식의 일종의 기도를 한다. 본회퍼가 포로로 있던 강제 수용소에 맹렬한 폭격이 있는 동안 일어난 사건에 대해 말할 때 이러한 사례를 제공한다. '어제 우리 모두가 바닥에 누워 있었을 때, 누군가가 "오 신이시여, 오 신이시여"라고 중얼거렸다. — 그는 평소 경박한 녀석이다. — 하지만 나는 그에게 어떤 기독교적 격려나 위로도 줄 수 없었다. 내가 한 것이라곤 내 시계를 흘깃 보고서 다음과 같이 말하는 것이었다. "10분 이상 지속되지 않을걸세"'[31].

---

30 여기서 다시 우리는 사용으로서의 의미라는 원리의 적용을 본다. 이 문맥에서 미학에 대한 강의에서의 비트겐슈타인의 말을 주목하라. '만일 내가 오늘날의 철학자들이 형성한 중요한 실수가 뭔지 말해야 한다면 … 언어를 주목할 때, 주목하는 것은 말의 형식이지 말의 형식이 형성한 사용이 아니라는 것이다' (LC 2).

31 D. Z. Phillips, *The Concept of Prayer* (London: Routledge & Kegan Paul,

여기서 얻을 수 있는 교훈은 비종교적인 사람들의 '기도'는 진정한 종교적 현상이 아니라는 것이다. 물론 위험한 상황에서 자주 기도하던 경험이 자신의 삶에 변화를 초래한다면 괜찮다. 하지만 '위기를 모면한후 기도가 그의 삶에서 어떤 역할도 하지 않는다면, 그 기도는 신자의삶에서 기도가 하는 **종교적** 역할의 특성을 갖고 있다고 할 수 없다. 이런 기도들은 토끼의 발에 입맞추거나 나무 어루만지기 같은 미신에 훨씬 더 가깝다'[32].

두 번째 기준은 기도가 성취할 것이라고 기대되는 것과 관계된다. 만일 기도에 인과적인 효과가 있다고 믿는다면 기도는 미신적이다. 그것은 기도라기보다는 주문(呪文)이다. (비트겐슈타인이 동종 요법 주술에대해 다루는 것과 많은 점에서 연결되어 있는) 필립스의 관점에서 기도는 신자들이 자신의 심각한 관심을 표현하는 메커니즘이다.

독실한 종교 신자들이 어떤 것을 **위해** 기도할 때, 그들은 신에게 이것을 이루어 달라고 요청하는 것이 아니라, 어떤 의미로는 자신들의 욕구가 강렬하다는 것을 신에게 고하는 것이다. 그들은 일이 그들의 원하는 것처럼 되지않을 수도 있다는 것을 알지만, 무슨 일이 일어나건 삶을 지속할 수 있게 해달라고 요청하고 있다. 고백 기도와 탄원 기도에서 신자는 자신의 삶을 파괴하려고 하는 요소들 — 첫 번째 경우는 자신의 죄, 두 번째 경우는 자신의 욕구 — 로부터 구원될 희망을 발견하고 의미를 찾으려 한다.[33]

이것은 기도라는 것을 치료로 보게 할 수도 있다. 필립스는 초자연적인

1965), p.115.

32 Ibid., p.116.

33 Ibid., p.121.

간섭에 대한 믿음에서 벗어나 기도는 신자가 자신의 가장 깊은 욕구를 반영하기 위한 기술(技術)이며, 심리학적인 가치가 있다고 말하고 있다. 여기서 진정한 기도는 자신의 가장 깊숙한 비밀을 심리 치료사에게 드러내는 것과 같은 것일 게다.

이것이 그럴듯한 것(그리고 누군가에게는 강압적인 것[34])처럼 보일 수 있지만, 필립스는 기도에 대한 세속화된, 즉 자구적인 이해를 제시하지 않는다. 그의 설명은 종교에 대한 비트겐슈타인주의자들의 설명에서 더 확장된 요소들을 반영한다. 초기의 특성은 앞의 장들에서 살펴보았던 것으로, 아무리 끔찍한 것이라 하더라도 세계가 우리에게 부여하는 것을 스토아적으로 수용하라고 역설하는 것이었다. 유대주교와 기독교 입장에서 이것은 자신과 자신의 욕구들을 신의 의지에 맡겨야 하는 걸 깨달아야 한다는 것이다. 이것이 사실이라면 탄원 기도의 '상식적' 관점이 의심스러워지기 시작하는데, 왜냐하면 기도에 대한 상식적인 관점은 사람들이 그림을 거꾸로 뒤집어 신 위에 자신을 두고 신이 우리의 욕구들에 부응하길 요구하는 것 같기 때문이다. 하지만 진정한 탄원 기도가 자기중심적 요청이 아니라는 것은 기도의 마지막 말 — '주의 뜻이 이루어지옵소서' — 에서 알 수 있다. 요청('주여, 그녀를 살려주소서')의 끝에 '하지만 제 뜻이 아니라 주의 뜻대로'라고 말한다면, 그 기도는 신의 뜻을 따를 준비가 되어 있음을 밝히는 것과 동시에 자신의 욕구가 강렬하다는 것을 표현하는 것으로 보인다. 그러므로 기도는 사물의 존재 방식을 받아들이는 것과 깊이 연관되어 있으며 그것

---

34   Robert H. Thouless, *An Introduction to the Psychology of Religion* (Cambridge: Cambridge University Press, 1979), pp.90-5 참조. 탄원 기도의 보상은 '구체적인 성취가 아니라 기도했던 문제가 신의 손에 있다는 확신이 주는 긴장 완화'(p.92)라는 중요한 주장을 보라. 그리고 기도의 치료적 가치에 대한 필립스의 인식을 주목하라(*The Concept of Prayer*, p.121 (note 1)).

을 받아들이도록 돕는다. 무슨 일이 일어나건 신을 찬양할 수 있는 사
람은 진실로 다음과 같이 말할 수도 있다. '주신 자도 주님이시며 거두
시는 자도 주님이시니, 주의 이름을 찬송하리로다'.

4.3 불멸

인간의 불멸에 대한 믿음은 기독교의 핵심이기에, 사도 바울은 '만일
그리스도 안에서 우리가 바라는 것이 다만 이생뿐이면 모든 사람 가운
데 우리가 더욱 불쌍한 자'[35]라고 말할 수 있었다. 그런 믿음에서 나온
철학적 이슈는 전통적으로 사후에 계속 살 수 있는지, 그리고 어떻게
그럴 수 있는지에 초점을 맞추고 있으며, 이에 답하기 위해 (서구적 전
통에서는 최소한) 두 가지가 주요한 후보로 등장한다. 이 중 첫 번째는
인간에 대한 이원론적 관점에서 비롯된 것으로, 플라톤, 데카르트 같은
철학자들에게서 발견된다. 이 관점에 따르면 인간은 두 부분 ― 몸과
영혼(혹은 마음) ― 으로 구성되어 있다. 몸은 부패하기 쉽고 그래서 쇠
퇴하는 반면 영혼은 사멸하지 않으므로, 육체적 죽음, 즉 단순히 '육체
로부터 영혼의 해방이며 분리'[36]에 불과한 사건에서 소멸을 두려워할
필요가 없다. 일단 질료의 감옥에서 자유롭게 되면 영혼은 천국의 영원
한 지복을 누리면서 살거나 영원히 지옥의 고통을 견디면서 살아간다.

1장에서 살펴봤던 이원론에 대한 비트겐슈타인의 거부는 분명 인간
의 불멸에 대한 믿음을 받아들일 수 없다는 것이다. 우리는 살과 피로
된 피조물이기에 육체 없이 산다는 ― 순수하게 정신적 존재로 존재한

---

35 고린도전서 15장 19절.
36 Plato, 'Phaedo', in H. Tredennick (ed.), *The Last Days of Socrates* (Har-
mondsworth : Penguin, 1969), p.112.

다는 — 생각은 전혀 이해할 수 없는 것이거나 아니면 받아들이기 쉽지 않은 것이다. 물론 이원론에의 거부가 자동적으로 사후 삶의 가능성에 대해 회의주의로 이끄는 것은 아니다. 좀 더 물리주의적으로 인간을 보는 관념은 내세의 두 번째 가능성, 즉 육체가 부활한다는 믿음과 완벽하게 잘 어울린다. 이에 따르면 사람들은 죽음에서 육체를 띤 개별체로 살아나거나 아니면 (아퀴나스 식으로 말해) 새롭고 영광스러운 몸에 영혼이 다시 살게 된다. 육체를 상실한 존재에게 있을 법하면서 그럴듯해 보이는 수많은 문제가 이 관점에서 사라지지만, 그렇다고 이 관점에 난관이 없는 것은 아니다. 대부분의 논쟁이 정체성 문제를 중심으로 전개되었다. 만일 죽은 사람이 부활하여 세계에 다시 나타난다면, 부활한 사람이 죽었던 사람과 같은 사람인지 아니면 단지 일치하는 복사본인지 어떻게 알 수 있는가?[37] 비트겐슈타인주의자들은 이런 논쟁들에서 벗어나려고 했지만, 그렇다고 부활에 대해 불가지론을 제안한 것은 아니었다. 필립스는 그런 걸 믿기는 어렵다고 말하는데,[38] 만일 사람들이 필립스가 자신의 불신에 대해 납득할 만한 어떤 이유도 제공하지 않았다고 비판한다면, 우리는 리즈처럼 '이유를 찾으려는 생각은 아주 어리석어 보일 뿐이다'[39]라고 말할 수 있다.

사실 불멸에 대한 비트겐슈타인주의적 접근의 특징은 인간의 사후 생존이 조금이라도 가능하다는 것을 아주 단호하게 부인하는 것이다. 이것은 단지 사후 생존이라는 극복하기 힘든 형이상학적 난관들 때문

37   John Hick, *Death and Ethernal Life* (London: Macmillan, 1985), pp.278–96; John Hick, 'Theology and Verification', in B. Brody(ed.), *Readings in the Philosophy of Religion* (Englewood Cliffs, NJ: Prentice-Hall, 1974), pp.315–30 참조.

38   D. Z. Phillips, *Death and Immortality* (London: Macmillan, 1970), p.12.

39   Rush Rhees, 'Death and Immortality', in *Rush Rhees on Religion and Philosophy*, p.211.

이 아니다. 오히려 내세에 관한 언어 분석은 그 개념에 내재된 혼돈과 모순을 드러낸다. 예를 들어 내세 생존에 관한 이야기는 '죽음에서 살아나기' 라는 관념을 수반한다. 바로 이 관념이 골치 아픈 것이다. 전쟁 중인 나라에서 살고 있다고 상상해 보자. 적은 엄청난 인명 손실을 야기하는 융단 폭격을 밤에 자행한다. 그래서 당신은 밤에 두려움으로 움츠러들면서 해가 뜨고 폭탄 투하가 멈추길 기도한다. 아침이 왔을 때, '신이여 감사합니다. 우리는 공습에서 살아남았습니다' 혹은 '우리는 또 한 밤을 살아남았습니다' 라고 말하는 건 아주 자연스러울 것이다. 그리고 여기서 '살아남았다' 가 의미하는 것은 '우리가 죽지 않았다' 이다. 이제 '나는 공습에서 살아났다' 와 '나는 죽음에서 살아났다' 를 비교하라. 물론 이 문장의 ('모든 사람은 내가 죽었다고 생각했다. 하지만 …' 을 의미할 수 있는) 반전적 사용을 상상할 수 있다. 엄격하게 말한다면 그 문장은 모순적이다. 왜냐하면 살아남기는 '죽지 않은 것' 을 의미하기 때문이다. 따라서 '나는 죽음에서 살아났다' 는 '나는 죽었으며 죽지 않았다' 를 의미하는데, 이것은 명백히 의미 없다.

이로부터 우리는 내세라는 개념이 부분적으로 죽음의 의미를 둘러싸고 있는 특정한 혼돈들에서 비롯되었다는 것을 알 수 있다. 사람들이 내세에 대해 이야기할 때 마치 죽음은 삶에서의 또 하나의 사건, 즉 우리가 더 수준 높은 존재가 되기 위해 통과하는 관문처럼 말한다. 그런 이야기는 죽음이 끝이라고 인식하지 못하게 한다. 포티트(W. H. Poteat)가 생생하게 밝힌 것처럼, 나의 죽음은 내 경험 내에서의 변화가 아니라 내 모든 경험의 **종말**이다.

'죽느냐 사느냐' 라는 햄릿의 문제가 '의사, 변호사, 사장 등이 되느냐 안 되느냐' 와 논리적으로 다른 것처럼, 내 삶의 종말을 심사숙고하는 것은 직업이나 결혼의 종말을 심사숙고하는 것과 논리적으로 다르다. 그것은 이러저러한 어떤 가능성의 끝이 아니라, 내가 일인칭 대명사 '나'로 이름 붙일 수 있는 모든 가능성의 끝이다. 우리는 '이혼 후에 그는 재혼했어' 혹은 '그는 더 침울해졌지만 더 현명해졌어'라고 말할 수 있다. '그가 죽은 후'라는 표현에 걸맞으면서 '그는 재혼했어'나 '더 침울해졌지만 더 현명해졌어'와 논리적으로 같은 표현은 없다.[40]

그럼에도 사후의 삶에 대해 말하는 것은 분명 '그가 죽은 후 그는 그의 어머니와 재회했어', '만년(晚年)에 살았던 것보다 더 행복했어'와 같은 표현들을 받아들인다는 것이다. 그런 말이 특정한 정서적 기능을 가질 수도 있지만, 그것은 죽음의 본성에 대한 심각하게 그릇된 설명이다.

이러한 사유들이 비트겐슈타인이 『논고』의 마지막 부분에서 죽음에 대해 썼던 것과 얼마나 일치하는지 주목할 필요가 있다. 행복한 자와 불행한 자 각각의 세계에 대한 언급 후, 다음의 두 명제가 이어진다.

6.431   죽으면 세계는 바뀌는 것이 아니라 끝나는 것일지라도.
6.4311 죽음은 삶의 사건이 아니다. 죽음은 체험되지 않는다.

그 후 그는 종종 내세가 연관된 주제, 즉 삶의 의미에 관한 주제를 끄집어낸다. 사람들은 끊임없이 삶이 다음 세계의 기약에서 의미를 얻는 법을, 그리고 천상의 존재 같은 것이 없다면 우리 삶들은 의미 없는, 즉 '황폐하고 공허하'다는 말을 듣는다. 비트겐슈타인은 그런 말이 당혹스

---

40   W. H. Poteat, 'Birth, Suicide and the Doctrine of Creation', in *The Primacy of Persons and the Language of Culture* (Columbia: University of Missouri Press, 1993), p.162; Ibid., '"I Will Die": An Analysis', pp.178-92 참조.

럽다고 생각한다.

> 6.4312 인간 영혼의 시간적 불멸성, 즉 죽음 이후에도 인간 영혼이 영원한
> 삶을 계속한다는 가정은 어떤 방식으로도 보증되어 있지 않다. 뿐
> 만 아니라 그 가정은 무엇보다도, 우리들이 늘 그런 가정으로 달성
> 하고자 한 것을 전혀 성취하지 못한다. 내가 영원히 산다는 것에 의
> 해 도대체 수수께끼가 풀리는가? 도대체 이 영원한 삶이란 현재의
> 삶과 똑같이 수수께끼 같지 않은가?

임종에서 '깨어나' 하늘나라에 있는 자신을 발견하지만, 이렇게 영광스
러운 천국에서 있으면서도 **여전히** '그래서 도대체 문제가 뭐지?' 라고
묻는 걸 상상할 수도 있을 것이다. 비트겐슈타인만 그런 생각을 하는
것은 아니다. 하이데거(Martin Heidegger) 역시 죽음이 끝이라는 걸 인
정하는 것이 진정한, 그리고 의미 있는 존재로 다가가는 유일한 길이라
고 보았다. 반면 윌리엄스(Bernard Williams)는 영원한 삶은 영원한 권
태에 불과하기 때문에 영원한 삶은 우리가 의미 있다고 기대하는 것과
정반대라고 본다.[41]
 필립스 같은 비트겐슈타인주의자에게는 극복하기 어려운 지적 문제
들이 인간의 사후 생존이라는 관념 속에만 있는 게 아니다. 불멸의 관
념은 자신이 진정 종교적이라고 생각하는 것과도 불편한 관계에 있다.
종교가 사물이 존재하는 방식을 스토아적으로 수용하는 것이라면, 나
아가 (분명 있는 일이지만) 기독교가 자기부정의 메시지를 설교한다면

---

41 Martin Heidegger, *Being and Time* (Oxford: Basil Blackwell, 1962), pp.279–
311; Bernard Williams, 'The Makropulos Case', in *Problems of the Self* (Cam-
bridge: Cambridge University Press, 1973), pp.82–100 참조.

기독교인이 영원히 계속 존재하려는 (자기중심적) 욕구에 큰 비중을 둔다는 것은 아주 이상해 보인다. 그것은 마치 신자가 '나는 70세 동안 내 자신의 욕망과 욕구를 부인했어. 이제 나는 그 모든 절제에 대한 영원한 보상을 원해'라고 말하는 것처럼 보인다. 그런 기대는 분명 기독교 정신과 맞지 않을 것이다. 이제 내세에 대한 믿음은 잘못된 무의미일 뿐만 아니라 기독교 신앙의 이타적인 마음을 왜곡하는, **치명적으로** 잘못된 무의미라는 결론만 남았다. 사람들은 결과적으로 불멸에 관한 이야기가 기독교에서 추방되어야 한다고 생각할 수도 있지만, 필립스는 이것이 '영혼의 불멸'이 의미하는 것들 중 특별한 (그리고 혼돈된) 설명에만 해당된다고 말한다. 그가 『죽음과 불멸』(*Death and Immortality*)에서 강조하듯이, 지금까지 비판했던 요소들 — 죽음에서 살아남, 영혼의 영원한 존속 — 은 불멸에 대한 교리에서 필수 전제 조건이 아니다. 달리 말해, 믿음은 사후에 인간의 영구적인 생존과 관계없을 수도 있다. 이러한 (아마도 반직관적인) 사유를 옹호하기 위해 필립스는 영원한 삶에 관한 특유의 종교적 담론을 조심스럽게 재조사했다.

맨 먼저 약화해야 하는 것은 영혼이 어떤 종류의 '사물'이나 존재자, 즉 인체의 일부라는 당혹스럽지만 흔한 관념이다. 이 당혹스러움의 뿌리는 명사로 기능하는 낱말이 항상 어떤 것을 지시해야 하며, 그래서 '손'이 대상의 이름이듯 '영혼'도 (비물리적) 대상의 이름이어야 한다는 선입견이다. 이 선입견은 영혼–언어를 그것의 본래 고향, 즉 종교적 담론 내에서의 적절한 사용에 주목할 때 제거될 수 있다. 이쪽으로 우리의 관심이 돌아섰을 때 영혼에 관한 언어는 인간을 구성하는 것에 대한 형이상학적 분석과는 거의 관계없고 인간 행위에 대한 평가에 관계된다는 것을 알게 된다. 예수가 '만일 사람이 온 천하를 얻고도 자기 영혼을 잃으면 무엇이 유익하리요?'라고 물었을 때 모자나 지갑을 잃듯이 잃을 수 있는 뭔가를 생각하고 있었던 것이 아니다. (비교하라. '만일 사람이 온 천하를 얻고도 스키 사고로 자기 다리를 잃어버리면 무엇이 유익하리요?') 이 최고의 영혼-언어 사례에서 사람의 영혼은 자신의 도덕적 성격이나 '자신의 온전함을 가리킨다'[42]는 필립스의 견해를 명확히 이해할 수 있다. 그래서 만일 어떤 사람이 '돈을 위해 자신의 영혼을 팔' 거라고 말한다면, 이는 그가 물질주의자가 되고자 하며 더 이상 어떤 도덕감도 없이 타락했다는 것을 뜻한다. 자신의 영혼을 파는 상황은 찢어지게 가난한 사람이 절망적인 상황에서 자신의 신장 하나를 팔러 가는 비극적인 경우와는 근본적으로 다른 논리이다.

일단 영혼이 더 이상 기체 같은 실체나 몸속의 작은 유령이 아니라 사람의 특정한 도덕적 가치들이나 고귀한 특성들과 연관된 것으로 여겨지면, 영혼 **불멸**의 다른 가능한 의미들이 나타나기 시작한다. 그런데 우선 '영원한 삶'은 '끝없는 존속', 즉 불멸은 영원히 사는 것이라는 생각을 제거해야 한다. 여기서 서덜랜드(Stewart Sutherland)가 한 불멸 반대 — 사멸 — 에 대한 분석은 아주 유용하다. 불멸에 대한 욕구는 사멸적 존재의 한계에 대한 매우 고통스러운 인식에서 비롯된다. 그래서 그 문제는 그런 한계의 본성으로 방향을 돌린다. 물론 어떤 측면에서 사멸은 단순히 우리의 존재가 시간적으로 제한되어 있다는, 즉 우리가 잠시 동안만 여기 있다는 것이다. 불멸에 대한 생각은 삶이 사후에도 끝없이 계속된다는 것을 강조한다. 우리에게 사멸을 부여하는 한계에 대한 두 번째 느낌은 불멸에 대해 아주 다른 관념을 야기한다. 여기서 사멸은 무의미하고 평범해진다는 두려움으로, 즉 죽음이 우리의 모든 꿈과 계획을 흐릴 수도 있다는 느낌으로 압축된다. 만일 그런 낱말들로

---

42 Phillips, *Death and Immortality*, p.43.

사멸을 본다면, 우리가 불멸을 생각할 때 '우리는 (비록 영원하진 않지만) 사후에 삶에 부가되는 것에 대해서가 아니라 인간의 삶 그 자체에 대해, 그리고 인간 삶에서 우연이나 변화와 무관한 것에 대해 말해야 한다' [43]. 이런 변함없는 것은 **도덕성** 속에서 발견된다. 필립스에게 도덕적 요구들, 즉 선함에 대한 요구들은 '영원한 요구들'이며, 그래서 '선(善)할 시간에 대해 말할 수 없다' [44]. 우리가 도덕적으로 행동할 때 우리의 행동은 영원한, 무시간적 특성을 띠는데, 죽음도 그것을 불필요한 것으로 만들지 못한다. 만일 내가 물질을 손에 넣거나 직장에서의 승진을 목표로 한다면, 내가 죽어서 묻히면 그 모든 건 도대체 뭔가? 하지만 내가 좋은 사람이었거나 내가 옳은 일을 하려고 했다면, 비록 내가 가난하고 이름 없이 죽는다 하더라도 나의 삶이 어리석거나 하찮은 것으로 평가될 리가 없다[45]. 바로 이런 방식으로 욕망이나 이기심이 영향을 미치지 못하는 진정한 도덕적 행위가 '사람 속에 있으면서, 모든 변화 속에서 포착될 수 있는 … 영원한 어떤 것' [46]을 입증한다. 그리고 영원한 삶은 추구할 가치가 있는 목표이며 어떻게 살고 있는지, 즉 영혼의 상태를 — 비트겐슈타인이 최후 심판을 생각했던 것과 동일한 방식으로 — 평가하는 역할을 한다. 그래서 필립스는 다음과 같이 쓴다.

43   Stewart R. Sutherland, 'What happens after death?', *Scottish Journal of Theology*, vol. 22, December 1969, p.412.

44   Phillips, *Death and Immortality*, p.47.

45   Peter Winch, 'Can a Good Man be Harmed?', in *Ethics and Action*, pp.193-209; 인간 삶 속에 있는 영원한 것을 증명하는 삶의 한 사례로서 서덜랜드의 Franz Jäggerstätter 사례('What happens after death?', pp.414-16) 참조.

46   Søren Kierkegaard, *Purity of Heart is to Will One Thing* (New York: Harper & Row, 1956), p.36.

영원은 이곳에서의 삶의 연장이 아니라 삶의 판단 양식이다. 영원은 **추가된** 삶이 아니라, 도덕적이며 종교적인 사유 양식들로 본 이승에서의 삶이다. 이것은 분명 영원의 관점에서 지금의 삶을 보는 것으로 이르게 되는 것이다.[47]

여기서 불멸과 삶의 의미 사이의 연관이 갑자기 명확해진다. 끝없는 영속이 삶의 문제에 대한 답이 아니고, 특별한 방식으로 사는 것 — 도덕적으로, 그래서 영원히 사는 것 — 이 바로 찾고 있던 답이다.

바로 여기서 우리는 천국과 지옥이 사후 상벌 세계를 묘사하기보다는 다른 것을 한다는 생각을 더 자세히 설명할 수 있다. 신자에게 천국은 신과 함께 동행하며 신의 의지를 이행하는 것으로 지금 여기에서, 즉 이생에서 이루는 어떤 것이다. 지옥도 마찬가지다. 신자의 가장 큰 두려움은 신의 사랑으로부터 분리되는 것인데, 사람이 악한 행위를 저지르는 바로 그 행위가 그런 분리를 야기하며, 그 때문에 그 사람은 지옥에 있다거나 저주받았다고 말할 수 있다. 그것은 사람의 영혼이 갈 곳을 예언한 것이 아니며, 사실이나 가설의 언어를 사용한 것이 아니다. 리즈는 다음과 같이 말한다.

사람들은 지옥을 신으로부터 떨어져 나가는 것이라고 말해 왔다. 하지만 이것이 의미하는 걸 알기 위해서는 절망이 무엇인지 알아야 한다.

지옥의 두려움은 … 글쎄, 어쨌든 우리는 이론적 믿음에서 꽤 떨어져 있다.[48]

마지막으로 언급해야 할 것은 불멸이라는 언어는 죽음과 죽음이 수

---

47 Phillips, *Death and Immortality*, p.49.
48 Rhees, ʻDeath and Immortalityʼ, p.227.

반하는 것의 극복이라는 맥락 속에서 이해되어야 한다는 필립스의 주장이다. 죽음을 극복한다는 것은 일시적인 것에서 영원한 것으로 방향을 바꾸는 것이며, 그래서 영원한 삶은 일시성의 전형적인 걱정, 특히 자신에 대한 본능적 걱정을 거부함으로써 성취된다. 자신의 영혼을 일시적인 것, 즉 사멸하는 것에 뿌리박고 있는 사람은 자기중심적 충동들과 욕구들이 지배하는 사람이다. 그런 사람은 자신을 세계의 중심으로 생각하며, 죽음이 그의 존재를 무로 만들어 버릴 것이라고 생각하지 못한다. 신자가 그런 일시적인 관심사에서 돌아서서 영원한 삶을 받아들일 때 그가 하는 것은 자기중심적 실존의 거부이며, 자기를 내세우지 않고 다른 사람들을 사랑하는 것이다. 결과적으로 영원한 삶은 사후 보상과 영원한 생존에 대한 욕구를 포기한 가장 명백한 징표, 즉 자아에 대해 죽는 것이다. 비트겐슈타인주의자들에게 불멸은 자아의 지속적인 생존이 아니다. 불멸은 오히려 바로 그 관념을 거부하는 것이다.

4.4 환원주의와 부인(renunciation)

자아에 대해 죽는 것, 즉 영원히 사는 것은 신의 생명에 참여하는 것이다. 여기서 신의 본성에 대한 질문이 생긴다. '신'은 세상을 창조하고 인간과 독립적으로 존재하는 어떤 비범한 존재자, 전지전능한 존재를 말한다고 생각하는 것은 자연스럽다. 그런데 신의 실재에 대한 필립스식 설명은 그런 위계에 관한 것이 아니다. 신의 실재는 종교적 실천 **속에서**, 특히 자기를 부인하는 행위 속에서 발견된다.

깊이 숙고하고 주의하며 자신을 부인(否認)함으로써 용서하기, 감사하기, 사랑하기 등이 이 문맥들 속에서 무엇을 의미하는지를 배울 때, 신자는 신의

실재에 참여하고 있다. **이것이 우리가 의미하는 신의 실재이다.**⁴⁹

이로부터 명확한 것은 비트겐슈타인주의자들에게 **신에 대한 믿음**은 **신이 있다는 믿음**이 아니라는 것이다.⁵⁰ 신이 있다는 믿음은 이론적인 믿음, 즉 추정적 사실(어떤 것의 존재)에 대한 냉랭한 믿음이지만, 신에 대한 믿음은 정감적인 태도이다. 그것은 친구나 노동당을 믿는 것과 일부 유사한데, 이는 믿음이 신뢰나 신앙이 되는 사례들이다. 이러한 신에 대한 믿음은 분명 신뢰하고 경외하며 두려워하는 태도 없이는 상상할 수 없는데, 이 태도들은 신자가 신이 있다는 믿음을 가지기 때문에 가능하다고 말할 수 있다. 내게 친구에 대한 신뢰가 있지만 친구가 존재한다는 확신이 없다면 그런 신뢰가 가능할까?

이러한 주제들은 마지막 장에서 다시 논의될 것이지만, 비트겐슈타인주의자들이 종교적 태도는 신이 존재한다는 (다소 이론적인) 믿음에 근거해야 한다는 주장을 거부하는 것은 종교를 언어놀이로 봤기 때문이다. 비트겐슈타인은 언어놀이들의 토대들을 찾지 말라고(종교는 토대로서의 믿음이 없다.), 그리고 놀이가 내부의 목표들과 규칙들로 규정되듯 종교적 담론도 그것 너머의 외적인 실재를 지시하지 않는다고 주장한다. 신은 **언어 안에** 있다.

[종교적 신자는] 공유하는 언어에 참여한 사람[이다]. 그는 종교적 개념들의 사용을 배워야 한다. 그가 배우는 것은 그가 다른 신자들과 함께 참여하고

49 Phillips, *Death and Immortality*, p.55.
50 Norman Malcolm, 'Is it a Religious Belief that "God Exists"?', in J. Hick(ed.), *Faith and the Philosophers* (London: Macmillan, 1964), pp.103–10; B. R. Tilghman, *An Introduction to the Philosophy of Religion* (Oxford: Blackwell, 1994), pp.208–18 참조.

있는 종교 언어이다. 나는 이 언어를 사용하는 법을 아는 것이 신을 아는 것
이라는 걸 말하고 있다.[51]

이 같은 문구 때문에 많은 비판가들이 어떻게 필립스를 환원주의라고
비난할지 어렵지 않게 알 수 있다. 신은 전능한 우주의 창조자에서 언
어놀이 내에서 중요한 한 단어, 즉 체스에서의 왕 같은 것으로 축소된
다.

물론 기적과 불멸에 대한 비트겐슈타인주의자들의 분석에 환원주의
라는 혐의를 지울 수 있다. 기적은 자연 질서 내에 신적 간섭이 아니라
유용한 우연의 일치와 자연스러운 경탄에 반응하는 방식이다. 그리고
불멸은 더 이상 가련한 인간 존재 너머의 삶을 약속하는 것이 아니라 우
리가 사멸적이라는 걸 체념적으로 받아들이는 것이다. 힉(John Hick)
은 필립스의 손에서 '종교적 표현들은 항상 그것들이 가지고 있다고 추
정되었던 우주적 함의를 체계적으로 빼앗긴다'[52]고 말한다. 힉이 옳다
면 적어도 신앙형태주의의 주장은 거짓이다. 비트겐슈타인주의자들은
종교를 공격으로부터 방어하기는커녕, 종교에서 실체적 내용을 제거한
다. 이런 식으로 본다면 비트겐슈타인주의자들의 종교철학은 실증주의
에 대한 보호 전략이 아니라 완전한 항복이다. 흄과 에이어 이후, 어떤
방식도 종교가 형성한 형이상학적 주장을 정당화할 수 없다는 것을 수
용하면서, 필립스와 그의 동료들은 종교 언어가 대상을 지시한다는 믿
음을 거부하면서도 일종의 향수를 불러일으키는 열망에서 종교 언어를
보호하려고 한다.

---

51   Phillips, *The Concept of Prayer*, p.50.
52   John Hick, *Philosophy of Religion* (Englewood Cliffs: Prentice-Hall, 1983),
p.93.

　　그러한 비난들에 대해 필립스는 여러 측면에서 반응한다. 첫째, 그는 어떤 것도 환원하고 있지 않다고 주장한다. 이런 주장은 견실한 비트겐슈타인주의자들의 신임을 받고 있다. 왜냐하면 (예컨대) 신, 기도, 불멸에 대한 그의 독특한 분석은 그러한 용어들과 관련된 자연스런 상황에서 언어의 **실제** 사용에 대한 기술에서 나오기 때문이다. 필립스는 일단 그러한 사용에 주목하면, 종교 언어에는 힉이 종교 언어가 본질적으로 가지고 있다고 생각한 형이상학적이고 '우주적인' 의미는 전혀 없는 것이 명백하다고 말한다. 필립스는 힉이 말한 것과 같은 의혹들은 믿음의 성격을 왜곡하는, 신의 실재에 대한 유감스러운 반대 주장을 야기하는 경향이 있다고 한다. 기독교 철학자들은 언어놀이에서 역할을 맡는 것과는 달리, 신은 실제로 존재한다고 주장하고 싶을 수도 있다. 필립스는 그런 정서는 난감하며, 사실상 진정한 종교적 믿음을 파괴한다는 것을 알고 있다. 진정한 종교적 믿음은 단순히 우주의 중심에 비범한 능력자가 있을 수 있다는 믿음이라기보다는 절대적인 믿음이다. 철학자들이 신에 대한 필립스의 생각을 비판할 때, 그들은 환원주의를 피하려고 종교에 대한 설명은 신의 존재가 사실이라는 (적어도 사실이라고 믿어지는) 걸 강조해야 한다고 말하고 싶어 한다. 필립스는 그러한 논쟁에서 반대자들을 묵살할 기회를 엿본다.

　　만일 우리가 환원주의로 종교적 믿음의 중요성을 다른 어떤 것으로 환원하려고 했다면, 환원주의는 아무리 세련된 방식이라 해도 종교적 그림들이 어떤 대상을 지시해야 하며, 사실의 문제를 기술해야 한다고 말할 것이다. 그것은 종교적 믿음의 특성을 왜곡하는 진짜 환원주의이다.[53]

53　　Phillips, *Religion Without Explanation*, p.150.

게다가 기도에 대한 비트겐슈타인주의자들의 설명이 환원주의적이라는 의심은 결과적으로 '기도의 효용'이라는 관념들을 낳는데, 이러한 관점들은 필립스가 완전히 미신이라고 간주하는 것들이다. 필립스는 그런 식으로 비트겐슈타인주의자들의 종교철학을 비판하는 것은 환원주의 그 자체가 되거나 종교를 미신으로 하락시키게 된다고 말한다.

필립스가 환원주의라는 딱지를 거부하는 것이 어느 정도 설득력이 있기도 하지만, '신'이 초자연적인 존재자를 지시한다고 생각하는 사람들을 환원주의자라고 말하는 것은 다소 무리라고 느낄 수도 있다. 그런 사람은 쉽게 오도될 수 있긴 하지만 환원주의는 확실히 아니다. 마찬가지로 '미신'이라는 낱말의 필립스식 사용이 전혀 문제가 없는 것은 아니다. 그가 말하고 싶은 것은 '심오한' 종교적 행위와 대비해 미신은 사건의 과정에 영향을 미치려는 잘못된 의도이며, 그래서 미신은 '인과적 연관이라는 점에서 사실상 실책들, 즉 실수들'[54]이라는 것이다. 시합에 앞서 십자 성호를 긋는 권투 선수가 그렇게 함으로써 어떤 해도 입지 않을 것이라고 믿는다면 미신적이지만, 그런 행위가 그의 헌정적인 퍼포먼스로 의도된 것이라면 미신적이지 않다. 탄원 기도가 사건의 과정을 변화시키려는 의도에서라면 미신적이지만, 이기적인 욕구를 조정하려는 수단으로 의도된 것이라면 신앙심 깊은 것이다. 필립스의 논의에 미신이라는 개념을 끌어들이는 문제는 이중적이다. 첫째, 미신이라는 용어에서 사람들이 인정하지 않는 종교적 실천이라는 경멸적 의미를 완전히 제거하지 못한다. 둘째, 필립스가 미신을 사물들의 자연 질서에 영향을 끼치려고 의도된 것이라고 본다면 과거에 종교의 이름으로 행해진 실천적인 모든 것이 사실상 '존재하지 않는, 사이비 인과적 연관

---

54 D. Z. Phillips. 'Primitive Reactions and the Reactions and the Reactions of Primitives', in *Wittgenstein and Religion* (London: Macmillan, 1993), p.72.

들에 대한 신뢰'[55]라는 불행한 결론에 이를 것인데, 왜냐하면 사람들은 실제로 지옥 불을 두려워하고, 기적이 일어났다는 것과 기도가 효험 있을 것 등을 믿었기 때문이다. 사람들은 그 모든 것이 미신적이라는 주장에 불쾌하게 반응할 수도 있다.[56]

더구나 어떤 이들은 심오한 종교에 대해 필립스가 하는 설명이 불쾌하고 자신이 믿는 것보다 가치 없다고 할 수도 있다. 자기를 버린다는 생각을 다시 한 번 검토하라. 의심할 바 없이 다른 사람들에게 봉사하는 행위, 그리고 (주로) 우리의 사멸적 상황에 대한 인식에 이른다는 생각에는 아주 중요한 것이 있다. 여기서 필립스가 베유(Simone Weil)의 저작들을 이용한 것은 도움이 되는데, 그것은 우리에게는 영원히 존재하겠다고 주장할 권리가 없다는 걸 알게 한다. '걸인이 탈레랑(Talley-rand)에게 "선생님, 저는 살아야 합니다"라고 하자 탈레랑이 "나는 그럴 필요를 모르겠네"라고 답했던 대화에서 우리는 이 걸인과 같다'[57]. 다른 한편, 자아에 대해 죽는다는 이상(ideal)은 우리 삶에서 가치 있는 모든 것을 부인하는 것이 되지 않을까? 이것을 베유의 『중력과 은총』(*Gravity and Grace*)에서 생각해 보자.

만일 신이 자신의 의지로 그리고 나를 위해 나에게 고통을 주었다고 생각한다면, 나는 내가 대단한 사람이라고 생각할 것이며, 또한 내가 아무것도 아

55 Ibid., p.74.
56 On Phillips' use of the concept of superstition, Brian R. Clack, 'D. Z. Phillips, Wittgenstein and Religion', *Religious Studies*, vol. 31, March 1995, pp.111-20; D. Z. Phillips, 'On Giving Practice its Due — a Reply', *Religious Studies* vol. 31, March 1995, pp.121-7 참조.
57 Simone Weil, *Waiting on God* (London: Routledge & Kegan Paul, 1952), p.151, quoted by Phillips in *Death and Immortality*, p.53.

니라는 것을 가르치는 고통의 중요한 사용을 놓칠 것이다. …

나는 아무것도 아니라는 걸 사랑해야 한다. 내가 만일 대단한 사람이라면 그것은 얼마나 끔찍한가! 나는 내가 아무것도 아니라는 걸 사랑해야 하며, 아무것도 아닌 존재를 사랑해야 한다.[58]

이런 정서가 병리적이지 않다는 것은 아주 명백하지는 않다. 자기중심 성을 부인할 필요가 있다하더라도 이렇게 멀리까지 갈 필요가 있는가? 이러한 자기 비하, 아무것도 아님을 추구하는 기독교는 고귀한 모든 것, 즉 인간 삶에서 활기차고 긍정적인 모든 것을 파괴하는 역할을 하므로 기독교가 실제로 '병든 동물 인간'[59]이었다는 니체(Friedrich Nietzsche)의 의구심을 확정하는 역할을 하는가? 우리 마음속에 여전히 존재하는 바람직한 믿음에 대한 사유들을 가지고, 마지막으로 비트겐 슈타인에게 돌아가 종교에 대한 그의 설명이 끼친 영향을 검토해 보자.

58   Simone Weil, *Gravity and Grace* (London: Routledge & Kegan Paul, 1952), p.101.

59   Friedrich Nietzsche, *The Anti-Christ* (Harmondsworth: Penguin, 1968), p.116.

5

영향

5.1 부당한(indecent) 것

드루리는, 한번은 비트겐슈타인이 테넌트(F. R. Tennant)의 『철학적 신학』(*Philosophical Theology*)를 읽고서는 '그런 제목은 마치 부당한 것처럼 들린다'[1]고 말했다고 전한다. 무엇이 비트겐슈타인을 그렇게 말하게 했을까?

이런 약간 냉엄한 판단은 부분적으로, 철학이 다른 학문에 봉사할 수 있는 것이어서 기독교 교리를 세련되게 하고, 근거 짓고 정당화하기 위해 신학이 철학을 이용할 수도 있다는 생각에 대한 반응이다. 비트겐슈타인에게서 철학은 그런 변증 임무를 수행해서는 안 되는데, 철학의 고유한 역할은 명확하게 하는 것이기 때문이다. 종교에 관한 철학자의 임무는 유신론적 '방어'에 종사하는 것이라기보다는, 종교적 개념들이 그들의 본래 고향에서의 실제적인 사용을 떠오르게 하는 것들을 모으는

---

1   Wittgenstein, quoted in M. O'C. Drury, 'Some Notes on Conversations with Wittgenstein', in Rhees(ed.), *Recollections of Wittgenstein* (Oxford: Oxford University Press, 1984), p.90.

것이다. 믿음을 방어하는 사람, 즉 종교의 대변인으로 활동하는 것은 철학자의 소명을 타락시키는 것이다. '철학자는 사유(思惟) 공동체의 시민이 아니다. 그것이 그를 철학자로 만드는 것이다'(Z §455). 게다가 신학과 결합했을 때 철학만 희생되는 것은 아닌데, 왜냐하면 철학자의 사색적 기질은 종교를 형이상학 체계로 변형하여, **종교**를 오해하게 하기 때문이다. 그래서 비트겐슈타인은 드루리에게 '기독교의 상징주의는 언어를 넘어선 놀라운 것이지만, 사람들이 그로부터 철학적 체계를 형성하려고 할 때 나는 구역질이 난다'[2]고 말했다. 비트겐슈타인은 철학적 신학이라는 관념에서 철학과 신학 둘 다의 타락을 보았다.

비트겐슈타인이 반대한 또 다른 것이 있는데, 늘상 그랬듯이 이것은, 신앙이라는 미명하에 행해지든 아니든 상관없이, 종교철학의 본성에 적용된다. 그가 특히 동의할 수 없는 것은 철학자들이 종교적 믿음이 합리적인지 평가하고, 신앙을 정당화(혹은 비난)하려는 것이다. 그런 식으로 종교를 평가하는 세 가지 형태가 있다. 첫째는 — 종교철학사를 지배해 온 — 소위 신 존재 증명이 수긍할 만한지, 즉 신적 존재는 실제로 있으며 그 결과 종교는 합리적이라는 것을 비신자에게 충분히 확신시키는지에 초점을 맞춘다. 비트겐슈타인의 판결은 다음과 같다.

신의 존재 증명은 원래는 그것을 통해 우리들이 신의 존재를 확신할 수 있는 그런 어떤 것이라야 마땅할 것이다. 그러나 내 생각에는, 그런 증명들을 만들어 낸 **신자들**은 그들의 '믿음'을 그들의 지성으로 분석하고 근거를 대려고 하였다; 비록 그들 자신은 그런 증명들을 통해 믿음에 이르게 된 것이 결코 아니었겠지만. (CV p.85/175쪽)

---

2   Wittgenstein, in ibid., p.86.

그러므로 신의 존재에 대한 전통적인 논증은 합리적 성찰에서 나오지 않은 믿음을 개인적으로 합리화하려는 것으로 보인다.

둘째, 최근 종교철학에서의 진척은, 어떤 증명도 신의 존재를 절대적으로 확실하게 정립할 수 없다는 것이 참이긴 하지만, 철학자의 임무는 (유신론적) 종교가 참이거나 거짓이라는 것을 보여 주는 증명을 평가하는 것이라는 것이다. 이런 증명은 한편으로는 (설계적, 우주론적, 도덕적) 유신론적 증명들과 기적적인 사건들, 그리고 종교적 경험 등으로 가중되는 가치 문제들을 포함하지만, 다른 한편으로 이를테면, 악이 종교에 제기한 문제와 과학이 종교의 그럴듯함을 침식하는 것, 그리고 종교는 원시 인간들의 무력감에서 나왔을 가능성 등과 같은 것들도 있다. 그래서 우리는 '유신론이 무신론보다 더 참인 것 같은가?' 라는 질문에 답하려고 개연성을 저울질한다. 매키(J. L. Mackie)[3]는 모든 것을 고려해 보면, 신이 있다는 것이 그럴듯하지 않다는 걸 증거가 보여 준다고 말하지만, 스윈번(Richard Swinburne)은 정반대 결론을 내린다.

> 우리의 모든 증거에 따르면 유신론은 그럴듯하지 않은 것이 아니라 그럴듯하다. … 종교적 환영(幻影)의 순간, 그렇게 많은 사람의 경험은 자연과 역사가 꽤 그럴듯하다고 보여 주는 것, 즉 인간과 우주를 만들고 유지하는 신이 존재한다는 것을 확증한다.[4]

개연성에 대한 이러한 강조는 테넌트에서도 발견되는데, 그는 드루

---

3 J. L. Mackie, *The Miracle of Theism* (Oxford: Clarendon Press, 1982), 특히 pp.251-3 참조.

4 Richard Swinburne, *The Existence of God* (Oxford: Clarendon Press, 1979), p.291.

리가 비트겐슈타인에게 '개연성은 삶을 안내한다' 라는 버틀러(Butler)의 경구를 반복하길 좋아하는 사람이라고 말한 사람이다. 비트겐슈타인은 그런 관념을 경멸했다. '자네는 성 아우구스티누스가 신의 존재는 "고도로 개연적"이라고 말하는 걸 상상할 수 있는가!' [5] 이 말은 비트겐슈타인이 신자들의 종교적 믿음과 강단 철학자들의 합리적 해석 사이의 간격을 어떻게 보았는지를 알게 한다. 신자들에게 신에 대한 믿음은 긴가민가하면서 가설을 붙드는 것이 아니다. 그것은 그들의 전체 삶이 서 있는 암반이다.

> 이것이 부분적으로 '이런 사람들은 최후 심판이 있다는 의견(혹은 관점)을 확고히 견지한다' 고 말하길 꺼려하는 이유이다. '의견' 은 이상하게 들린다.
> 이런 이유 때문에 다른 낱말들 — '도그마', '신앙' — 이 사용된다.
> 우리는 가설이나 높은 개연성을 말하지 않는다. (LC 57)

철학자들의 작업을 매키와 스윈번 방식으로 특징짓는 것은 비트겐슈타인 입장에서는 종교의 본성에 어울리지 않는다. 그것은 자연과학과의 논쟁에서 가지고 온 것으로, 신앙의 특성을 왜곡한다.

신에 대한 믿음이 '꽤 그럴듯' 하다는 것을 보여 주려고 하는 종교철학자들의 관점을 풍자적으로 묘사하는 것은 어렵지 않은데, 왜냐하면 그런 접근은 성경에서 발견하는 신앙 언어와 일치하지 않는 것처럼 보이기 때문이다. 예컨대 필립스는 신앙은 불확실한(tentative) 가설을 보유한 것이라는 생각이 어리석다는 것을 보여 주기 위해 시편 139편을 확률적인 종교철학 언어로 익살스럽게 번역한다. '내가 주의 신을 떠나

---

5   Wittgenstein, quoted in Drury, 'Some Notes on Conversations with Wittgenstein', p.90.

어디로 가며, 주의 앞에서 어디로 피하리이까? 내가 하늘에 올라간다면 주는 거기에 계실 확률이 높으며 음부에 내 자리를 편다면 거기 계실 확률도 높으시니이다'[6]. 비록 익살스러울 수 있긴 하지만, 이것은 스윈번과 테넌트 같은 철학자들이 가설과 확률에 대해 말한다는 이유로 종교적 믿음이 요구하는 헌신을 전혀 고려하지 않는 것은 적절하지 않다는 것을 보여 준다. 이런 식의 이야기가 야기하는 불쾌함을 이 철학자들이 모르지 않는다. 예를 들어 — 기독교 유신론을 정당화가 필요한 설명적이고 형이상학적인 체계로 보는 — 미첼(Basil Mitchell)이 종교는 원래 이론의 문제가 아니며 신자는 자신의 믿음을 테스트하는 것에 전혀 관심이 없다고 썼을 때, 이런 우려를 명확히 나타냈다. '그의 신앙은 불확실한(tentative) 것이 아니라 무조건적이다'[7]. 미첼은 이런 사실이 정당화 기획에 임하고 있는 모든 사람에게 문제를 제기한다는 것을 알았다. '종교적 믿음 체계들이 합리적 정당화를 요청하고 또한 받아들인다면, … 그 체계들은 다소 조건적으로, 즉 특성상 종교적 신자가 자신의 믿음을 전심으로 동의한다는 조건하에서 수용되어야만 한다'[8]. 기획을 옹호하기 위해 그들은 종교적인 믿음 체계와 정치적인 믿음 체계를 적절하게 연관 짓는다. 가령 자유 민주주의라는 이념은 평범한 영국인의 행동과 태도에 깊이 박혀 있으며 그의 세계관의 일부이기에, 그가 그것을 하나의 가설로 간주한다고 말하는 것은 오도적일 것이다. 그럼에도 그것은 '자유민주주의가 어떤 이론적 정당화도 요구하지 않는다는 것은 아닌'[9]데, 왜냐하면 사람들이 (예컨대) 마르크스주의적 비판에 대항

---

6   D. Z. Phillips, *Faith after Foundationalism* (London : Routledge, 1988), p.10.

7   Basil Mitchell, *The Justification of Religious Belief* (London : Macmillan, 1973), p.99.

8   Ibid., p.117.

9   Ibid., p.118.

해 그것을 방어하고 싶을 수도 있기 때문이다.

이것은 미첼식 접근 방식을 옹호하는 것이 아니라 일부 비트겐슈타인주의자들의 비판들이 경솔하며 수사적이라는 걸 보여 줄 뿐이다. 미첼과 같은 철학자들은 종교적 믿음의 정서적 본성도, 그리고 일단 수용된 종교적 믿음이 갖고 있는 열렬하고 헌신적인 태도도 부정하지 않는다. 그럼에도 그런 철학자들은 토대가 되는 종교적 믿음의 감정적 상태들에 덧붙여, 종교적 믿음은 어떤 다른 경쟁적 가설들보다 우주의 본성을 더 잘 설명하는 이론을 포함하고 있다는 것, 그리고 이런 설명력이 명백히 그것의 정당화로 작동한다는 것을 믿는다. 이 때문에 이런 철학자들과 비트겐슈타인에게 영향을 받은 철학자들 사이에 어떠한 **화해**(**rapprochement**)도 불가능하다는 결론이 나온다.

이것은 설명적 정당화라는 관점으로, 사실 전통적 종교철학의 기획에 대한 비트겐슈타인의 세 번째 반대이다. 만일 종교가 모든 증거를 더 의미 있게 하려고 한다면, 그것은 이론 역할을 하는 것이다. 물론 비트겐슈타인의 『프레이저의 《황금가지》에 대한 소견들』의 일부 목적은 그런 관념을 반박하는 것이다. 거기서 종교적 믿음은 이론이라기보다는 가치 표현에 더 가까운 것으로 표현된다. 더구나 이런 믿음들은 저절로 그리고 비합리적인 방식으로 일어나는데, 이는 세계에 대해 냉정하고도 꾸준한 성찰에서 나오는 이론이 정교화되는 방식과는 아주 거리가 먼 것이다. 이것이 비트겐슈타인이 「종교적 믿음에 대한 강의」에서 종교적 믿음이 합리적일 수 있다는 것을 부인하고 싶은(하지만 그것이 비합리적인 것도 아닌데, 왜냐하면 비합리적이라는 것은 '비난을 함축하기' 때문이다) 부분적인 이유이다.

나는 다음과 같이 말하고 싶다. 그들은 이것을 합리성의 문제로 취급하지 않는다.

서신서를 읽는 누구라도 그것이 다음과 같이 말하는 것을 발견할 것이다. 그것은 합리적인 것이 아니라 어리석은 것이다.

그것은 합리적이지 않을 뿐 아니라 합리적인 체도 하지 않는다. (LC 58)

정당화 기획에 임하는 종교철학자들의 실수는 종교가 설명력이 있고 지적 토대에 의존한다고 상상한 것이다. 비트겐슈타인에 따르면, 이 중 어떤 것도 사실이 아니다. 우리가 앞서 살펴본 것처럼, 종교에 대한 비트겐슈타인의 후기 견해는 어떤 설명적 정당화도 저지하는 것이다. 비트겐슈타인은 종교를 거대하고 야망에 찬 가설이라기보다는 세계에 관한 특별한 관점, 사람의 행동을 판단하고 삶을 평가하는 수단, 삶의 방식과 같은 것이라고 한다.

이 마지막 요소(삶의 방식)에서 비트겐슈타인은 톨스토이에 비견할 만하다. 비트겐슈타인에 대한 톨스토이의 영향은 헤아릴 수 없다. 우리가 앞에서 『성경』에 대한 비트겐슈타인의 애정을 주목한 이유가 있었는데, 그 책은 비트겐슈타인이 그의 삶을 구했다고 입버릇처럼 말하던 책이다. 더구나 그는 '종교에 대해 실제로 중요한 어떤 것을 말한'[10] 단 두 명의 근래 유럽 작가가 있는데, 톨스토이가 그중 한 명이고, 다른 한 명은 도스토옙스키라고 했다. 톨스토이의 종교적 저작에서 비트겐슈타인주의적 주제들의 전조를 발견하지 못한다면, 그건 놀랄 일이다. 첫 번째 전조는 「종교란 무엇이며 그 본질을 구성하는 것은 무엇인가?」(What is Religion and of What Does its Essence Consist?)라는 에세이에 있다. 거기서 톨스토이는 종교의 본질은 '그것을 전부로 생각하면

---

10 Wittgenstein, quoted in Drury, 'Some Notes on Conversations with Wittgenstein', p.86.

서 직접적인 삶의 문제들과의 관계, 시공간 속에서 완전히 무한한 우주와의 관계'[11]를 형성하는 데 있다고 주장한다. 이 말과 『논고』의 신비적인 문구들 사이의 연관은 감정(鑑定)을 요구하지 않는다.

더 놀라운 대비는 톨스토이의 『참회록』에서 확인할 수 있다. 그 책에서 톨스토이는 그의 마음에 삶의 무의미함과 죽음의 징조가 항상 존재했던 자살하고픈 절망적인 시기 이후, 기독교로 회귀한 것에 대해 설명한다. 그를 따라다니던 문제들은 친숙한 것들이다. '나는 왜 사는가? 나는 왜 어떤 것이든 혹은 어떤 것이라도 하기 원하는가? 혹은 다른 방식으로 표현하면, 나를 기다리고 있는 피할 수 없는 죽음조차 무효화하지 못할 의미 있는 것이 내 삶에 있는가?'[12] 철학이나 다른 사변적 지식에서 해답을 찾는 데 실패하면서 톨스토이는 삶에서, 특히 불안으로 심히 고통받는 자신과 같은 지식인의 삶이 아니라 순박하고 교육받지 못한 대다수 사람의 삶에서 해답을 찾기 시작했다. 그는 더 이상 논증을 찾지 않았는데, 왜냐하면 '가난, 질병, 죽음을 두려워하지 않게 하는 삶에 대한 이해가 그들에게 있다는 것을 보여 주는 행위만이 나를 확신시킬 수 있었기'[13] 때문이었다. 실제로 그는 농부가 죽음을 별로 걱정하지 않고, '그리고 이것은 그래야 하는 것이고, 다른 것이 가능하지도 않으며, 모든 것은 선을 위한 것이라는 고요하고도 견고한 확신으로'[14] 삶의 궁핍을 저항 없이 받아들이는 것을 발견했다. 삶의 문제들은 철학적 숙고가 아니라 올바른 방식으로 사는 것, 즉 '문제성 있는 것을 사라지게 만드는 그런 방식'(CV p.27/72쪽)으로 사는 것으로 해결된다는 결론

---

11 Leo Tolstoy, *A Confession and Other Religious Writings* (Harmondsworth: Penguin, 1987), p.87.

12 Ibid., p.35.

13 Ibid., p.58.

14 Ibid., p.59.

이 나온다. 반복하면 이것은 사변적 지성의 문제가 아니다.

> 합리적인 지식에서 잘못을 깨달으면서 나는 하찮은 이론화로의 유혹에서 벗
> 어나기가 더 쉬워졌음을 알았다. 진리에 대한 지식은 삶에서만 찾아질 수 있
> 다는 확신은 내 삶의 방식의 가치를 의심하도록 했다. 나를 구한 것은 나로
> 하여금 나의 귀족적인 실존에서 벗어나게 하고, 순박한 노동자들의 진정한
> 삶을 보게 하며, 이것만이 진정한 삶이라는 것을 깨닫게 한 것이었다. 내가
> 삶과 그 의미를 이해하고자 한다면, 기생하는 삶이 아니라 진정한 삶을 살아
> 야 한다는 것을 깨달았다.[15]

톨스토이가 러시아 소농 계급에서 발견한 삶은 삶(그리고 죽음[16])의 사
건들을 받아들이고 그에 대해 불평하지 않는 삶이었다. 이것은 안락함
에의 포기와 기독교적 사랑의 메시지로 더 확대된, 그래서 자신의 욕구
를 거의 돌보지 않고, 대신에 사랑으로 다른 사람들의 필요에 집중하는
종교적 삶의 토대가 될 수 있다.

　종교의 필요성에 대한 비트겐슈타인 사상에서 최고는 이 관념 — 기
독교는 고통을 참게 하는 삶의 방식, 사랑으로 특징되는 삶의 방식에
있다. — 이다.

> 기독교는 기도를 많이 하는 문제가 아닐세. 사실 우리는 그렇게 하는 것이
> 아니라고 들었어. 만일 자네와 내가 종교적 삶을 산다면, 그것은 종교에 대
> 해 많이 말하는 것이 아니라 우리의 삶의 방식은 다르다는 것이어야 하네.

15　Ibid., p.63.
16　죽음의 수용에 대한 톨스토이의 취급에 관해서는 그의 소설 『이반 일리치의 죽
음』(*The Death of Ivan Ilyich*) (Harmondsworth : Penguin, 1960) 참조.

자네가 다른 사람들을 도우려고 한다면 결국 자네는 신으로 향하는 길을 발
견할 거라는 게 내 믿음이네.[17]

사실 비트겐슈타인의 삶에서 톨스토이 『참회록』의 전체 유형을 발견할
수 있다. 자신의 부를 포기하고 금욕적인 삶을 사는 것, 존재의 가장 심
오한 질문들에 결코 답할 수 없을 것 같은 '기생적인' 철학 교수직에서
자신을 구해 내려는 욕망, 청빈한 삶, 정원사, 수도자, 혹은 교사의 삶
을 살고자 하는 욕구. 톨스토이를 괴롭히던 동일한 고뇌, 무디고 황폐
한 삶에 대한 두려움에 기인한 모든 것이 엥겔만에게 쓴 편지에 아주
마음 아프게 표현되었다. '나는 내 삶에서 어떤 긍정적인 것을 하고, 하
늘에 별이 되어야 합니다. 그런데 나는 그러지 못하고 세상에 빠져 있
으며 점점 희미해지고 있습니다'[18].

우리는 철학적 신학을 '부당한' 것으로 기술하는 데서 어떤 길을 찾
은 듯 보인다. 그런데 만일 종교가 삶의 방식이고 세계에 대한 순응이
라면, 종교적 진리는 우주의 작용과 목적을 설명하는 것으로 간주될 경
우 왜곡될 것이다. '만일 기독교가 진리라면, 그것에 관한 모든 철학은
거짓이다'(CV p.83/163쪽).

철학적이면서 신학적인 사고방식은 기독교의 핵심을 파악하는 데 실
패한다는 주장은 비트겐슈타인이 좋아하는 톨스토이의 이야기에서도
발견된다. '세 은자'에서, 주교는 향해하던 중에 어부들로부터 외딴 섬
에 살면서 구원을 간구하면서 좌초된 선원들을 돕는다는 3명의 성인(聖

---

17   Wittgenstein, quoted in Drury, 'Conversations with Wittgenstein', in Rhees
(ed.), *Recollections of Wittgenstein* (Oxford: Oxford University Press, 1984),
p.114.

18   Paul Engelmann, *Letters from Ludwig Wittgenstein* (Oxford: Basil Blackwell,
1967), p.41(1921년 1월 2일자 편지).

人)에 대한 이야기를 듣고 호기심이 끌려 선장에게 배를 그 섬으로 돌리도록 명령한다. 주교는 해변에서 세 노인과 이야기를 나누고는, 그들이 신학에 무지하다는 것과 '당신 셋, 우리 셋, 우리에게 자비를 베푸소서!' 라는 그들의 소박한 기도에 미소를 짓는다. 주교는 하루 종일 주기도문을 가르치면서 적절한 기도법을 훈련시켰는데, 이것은 무척 힘든 일이었다. 왜냐하면 그 기도법은 그들이 발음하지도 못하고 기억하지도 못하는 낱말들로 되어 있었기 때문이었다. 그럼에도 저녁때가 되어서 그들은 그 기도를 익혔고, 주교는 자신의 가르침이 은자들의 종교적 감성을 개선했다고 만족해하면서 그 섬을 떠났다. 그런데 그가 배에 앉아 섬을 향해 뒤돌아보았을 때, 물 위에서 반짝이면서 배를 향해 아주 빨리 움직이는 무엇인가를 보고 혼란스러웠다. 놀라움에 사로잡힌 주교는 그것이 세 은자이며, 그들이 마치 마른 땅인 듯 물 위를 달려서는 배를 멈추라고 손짓하고 있는 것을 보았다.

배가 멈추기도 전에 노인들은 뱃전으로 와서 머리를 들고 한목소리로 말했다.
"하느님의 종이여, 우리는 당신의 가르침을 잊어버렸습니다. 외고 있는 동안에는 알고 있었는데, 잠시 쉬는 동안 첫마디를 잊고 말았습니다. 그러다가 나머지 말도 다 잊어버렸습니다. 이젠 하나도 기억이 나지 않습니다. 다시 가르쳐 주십시오."
주교는 성호를 긋고 그들 쪽으로 몸을 기울이며 말했다.
"하느님의 사람들이여, 여러분의 기도는 주님께 닿을 것입니다. 당신들을 가르칠 사람은 내가 아닙니다. 죄 많은 우리를 위해 기도해 주십시오."[19]

---

19 Leo Tolstoy, *Twenty-three Tales* (Oxford: Oxford University Press, 1906), p.181.

우리가 이 이야기에서 얻을 수 있는 교훈은 세련된 교리와 설명력이 아니라 청빈하고 헌신적인 삶이 진정한 종교라는 것이다. '기독교가 말하고 있는 것은 무엇보다도, 모든 훌륭한 가르침들이 아무 소용이 없다는 것이다. **삶**이 바뀌어야 한다는 것' (CV p.53/118쪽).

5.2 비트겐슈타인과 진보 신학

『권력에의 의지』에서 우리는 다음을 읽는다.

> 기독교는 언제라도 여전히 가능하다. 그것은 그 이름으로 스스로를 치장해 왔던 어떤 무례한 도그마에도 속박되지 않는다. 그것은 인격신이라든가, 죄라든가, 불멸이라든가, 구원이라든가, 신앙 등의 교리를 필요로 하지 않는다. 그것은 어떤 형이상학도 전혀 필요로 하지 않으며, 심지어 금욕주의나 기독교적 '자연과학'도 덜 요구한다. 기독교는 **삶의 방식**이지 믿음 체계가 아니다. 그것은 우리에게 우리가 무엇을 믿어야 하는지가 아니라 어떻게 행위해야 하는지를 말한다.[20]

비트겐슈타인이 기독교에 대해 한 설명과 니체의 말이 유사하다는 것에 놀랄 수도 있다. 오늘날 대다수 진보 신학자들은 기독교의 형이상학적 내용이 거부된 후에도 기독교가 여전히 가능하다 — 사실은 더 낫다 — 는 견해를 반복하고 있다. 그러한 신학자들은 종교에 대한 '반실재론적' 혹은 '비실재론적' 이해로 알려진 것을 정교하게 다듬었는데, 그에 따르면 종교 언어는 초월적 실재들을 지시하지 않고 인간의 도덕적

---

20 Friedrich Nietzsche, *The Will to Power* (New York: Vintage, 1968), pp.124-5.

이고 영적인 이상들을 표현한다. 프리먼(Anthony Freeman)이 '나는 신을 객관적이고 활동적인 초자연적인 사람이라고 믿지 않고도, 신을 종교적으로 사용하여 여전히 덕을 볼 수 있다'[21]고 주장할 수 있는 것은 신에 대한 관념이 인간의 영적 분투의 구심점 역할을 할 수 있기 때문이다. 종교적 삶의 가치는 (실존하지 않는) 초자연적인 존재자들에 대한 예배가 아니라 특별한 신앙 **언어**에 놓여 있는데, 그 속에는 완성을 향하는 인간 삶의 가능성이 내재되어 있다.

신앙에 대한 비실재론적 이해와 비트겐슈타인이 제시한 종교에 대한 설명 사이에 몇 가지 유사점이 보일 것이다. 따라서 이들 진보 신학자들이 비트겐슈타인을 종교적 실재론, 즉 종교는 실존하는 신성과 관계되며 종교 고유의 담론은 실존하는 신성을 지시한다는 주장에 대항하는 자신들의 동맹자로 여겼다는 것은 놀랄 일이 아니다. 일례로 『신앙의 바다』(*The Sea of Faith*)에서 큐핏(Don Cupitt)은 비트겐슈타인의 종교에 대한 사상을 순전히 비실재론으로 읽었다. 비트겐슈타인이 형이상학 언어에 대해 논할 때 외관상 초월적 영역에 있던 종교적 담론을 아래로 끌어내려 확고하게 인간 세계에 두었던 것과 마찬가지로, '신앙은 유도 장치 역할을 한다. 그것은 우리에게 삶 속에서 길을 찾는 안내서로서의 목표들, 자기 평가를 위한 기준들, 일련의 이미지들을 제공한다'[22]. 지금까지 우리가 살펴보았던 것의 대다수가 큐핏의 해석을 확정하는 것처럼 보이긴 하지만, 그럼에도 비실재론적 신앙의 중요한 가정들을 세밀하게 살펴보고, 진보적인 신학이 처음 봤을 때처럼 비트겐슈타인의 생각과 가까운지 알아봐야 한다.

실재론을 옹호하려는 의도에서는 아니지만, 무엇보다도 비트겐슈타

21　Anthony Freeman, *God in Us* (London: SCM Press, 1993), p.24.
22　Don Cupitt, *The Sea of Faith* (London: BBC Books, 1984), p.225.

인이 '비실재론자'임을 강력하게 부인했다는 것을 주목할 필요가 있다. 반대로 그는 모든 이론을 아주 중요한 것, 즉 신자들의 삶에서 종교적 개념들이 하는 역할을 이해하는 것으로부터 우리를 떼어놓는 빈둥거리는 철학적 논쟁의 한 측면으로 보았다. 실재론이나 비실재론에 대한 이야기는 우리를 구체적인 상황을 벗어나 무미건조한 세미나실 속에 두는 것이다. 『쪽지』에 있는 비슷한 논의를 보자.

> 한 사람은 확신에 찬 실재주의자이고 다른 사람은 확신에 찬 관념주의자인데, 자기 아이들을 그에 따라서 가르친다고 하자. 외적 세계의 존재 또는 비존재와 같은 중요한 문제에서 그들은 자기 아이들에게 어떤 잘못된 것도 가르치기를 원하지 않는다. (Z §413)

관념론자의 아이들은 다르게 배울까? '의자', '말(馬)'과 같은 낱말들의 의미를 배울 때 이런 대상들은 우리 마음 밖에 존재하지 않는다고 배울까? 물론 아니다. 이 경우에 차이는 단지 '전투적 함성'(Z §414)이 된다. 마찬가지로 비실재론자의 아이들이 받는 종교 교육은 실재론자의 아이들이 받는 교육과 다를 거라고 기대해야 할까? 동일한 그림들, 동일한 테스트들이 두 그룹의 아이들에게 사용될 것이고, 그래서 이 논쟁 역시 순전히 공허한 전투적 함성일 뿐이다.

이것이 비트겐슈타인의 철학적 기획에 관해서는 옳을 수 있지만, 그가 실재론자보다는 비실재론자에 더 가깝다는 것을 부인하기는 어려울 것이다. 만일 실재론자와 비실재론자의 차이가 신학적 언어가 세상 밖 존재자들과 사건들을 지시하는지에 대한 것 이상이라면, 그는 적어도 실재론자가 아니라고 확신을 가지고 말할 수 있다. 신비트겐슈타인주의자들의 분석들도 비슷하다. 예컨대 필립스는 '신'은 '개별자의 이름

이 아니다. 그것은 어떤 것도 지시하지 않는다'[23]고 말한다. 큐핏이 그
것과 전혀 일치하지 않는다고 생각하기 어렵다.

그런데 비실재론적 신앙의 다른 중요한 요소들은 어떻게 되는가? 주
목할 만한 다른 특징은 급진적인 인간 중심주의이며, 그것에 따르면 종
교는 인간의 창조물이고, 그래서 인간의 하수인이다. 자율성에 대한 요
구는 큐핏으로 하여금 신에 대한 실재론적 이해를 거부하게 하는데, 왜
냐하면 외적(objective) 신성은 '영적으로 압제하는'[24] 것이기 때문이
다. 신을 내재화함으로써 신자는 전능한 폭군에게 종속된다는 나약한
느낌에서 벗어날 수 있으며, 과거 그 존재에게 선언했던 미덕을 자신의
것으로 만들 수 있다. 마찬가지로 불멸이라는 관념은 인도주의적 맥락
에서 거부된다. 왜냐하면 일단 우리가 저세상에서의 미래의 행복이라
는 해로운 관념을 버리면, 우리는 '이 세상에서 종교적인 가치를 실현
하는 데'[25] 착수할 수, 즉 이 땅에 천국을 만들기 시작할 수 있기 때문이
다. 신과 불멸에 대한 사유에서 비실재론적 신앙은 포이어바흐의 인본
주의를 반영하는데, 포이어바흐는 — 신으로 구현된 — 인간의 속성을
교화할 필요가 있으며, 미래의 초월적 세계에 전념하던 것은 현재 삶
속의 구체적인 사회 참여에 양보되어야 한다고 생각했다. 그 목표는

> 신학자들을 인간 중심주의로, 신을 사랑하는 자를 인간을 사랑하는 자로, 내
> 세의 지원자를 이 세상의 시민으로, 하늘 군주와 임금의 종교적이고 정치적
> 인 하인을 땅의 자립적인 시민으로 바꾸는 것이다.[26]

---

23   D. Z. Phillips, *Religion Without Explanation* (Oxford : Basil Blackwell, 1976),
p.148.

24   Don Cupitt, *Taking Leave of God* (London : SCM Press, 1980), p.8.

25   Ibid., p.116.

26   Ludwig Feuerbach, *Lectures on the Essence of Religion* (New York : Harper &

  비실재론적 신앙의 토대가 되는 그런 프로메테우스적 인본주의는 비
트겐슈타인의 아주 반역적인 사상에서도 일부 나타난다. '만일 내가
신을 나와 같은, 나의 외부에 존재하는 아주 강한 힘을 가진 다른 이로
만 생각한다면, 나는 그를 무시하는 것을 내 임무로 여길 거다'[27]. 다른
한편 그는 아주 심하게 인간을 혐오하고 사회적 개선을 완전히 무시하
였기에 인간의 자립심은 더 빈번하게 부정되었다. 다음의 일화가 그 증
거다.

> 20년대에 러셀이 '평화와 자유를 위한 세계 기구'와 같은 것을 설립하거나
> 참여하길 원했을 때, 비트겐슈타인은 그를 너무 심하게 비난해서 러셀은 그
> 에게 이렇게 말했다. '글쎄, 오히려 **너는** 전쟁과 노예화를 위한 세계 기구를
> 만들려고 할 것 같다'. 그러자 비트겐슈타인은 열광적으로 동의했다. '예,
> 오히려 그것을, 오히려 그것을!'[28]

비트겐슈타인이 톨스토이적 종교 실험에 실패한 것은 인간 본성에 대
한 그의 음울한 태도 때문이라는 걸 부인할 수 없다. 톨스토이는 애정
과 존경심을 가지고 농부가 될 수 있었던 반면, 비트겐슈타인은 오로지
시골뜨기와 짐승 같은 사람들만 봤을 뿐이었다. 그런 시각을 가졌다면
인본주의적 종교에 대한 어떤 이야기도 그에게는 터무니없이 따분한
이야기에 불과한 것이 되어 분명 묵살되었을 것이다.
  더구나 비실재론자들의 인본주의는 이런저런 이유로 쓸모없거나 비

Row, 1967), p.23.

27   Wittgenstein, quoted in Drury, 'Conversations with Wittgenstein', p.108.

28   Paul Engelmann, quoted in Ray Monk, *Ludwig Wittgenstein* (London: Vin-
tage, 1991), p.211/294쪽.

위에 거슬린다고 생각되는 종교적 그림들을 판단하고, 필요하다면 내던져 버리는 경향이 있다. 예컨대 큐핏은 특별히 성차별적인 상징주의를 제거하고 여성 사제 임명을 포함하는, '기독교를 근대화하고 신식으로 만드는 것'에 대해 말한다. 이런 근대화를 가능케 하는 것은 '우리의 종교적 믿음을 형성하는 것이 바로 우리이고, 그에 대한 책임도 우리에게 있으며, 그것을 바로잡는 것도 우리의 책임'[29]이라는 인식이다. 이에 엄격히 반대되는, 우리는 종교를 '까다롭게 골라서는' 안 된다는 비트겐슈타인의 생각이 있는데,[30] 이것은 필립스가 진보 신학적 조치는 신앙의 진정한 정신에 어긋난다고 주장할 때 자세히 서술되었다. 즉 종교적 그림들이 윤리적이거나 정치적인 기준에서 판단되면, 결과적으로,

종교에 필요한 강조가 기이하게 전도되는데, 전도가 일어나는 곳은 신자가 자신이 이런 그림들을 평가하고 그것들이 전부 옳다는 것을 발견하거나 혹은 그것들이 역부족이라는 것을 발견했다고 말하고 싶지 않은 지점이다. 반대로, 신자들은 어떤 의미에서 그림들이 자신들을 평가하기 때문에 그림들을 평가하는 것은 자신들이 아니라고 주장하고 싶어 한다. 그림들은 스스로를 판단한다는 점에서 척도이다. 신자들은 그림을 평가하지 않는다.[31]

그러한 정서는 기독교 신앙에서 개선의 여지를 차단한다. 만일 어떤 이

29 Don Cupitt, 'Anti-Realist Faith', in J. Runzo (ed.), *Is God Real?* (London: Macmillan, 1993), p.54.

30 Rush Rhees, 'Picking and Choosing', in D. Z. Phillips (ed.), *Rush Rhees on Religion and Philosophy* (Cambridge: Cambridge University Press, 1997), pp.307-17 참조.

31 D. Z. Phillips, *Faith and Philosophical Enquiry* (London: Routledge & Kegan Paul, 1970), pp.117-18.

가 종교 상징주의는 여성을 부정적으로 묘사한다고 느낀다면, 혹은 그
것이 도덕적으로 건전하지 않은 방식이라고 느낀다면, 그 사람은 비트
겐슈타인주의자들에 따르면, 여호와의 정의로움에 도전하면서, '무지
한 말로 이치를 어둡게 하는 자가 누구냐? … 내가 땅의 기초를 놓을
때에 네가 어디에 있었느냐?'[32]라는 말을 듣는 욥의 입장에 있다. 전통
적으로 알려진 것처럼 신자는 신의 방식에 의문을 제기하지 않는다는
확신이 큐핏으로 하여금 궁극적으로 비트겐슈타인의 종교적 사유에 내
재된 보수성을 안타까워하게 한다. 이는 분명 비트겐슈타인이 곧바로
진보 신학의 동맹자로 간주될 수 없다는 것으로 귀결된다.

　그럼에도 큐핏은 자신이 비트겐슈타인의 저작에서 발견했다고 생각
하는 어떤 것, 즉 **낱말**의 창조적인 힘, (윈치 말에 따르면) '우리가 가지
고 있는 개념들이 우리를 위해 우리가 세상에서 한 경험 형식을 정초한
다'[33]는 것을 기반으로 한다. 종교적 담론이 어떤 경험들, 어떤 세계관
들을 가능하게 한다는 것은 비트겐슈타인의 사유 중 부인할 수 없는 것
이다. 리즈는 종교 언어와 사랑의 언어 사이에 수많은 유사성이 있으
며, 이 유사성들이 위의 사실을 예증한다고 역설한다.[34] 사람이 사랑을
경험할 수 있고 사랑에 빠지고 실연당할 수 있는 것은 사랑의 **언어**를 배
웠기 때문이다. 물론 언어에 익숙하지 않은 사람도 다른 사람에게 성적
으로 자극될 수 있다. 그러나 그것은 단순히 생물학적 충동 문제에 불
과하다. **사랑을 경험하기** 위해 사랑의 언어, 즉 이런 특별한 경험을 가능

32　욥기 38장 2, 4절.

33　Peter Winch, *The Idea of a Social Science* (London: Routledge & Kegan
Paul, 1958), p.15. 또한 '**언어**의 한계들은 … **나의** 세계의 한계들을 의미한다'는 『논
고』의 비트겐슈타인을 주목하라.

34　Rush Rhees, 'Religion and Language', in *Rush Rhees on Religion and Philoso-
phy*, pp.39-49 참조.

하게 하는 언어를 배울 필요가 있다. 리즈는 종교도 마찬가지라고 말한
다. 사람이 '신', '경배', '구원'이라는 단어와 종교적 삶에서 그것들의
의미와 역할을 배우지 않고 신을 경배하고 구원을 갈망할 수 있다는 것
을 상상할 수 없다. 물론 그것은 특별한 방식으로 훈련되는 것, 즉 종교
적 담론을 배우는 것을 의미한다. 일단 이런 어휘에 능숙해지면, 종교
언어를 배우지 않았다면 닫혔을 경험들, 태도들, 느낌들이 열린다.

그런 관점이 비트겐슈타인(가령 최후 심판과 그것이 신자에게 미치
는 영향에 대한 그의 관점)에게서 발견될 수 있지만, 큐핏은 언어 **밖에
는** 어떤 경험 — 실제로 어떤 실재 — 도 없다고 주장하면서 훨씬 부담
스러운 생각을 강요한다. 그런 입장을 '언어적 관념론'이라고 부를 수
도 있다. 큐핏은 그것을 자신의 저작에서 옹호할 뿐만 아니라, 그것은
비트겐슈타인의 주장이며, 그래서 그의 후기 철학에서 우리는 '언어는
모든 것의 창조자이며 태초에 말이 있었다'[35]는 것을 배웠다고 주장한
다. 하지만 비트겐슈타인에게서 언어가 궁극적인 창조자라는 인상은
찾기 어렵다. 이제 살펴보겠지만 그에게서 창조자라는 호칭을 받는 것
은 **행위**이다. '언어는 — 나는 이렇게 말하고 싶은데 — 세련되어진 것
이다. '태초에 행위가 있었다'' (CV p.31/80쪽).

5.3 종교의 자연사

성찰보다는 행위에 우위를 둬야 한다는 비트겐슈타인의 주장은 그가
고통-언어의 본성, 특히 고통의 ('내 다리가 다쳤다', '나는 치통이 있
다', '내가 고통스럽다'와 같은) 1인칭 표현들(*Äusserungen*), 그리고

---

35   Cupitt, *The Sea of Faith*, p.220.

이 언어와 고통-행위(신음하기, 울기, 고함치기)와의 관계를 살펴볼 때
잘 나타난다. 언어에 대해 논고식 관점을 가진 사람들은 '내가 고통스
럽다'는 문장은 내적 상태를 기술 — 내가 어떤 감각을 경험하고 있다
는 것을 관찰하고 이 감각을 고통의 일종으로 규정한다. 그래서 나는
내가 이 감각을 경험하고 있다는 것을 다른 사람들에게 보고하기 위해
공적으로 언어를 사용한다. — 하는 역할을 한다고 말하고 싶을 수 있
다. 물론 '내가 고통스럽다'가 기술(記述) 역할을 하는 경우도 있다(의
사가 나에게 뭐가 문제인지 묻고 내가 '내 왼팔에 고통이 있어요'라고
답한다.). 그럼에도 비트겐슈타인은 고통 언어가 차분하게 내적 느낌
을 기술하는 식으로 시작되지 않는다(그리고 항상 그런 역할을 하는
것은 아니며 심지어 원래 그런 역할을 하는 것도 아니다.)고 말하고 싶
어 한다.

> 낱말들은 감각의 근원적인, 자연적인 표현과 결합되고, 그 자리를 대신한다
> 는 것이다. 어린아이가 다쳐서 울부짖는다; 그리고 그때 어른들은 아이에게
> 말을 걸고, 그에게 외침들을 그리고 나중에는 문장들을 가르친다. 그들은 아
> 이에게 새로운 고통-행동을 가르친다. (PI §244)

아이가 자라서 느낌을 조절하는 걸 배울 때 어떤 일이 일어나는지 생각
해 보자. 그 아이는 우는 대신, '다쳤어요'라고 말한다. '고통'이라는
낱말은 어떤 감각들과 행위에 대한 기술이 아니라, 비언어적 고통 표현
의 **대체물**로 배워진다.

언어를 전적으로 행위 속에 두려는 비트겐슈타인의 바람을 다시 보
면서 어떻게 고통-언어가 **행위**의 일종으로 간주되는지 주목하자. '**그는
고통스럽다**'는 문장 역시 행위와 연관되어 있고, 돕기, 가엽게 여기기,

걱정하기와 연관되어 있다. 세련된 언어인 돕기는 그 자체로 본능적이
다. 우리는 어떤 사람이 고통스럽다는 것을 그의 행위에서 (적어도 규
칙으로) **추론**('내 몸이 다쳤을 때 내가 그렇게 신음했는데, 그녀 역시
비슷한 고통을 겪고 있음이 분명해')**하지** 않는다. 아니, 그 경우에 이성
은 작동하지 않는다. '여기서 자기 자신만이 아니라 다른 사람의 고통
스러운 곳을 돌보고 치료하는 것은 … 하나의 원초적 행동이라는 것을
숙고한다면 도움이 된다' (Z §540). 비트겐슈타인은 계속해서 말한다.

> 그러나 여기서 "원초적"이란 낱말은 무엇을 말하려는 것인가? 그야 물론,
> 그 행동 방식이 **전(前)-언어적**이라는 것; 언어놀이가 **그것에** 의거하고 있다
> 는 것, 그것은 사유 방식의 원형(原型)이지 사유의 결과가 아니라는 것. (Z
> §541)

'원초적 반응'이라는 낱말은 인간 행위가 특성상 얼마나 본능적이며 전
(前)-합리적인지를 강조하고, 행동은 항상 사유의 결과라는 합리주의적
편견을 약화하기 위해 도입되었다. 우리가 하는 것 대다수 — 사랑하는
사람 껴안기, 고통에 처한 사람 위로하기, 위험에서 물러서기, 피부에
붙은 벌레 털어내기 등등 — 는 완전히 본능적이며, 여하간 전혀 사유에
근거하지 않은 것이다. 물론 이 모든 것은 비트겐슈타인이 '여기서 사람
을 짐승처럼 보고 싶다; 본능은 지니지만 이성적 추리를 지닌다고는 기
대되지 않는 원시적 존재물로서' (OC §475)라고 한 것과 일치한다.
　여기에서 사람들은 '이것이 고통과 돌봄의 문제에 관해서는 매우 그
럴듯한데, 그것은 이것들이 이성의 문제라기보다 대체로 감정 문제이
기 때문이다. 그런데 인간 삶에서 더 합리적인 영역은 어떻게 되는가?
분명 비트겐슈타인은 이것들이 본능적이라고 말할 수 없지 않을까?'라

고 말하고 싶을 수도 있다. 그런데 비트겐슈타인은 분명, 담론의 아주 세련된 형식이 원초적 반응에 근거하고 있으며 그래서 고통 언어가 전 (前)－합리적 표현 행위와 관련된 것과 마찬가지로 본능적 행위와 관련 되어 있다고 말하고 **있다**. 인과(因果) 언어를 생각해 보자. 사람들은 원 인과 결과라는 개념이 사건에 대한 관찰에서 나온 것으로, 가령 돌이 창문을 친 여러 경우를 보고 창문이 깨진 것은 돌의 충격 때문이라고 추론한다고 말하고 싶을 수도 있다. 개념의 발생에 대한 비트겐슈타인 의 생각은 합리주의적이지 않다. 사실 아이가 인과 언어를 사용할 때 철학자보다 덜 익숙한 것은 아니다. ‘어떤 것을 “원인”이라고 부르는 것은, “**그에게** 책임이 있다!”고 가리켜 말하는 것과 비슷하다’ (CE p.410/235쪽). 인과성의 본성을 이해하는 것은 그만큼 직접적이다. 그 는 다음과 같이 말한다.

　“원인에 대한 반응”이라고 일컬어질 수 있는 반응이 존재한다. ― 우리들은 원인을 ‘추적한다’고 하는 것에 대해서도 이야기한다; 단순한 경우에 우리 들은 가령 어떤 끈을 누가 끌어당기고 있는지를 보기 위해 그 끈을 추적한 다. 그런데 내가 그를 발견한다면 ― 나는 어떻게 그가, 그가 끌어당김이, 그 끈의 움직임에 대한 원인이라는 것을 아는가? 나는 그것을 일련의 실험들을 통해 확립하는가? (CE p.416/246쪽)

이 문제는 명백히 수사적이다. 그런 실험은 요구되지 않으며 어떤 사유 도 요청되지 않는다. 사람들은 직접적이고 본능적으로 그 원인을 인식 한다. 인과 개념(말하자면 질료인, 형상인, 작용인, 목적인으로의 아리 스토텔레스적 구분)에 대한 이어지는 모든 정교한 논의는 ‘원인에 대한 반응’이라는 기본적이며 동물적인 본능에 붙어서 그것을 정교화한 것이다. 원초적 반응이 없다면(우리가 그런 식으로 반응하는 경향이 있는 동물이 아니라면), 이후의 세련된 말은 생명력도 없고 이해될 수도 없었을 것이다. 게다가 비트겐슈타인에게서는 인과 관계에 관한 어떠한 회의적인 의심도 더 근본적인 수용에 비해서는 부차적이다. '언어놀이의 원초적 형식은 불확실함이 아니라 확실함이다. 왜냐하면 불확실함은 행위에로 이끌 수 없을 것이기 때문이다' (CE p.420/252쪽).

우리가 살펴보았던 경우들 — 고통 경험, 다른 사람 돌보기, 원인 추적하기 — 에서 실험이나 성찰을 위한 (자연스러운) 자리는 없다. 우리는 확실성, 즉 '동물적인' 확실성을 가지고 행위할 뿐이다. 합리주의적 편견에 사로잡혀 있을 때만이 기본적인 사유와 행위 방식이 얼마나 동물적이고 본능적인지 알지 못한다. 우리는 이런 실천들이 지적으로 근거되고 정당화될 필요가 있다고 생각하지만, 우리가 동물의 행위 — 거미가 거미줄을 치는 것, 고양이가 쥐를 잡으려고 뒤쫓는 것 — 를 관찰할 때 실제로 얻는 것은 그들의 행동들, 그리고 우리 자신의 행동들이 지적인 근거가 없다는 사실이 점점 분명해진다는 것이다.

> 다람쥐는 다음 겨울에도 역시 저장물들이 필요할 거라는 점을 귀납을 통해 추론하지 않는다. 그리고 그와 꼭 마찬가지로 우리는 우리의 행동들과 예측들을 정당화하기 위해서 귀납 법칙을 필요로 하지 않는다. (OC §287)

그러므로 전(前)-합리적 행위는 비트겐슈타인의 후기 사상에서 중심적인 자리를 차지한다. 우리는 이미 그가 본능적인 동물적 확실성을 삶의 형태(OC §§358, 359 참고)라고 단정 짓고 싶어 하는 것을 보았으며, 『쪽지』에서 언어는 단지 '원초적 행동거지의 확장이다. (왜냐하면 우리의 **언어놀이**는 행동거지이기 때문이다.)(본능)' (Z §545)이라는 놀랄 만한 주장을 보았다.

이것은 비트겐슈타인 후기 사상의 두드러진 측면이기에, 종교적 믿음과 실천에 대한 성찰에도 들어 있을 거라고 생각할 수 있다. 앞에서 암시했듯이 원초적 반응이라는 생각은 프레이저에 대한 비판에서 두드러진 특징을 이룬다. 더구나 공유된 삶의 형태와 본능적 반응에 대한 강조는 종교에 대한 비트겐슈타인의 설명을 이해하는 중요한 열쇠를 제공하는데, 그 설명은 이제 살펴볼 종교의 자연사에 윤곽을 제공한다.

'자연사'라는 용어는 생물 과학에서 차용한 것으로 '종교의 자연사'도 유사한 임무를 수행할 것으로 기대된다. 식물의 자연사가 식물이 어떻게 발생하고 어떻게 진화했는지, 그리고 그것이 번성하고 시드는 조건들을 상세히 기술할 수 있는 것처럼, **종교**의 자연사 역시 그러하다. 종교를 일종의 유기체로 간주할 때, 종교가 어떻게 발전하고 살아남기 위해 어떤 사회적 심리학적 조건이 있어야 하는지를 보여 줄 것이다. 특성상 종교의 자연사는 종교의 기원을 인간이 반응한 어떤 신적 계시 (거기서는 **초**자연사를 가지게 될 것이다)가 아니라 세속적인 것에 둘 것이며, 종교는 자연에, 혹은 더 정확히는 **인간** 본성에 기원하는 것으로 간주될 것이다.

이 모든 주제는 최초의 종교 형태를 따로 떼어 놓으려고 한 흄의 『종교의 자연사』(*Natural History of Religion*)에서 전면에 부각되었다. 최초의 종교 형태를 다신교에서 발견하고서 흄은 다수의 신에 대한 믿음이 어떻게 발생할 수 있었는지 질문하기 시작한다. 그는 그러한 믿음 체계는 세계에 대한 합리적 고찰에서 나왔다고 상상하기 어렵다고 말한다. 그보다는 두려움에서 발생한다. '종교에 대한 첫 번째 관념들은 자연에 대한 성찰에서가 아니라 삶의 사건들에 관한 걱정, 그리고 끊임없는 소망과 두려움에서 발생하는데, 이것들이 인간의 마음을 뒤흔

드는 것들이다'³⁶. 따라서 종교 발생의 토대가 되는 동기들은 숭고한 신성에 헌신하고 경배하려는 고결한 욕망과 같이 고상한 것들이 아니다. 이런 역할을 하는 것은 행복과 생존에 대한 절박한 소망, 비참함과 죽음에 대한 고통스러운 두려움이다. 대부분의 자연 세계 — 가뭄, 질병, 천재지변들 — 는 우리 조상들의 실존을 위협했다. 무엇이 자신들의 운명을 결정하는 진정한 원인인지 모르는 이 무력한 인간들이 변덕스러운 자연 현상의 배후에 엄청난 힘들이 있다는 원초적 관념들을 형성했고, 인간 중심주의라는 인간의 자연스러운 경향이 이러한 힘들을 인격화했다. 그러므로 신은 아주 두렵고도 세속적인 미신에서 탄생했다. 종교의 정서적 발생이 그렇게 주장되기에 흄은 다신교에서 일신교로의 발전, 즉 판테온에서 신을 흠모하던 사람들이 고양된 상태에서 망각하게 된 나머지 모든 신을 배제함으로써 일어나는 변형을 설명한다. 결국 종교 창작가들처럼 무지와 고립무원의 두려움만 있다면, 종교가 가장 번성하는 일이 발생할 것이다. 동일한 이유로 안락함과 지식의 발전은 종교의 뿌리들을 갉아먹을 것이다.

그런 자연사가 어떻게 종교에 대한 더 폭넓은 비판에 적합한지 알기 쉬운데, 왜냐하면 종교적 믿음의 원래 형태를 찾는 것은 원초적인 조건, 즉 인간의 요람기에서 그것이 어떻게 발생했는지를 논증하는 것이기 때문이다. 확실히 종교를 그 발생까지 추적하는 프레이저의 일부 동기는 무신론자의 무기고에 또 하나의 무기를 보태는 꼴이었다. 프레이저는 흄과 많은 것을 공유하는데, 주로 종교는 인간의 유약함에 기인해 존재한다는 확신이다. 흄에게서 이런 유약함은 자연을 직면하는 두려움이며 프레이저에게는 지적 유약함으로, 그 결과 원시인들은 빈약한

---

36 David Hume, *The Natural History of Religion* (Oxford: Oxford University Press, 1993), p.139.

삶의 철학을 세련되게 만든다. 더구나 둘 다 종교의 발전을 역사를 통해 추적하고, 종교적 미신이 마침내 폐기될 시기를 간절히 기다린다. 특히 프레이저의 기대는 역사적 진보와 과학으로 인간 정신이 계속해서 계몽될 것이라는 강한 신념과 관련된다. 만일 계몽이 세속주의의 동반자라면, 종교는 행복과 지적 성취의 길에 있는 가장 어두운 무지의 상징임이 분명하다. 따라서 그것은 거부되어야 한다.

이렇게 진술되면 비트겐슈타인이 종교의 자연사와 비슷한 어떤 것을 주장했다고 하는 것은 이상해 보일 수도 있다. 그는 종교에 대한 프레이저의 공격에 섬뜩해하지 않았는가? 그는 종교를 잘못된 과학으로 보는 이들에 반대하지 않았는가? 그는 종교가 자연 현상의 원인에 대한 무지에서 발생했다는 관점을 '우리 시대의 어리석은 미신'(RFGB p.6/45쪽)이라고 비난하지 않았는가? 사실 그랬다. 그리고 종교 문제에 대한 비트겐슈타인의 사유에서 가장 유익한 것은 흄이 이전에 한 것처럼, 종교의 기원과 본성은 인간 본성에 기인함이 분명하며, 그 뿌리는 세계에 대한 인간의 자연적 반응에 있다고 한 것들인데, 이는 『프레이저에 대한 소견들』에서 초보적인 형태로 나타나며 원초적 반응에 대한 그의 논의로 보완될 수 있다.

비트겐슈타인의 자연사는 사유가 아닌 순전히 본능에서 나온 초보적인 제의(ritual) 행위들을 주목하는 것에서 출발한다. 앞에서 살펴보았던 두 가지 예를 상기해 보자. 화났을 때 나무를 치는 것, 사랑하는 사람의 그림에 키스하는 것. 그런 행위들에 대한 — 그것들을 이론적으로 근거 짓는 — 주지주의적 설명을 비트겐슈타인은 강하게 부인한다. 그러한 제의들은 의견에 의거하는 것이 아니라[37] 우리가 '순수한 행동',

---

[37] '나는 (프레이저와 반대로) 원시적 인간의 특징은 **의견들**에 근거하여 행위하지 않는다는 것이라고 믿는다'(RFGB p.12/51쪽).

즉 지성의 어떠한 작동도 일어나기 전에 수행되는 행동들이라고 부르고 싶어 할 것들이다. 연인이 옆에 없어 마음이 힘들 때, 연인의 사진에 키스하기 전에 나는 어떤 실험적 추론이나 어떤 지적인 전략에 착수했는가? 분명 아무것도 없다. 초보적인 제의 행위들에 어떤 사유도 들어 있지 않다. 그것들은 『쪽지』에 기술된 것처럼 원초적인 반응의 특징에 들어맞는다. '사유 방식의 원형(原型)이지 사유의 결과가 아닌'(Z § 541) 전(前)-언어적, 전(前)-합리적 행위. 이런 제의적 행위들은 이상(異常)한 것이 아닌데, 왜냐하면 그것들은 (본능적인 것으로서) 인간에게 자연스러운 것이며, 비트겐슈타인은 관찰을 통해 인간을 '제의적 동물'(RFGB p.7/45쪽)이라고 기술하기 때문이다.

　비록 제의적 원초적 반응들이 인간 본성에서 자발적으로 발생한다 하더라도, 그것들의 독특한 형태는 인간의 자연환경과의 상호 작용에서, 즉 비트겐슈타인이 강조한, 눈에 띄는 특징들에서 발생한다.

　　사람처럼 보이는 사람의 그림자나 그의 거울상이 · 비 · 뇌우 · 달의 바뀜 · 해가 바뀜 · 동물들 서로 간의 그리고 동물과 사람 간의 유사성과 차이 · 죽음과 탄생과 성생활이란 현상들이, 간단히 말해서 인간이 해마다 주위에서 지각하는 모든 것이, 대단히 다양한 방식으로 서로 연결되어 있으면서 그의 사고(그의 철학)에서 그리고 관례들에서 어떤 역할을 할 것이라는 것은 자명하거나 또는 바로 우리가 현실적으로 알고 흥미를 가지고 있는 바로 그것이다. (RFGB p.6/44쪽)

이것들 중에 어떤 것도 그 자체로 특별히 놀랄 만한 것은 아닌데, 그것들은 우리에게 친숙하기 때문이다. 따라서 자신이 (애처롭게) 설명하려고 한 세계의 사건들로 인해 계속해서 어리벙벙하게 되거나 놀라기 때문에 원시인이 종교적 믿음을 갖게 되었다고 말하는 것은 정당화되지 않는다. 그럼에도 자신을 둘러싸고 있는 그런 일들은 그의 제의적 표현들에서 중심 역할을 할 것이다. 두 사례가 이 점을 예증하기에 충분할 것이다. 고대인들의 나무 숭배에 관한 프레이저의 설명에 대한 소견에서 비트겐슈타인은 참나무를 신격화할 수도 있을 법한 추론 과정이 아니라 참나무에 대한 믿음이 자연스럽게 발생할 수 있게 한 생활 양식을 강조한다.

> 어떤 인간 종족들로 하여금 참나무를 숭배하게 한 어떤 사소한 이유도, 즉 전혀 어떤 **이유**도 존재할 수 없었다. 단지 그들과 참나무가 삶의 공동체 내에서 결합되어 있었다는 것, 그러니까 선택으로 인해서가 아니라 벼룩과 개처럼 서로 함께 발생했다는 것뿐이다. (벼룩들이 제의를 발전시킨다면, 그것은 개와 관계될 것이다.)[38]

참나무에 대해 종교적 태도가 발생할 수 있다는 것이 고대 유럽 환경을 지배하던 거대한 숲, 즉 '숲의 탁 트인 빈터와 개간지 혹은 어둑한 그늘 아래 흩어져 살았던 우리의 미개한 조상들'[39]의 삶과 사유에 깊은 영향을 끼친 숲에 대한 경외심을 불러일으키는 프레이저의 글을 읽는 누구에게나 놀라운 것은 아닐 것이다. 비트겐슈타인에게 그것은 제의적 표현을 나무 숭배 형식으로 하게 한 거대한 숲에 대한 의존감이며 숲과 함께하는 삶이다. 숲의 어둠 속에서 나무들은 사람들의 삶의 지리적 지

---

38   Wittgenstein, ʻRemarks on Frazerʻs *Golden Bough*ʼ, in C. G. Luckhardt (ed.), *Wittgenstein: Sources and Perspectives* (Hassocks: The Harvester Press, 1979), pp.72-3/53쪽.

39   J. G. Frazer, *The Magic Art and the Evolution of Kings* (London: Macmillan, 1911), vol. II, p.350.

침이며 영적 지침이었을 것이다. 나무들이 제의적 동물의 의식(儀式)들과 믿음들의 대상이 되었을 것이라는 것보다 더 자연스러운 것은 없을 것이다.

두 번째 예로, 드루리가 이집트 사원에서 주발에 사정(射精)하는, 곧 추선 남근을 가진 호루스 신의 노골적인 성적 조각물을 본 충격을 말했을 때, 비트겐슈타인이 그에게 반응한 것에 주목할 수 있다. 비트겐슈타인은 그런 상에 왜 놀라고 경악해야 하는지 의아했다.

세상에서 인간 종을 영속시키는 그런 행위를 왜 경외와 존경으로 바라보지 않지? 모든 종교가 성에 대한 아우구스티누스의 태도를 가지는 것은 아니야. 우리 문화에서조차 결혼이 왜 교회에서 거행되지? 오늘날 모든 사람은 그날 밤에 무슨 일이 일어날지 알고 있지만, 그것이 결혼이 종교적 의식이 되는 걸 막진 않아.[40]

성(性)은 인간 삶의 주요한 측면이기에 수많은 통과 의례가 그것에 초점을 맞추고 있는 것은 아주 자연스럽다(사춘기, 월경, 혼인을 둘러싼 많은 의식을 보라). 죽음, 탄생과 더불어 성이 종교적 표현에서 가장 뚜렷한 초점이라는 것, 따라서 세상에 온 것과 그 속에서 사는 것, 그리고 세상을 떠나는 것을 나타내는 세례, 결혼, 장례식이 인간 삶에서 가장 중요한 3가지 제의를 형성한다는 것은 우연이 아니다.

물론 인간만 탄생, 성, 죽음을 경험하는 것이 아니며, 우리만 자연환경과 상호 작용하는 것은 아니다. 다른 동물들의 삶도 마찬가지겠지만 인간만 이런 조건들을 특징짓는 제의적 행위에 참여한다. 오직 이런 제

---

40 Wittgenstein, quoted in Drury, 'Conversations with Wittgenstein', p.148.

의적 동물만이 제의적 본능을 가지며, 사람들의 상(像)에 반응하고 희구하는 사건을 흉내 내는 행동 등을 한다.[41] 그래서 제의적 현상들은 우리의 독특한 삶의 형식의 한 양상이며, 인간의 전형적인 어떤 것, 정당화나 비판 너머에 있는 동물적인 어떤 것이라고 말할 수 있다. 여기서 우리는 종교적인 사람의 삶의 방식을 특징짓는 것도 아니고 외부의 공격으로부터 종교를 방어하는 방법도 아니지만, 삶의 형태라는 관념이 종교에 대한 비트겐슈타인의 설명에 어떻게 스며 있는지 알 수 있다. 종교의 뿌리가 인간 본성에 있다는 것을 밝히기 위해 삶의 형태는 원초적 반응이라는 관념과 함께한다. 이런 맥락에서 삶의 형태에 대해 말하는 것은 본능적 반응들에 대해 주의를 기울이게 하는데, 본능적 반응들은 문화에 의해 더 큰 규모의 종교 체계로 발전된다.

어떻게 이런 발전이 가능한지 알기 위해 언어와 고통-행위의 관계로 돌아갈 수 있다. 초기 비언어적인 고통 표현은 지적 작업의 결과가 아닌 본능적인 원초적 반응이다. 일단 언어가 그런 표현들에 접목되면 고통에 대한 더 완전하고 명료한 표현, 전개, 경험이 일어날 수 있는 개념적 여지가 생긴다. 이와 비슷하게 다른 사람을 돌보는 원초적인 반응이 좋게 발전하여 쇼펜하우어의 도덕철학에 뿌리를 둔 연민과 같은 더 창조적인 사유를 낳는 것은 물론 의료까지 발생시킨다. 돌봄이라는 원초적인 반응 없이는 병원이 세워지지 않았을 것이고, 자비에 대한 윤리적 찬양도 없었을 것이라고 생각하는 것은 당연하다. 왜냐하면 그런 사유와 노력은 우리에게 아주 이질적이기 때문이다. 그래서 비트겐슈타인

---

[41]   어떤 이는 다른 동물들의 행위에서 제의의 단서를 찾으면서 이 견해와 맞서려고 할 수도 있다(Konrad Lorenz, *On Aggression* (London: Methuen, 1967), pp.47-71 참조.). 하지만 그런 발견이 비트겐슈타인의 사상을 훼손하지 않으며, 본능에서 발생한 원초적 반응으로서의 제의라는 그의 생각을 지지하는 역할을 할 뿐이다.

은 '이에 기초하여 보다 복잡한 형식들이 자라날 수 있는 반응'(CV p.31/80쪽)에서 언어놀이의 기원을 찾으려고 했다.

이런 관념들은 비트겐슈타인의 종교 분석에서 반복된다. 우리가 살펴본 것처럼, 그가 주의를 기울이고 있는 반응들은 본능적인 상(像) 파괴 같은 초보적인 행위이며, 본능적인 고통 표현과 같은 원초적 행위는 인간의 욕망과 두려움 그리고 삶의 관점이 형성될 수 있는 개념적 여지를 만든다. 따라서 그런 초기 반응이 세계관 전체를 발전시킬 수 있다. 종교가 그런 초보적인 행위 없이, 그런 자연적 제의성(rituality) 없이 존재할 수도 있다는 건 상상할 수 없다. 이것은 최후 심판에 대한 비트겐슈타인의 논의 속에 암시적으로 있던 것이다. 사람들은 어릴 때부터 종말에 신이 사람들의 행위를 심판한다는 그림을 배우며, 이 그림 자체가 신자에게 어떤 느낌을 불러일으킨다. 그러나 최후 심판에 대한 관념은 책임감, 죄책감, 죽음의 감정이 선행하지 않고는 결코 생길 수 없다. 사실 종말론 교리는 그런 원초적인 반응의 결과물이다. '왜 하나의 삶의 형태가 최후 심판에 대한 믿음의 발화가 되어서는 안 되는가?'(LC 58) 존재론적 논의를 성찰하면서 말콤이 자비로운 신은 죄와 용서에 대한 갈구라는 선행된 감정으로부터 나올 수 있다고 했을 때, 비슷한 결론에 이른다. 이런 식으로, 아주 정교화된 종교적 믿음은 자연스러운 인간의 감정들과 행위들로 거슬러 올라감으로써 이해되며, 종교 체계는 명백히 '원초적 행동거지의 확장'(Z §545)이거나 비트겐슈타인이 『프레이저에 관한 소견들』에서 '본능의 추가적 확장일 뿐'[42]이라고 말한 것과 같다. 그러므로 비트겐슈타인의 자연사는 종교가 본능적인 인간 행동에 뿌리를 두고 발전했다는 데 초점을 맞추고, 제의적 동물로서

---

42 Wittgenstein, 'Remarks on Frazer's *Golden Bough*', p.80/62쪽.

의 인간의 이미지를 통해 이런 원초적 행위가 인간임을 확정하며, 인간의 자연사에서 그 대부분의 역할을 먹고, 마시고, 아이 낳고, 놀이하고, 노래하고, 예술을 하는 행위 등으로 메우고 있다는 걸 보여 준다.

　종교를 인간 본성과 깊이 연관시키는 것은 종교에 대한 새로운 조망만 제공하는 것이 아니다. 그것은 결과적으로 인간이 무엇인지에 대해서도 밝힌다. 이러한 조망은 혼란스러울 수 있다. 예컨대 우리가 아즈텍(Aztec)의 대량 아동 학살이나 과거 유럽 전역에 걸쳐 일어났던 불의 축제 기간 동안 사람들을 태우는 것과 같은 의례적 살인 사건을 발견할 때 무슨 일이 일어나는가? 프레이저가 그랬듯이 만약 우리가 종교의 의도는 주로 자연 세계를 이해하고 지배하려는 것이라고 생각한다면, 이제 그런 희생은 단순히 우리 조상들의 실수에 해당하는 것으로, '잘못된 태양계 이론에서'[43] 발생한 것으로 여겨져 희생에 깃든 의미가 폐기될 수도 있을 것이다. 비트겐슈타인에게는 그런 편안한 결론에의 여지가 없다. 종교가 인간의 본성에서 비롯된 것이라면, 인간은 특별한 날을 기념하기 위해 살아 있는 사람을 불에 태우는 이상하고 사악한 피조물의 일종일 것이다. 이것은 우리의 본성에 실망하게 할 수도 있으며, 인간 희생이 더 이상 우리 문화의 특징이 아니라는 것만으로는 걱정이 쉽게 사라지지 않을 것이다. 한 국가가 소수 공동체를 기꺼이 희생 제물로 만드는 것, 심지어 동물 살해를 스포츠용 쾌락을 위해 자행하는 것은 인간 본성 속에 잠자고 있는 폭력적인 성향을 계속해서 일깨우는 역할을 한다. 만일 그런 불편함이 있다면, 11월 5일에 가이 포크스(Guy Fawkers) 가면 불태우기[44]가 이전에 있었던 것만큼이나 천박하다고 느

43　Frazer, *The Magic Art and the Evolution of Kings*, vol. I, p.315.
44　가이 포크스는 1605년, 영국에서 화약 음모 사건을 계획한 로마 가톨릭 혁명 단체의 구성원이었다. 영국왕 제임스 1세를 국회의사당에서 폭약으로 암살하려던 이 계

낄 것이다. '어떤 날들에는 아이들이 허수아비를 불태운다는 것은 … 우리를 불안하게 할 수 있을 것이다. 이상하다, 아이들이 **사람**을 불태우는 축제를 벌이다니!' (RFGB p.18/61-2쪽) 저변에 흐르고 있는 이런 폭력성을 무시하면서 본질적으로 어떤 인간적인 것을 표명하는 종교는 종(種)으로서의 우리의 본성에 대해 어떤 기괴한 것을 드러낸다. 우리가 어떤 상을 공경하고(그리고 다른 상들을 파괴하고), 어떤 날을 다른 날보다 더 중요하게 여기고 독특한 의식을 행한다는 사실을 어떻게 생각하는가? 참으로 우리는 이상한 동물이다. 이것이 종교에 대한 비트겐슈타인의 생각이 궁극적으로 '인간과 그의 과거에 대한 생각을 통해서, 내가 나에게서 그리고 다른 사람들에게서 보는, 보고 들은, 그 모든 이상한 것' (RFGB p.18/62쪽)[45]에 근거하는 이유이다.

5.4 무신론

비트겐슈타인이 종교의 뿌리를 본능적 충동에서 찾는 것이 어떤 사람들에게는 비판적 방식, 즉 흄이 신앙의 합리적인 근거를 부정하며 종교를 '병자의 꿈'[46]에 지나지 않은 것으로 보게 하는 것과 같은 방식이라

획은 밀고자에 의해 유출되어 실패했다. 사건의 실행을 맡았던 가이 포크스는 현장에서 체포되어 1606년 1월 31일 사형 당했으며, 영국에서는 매년 11월 5일을 가이 포크스의 날로 지정해 그의 가면을 불태우며 그를 조롱하는 축제를 벌인다.

45 여기서는 비트겐슈타인이 벨테인 불 축제를 다룰 때 보여 준 인간 희생에 관한 그의 매혹적인 사유들을 충분히 다룰 여유가 없다. *Remarks on Frazer's Golden Bough*, pp.13-18; Frank Cioffi, 'Wittgenstein and the Fire-Festivals', in *Wittgenstein on Freud and Frazer* (Cambridge: Cambridge University Press, 1998), pp.80-106; Brian R. Clack, *Wittgenstein, Frazer and Religion* (London: Macmillan, 1999), pp.135-54 참조.

46 Hume, *The Natural History of Religion*, p.184.

는 의구심이 들게 할 수도 있다. 이러한 의심들은 종교가 인간의 제작
물, 즉 초월적 실재와의 관계라기보다는 철저한 인간 본성의 표현 —인
간이 제의적 동물이 아니라면 신은 없을 것이다.—이라는 식으로 구성
될 수도 있다. 반면, 비트겐슈타인의 변함없이 존중하는 태도는 그가
반(反)종교적 열광에 사로잡힌 게 아니라는 것을 보여 준다. 만일 종교
적 개념 형성에서 원초적 반응을 강조하는 것이 종교에서 지적으로 존
경할 만한 토대를 부인하는 것이라면, 이미 살펴봤던 것처럼 그는 인과
관계 개념에서도 그러한 토대를 부인하지만 그렇다고 그것이 원인과
결과라는 언어를 포기하게 하는 것은 아니었다. 마찬가지로 종교가 우
리의 특별한 삶의 형태의 산물로 간주된다고 하더라도 관심(attention)
때문에 선택되는 것이 아니다. 일반적으로 인간이 할 수 있거나 생각할
수 있는 것과 무관한 것으로 간주되는 수학조차 비트겐슈타인에게서는
철저히 인간화되는데, 그는 수학을 '인류학적 현상'(RFM 180)이라고
본다. 우리가 다른 동물들과 마찬가지로 삼각형과 사각형을 구분할 수
없다면 기하학을 할 수 없을 것이지만, 부정(否定)의 수학적 사용은 단
순히 '인종학적 사실 — 우리가 사는 방식과 관련된 어떤 것'(LFM
249)이다. 이런 측면에서 비트겐슈타인의 종교에 대한 후기 설명은 그
가 다른 모든 개념과 활동에 대해 다룬 것과 성격상 다르지 않는데, 그
중 어떤 것도 추론에서 나오는 것이 아니며(OC §475 참고) 모두 인간
이 사는 방식과 인간이 가진 능력의 산물이다.

   그럼에도 후기 비트겐슈타인이 종교에 대해 말했던 모든 것을 받아
들이면서도 누군가 여전히 믿음을 지속한다면, 혹은 비트겐슈타인의
용어[47]로 이해한 기독교로 개종할 수도 있다고 한다면 다소 당황스러울

---

47   전기 비트겐슈타인의 설명은 완벽하게 종교적 믿음과 양립할 수 있는 것처럼 보
이는데, 왜냐하면 그것은 '더 높은' 어떤 것, 말로 표현할 수 없는 어떤 것이 세속적인

것이다. 만일 사람들이 기독교가 특별한 삶의 방식과 결합되어 있는 일종의 경고하는 그림들이라는 것을 깨닫게 된다면, 그리고 종교의 원천이 세계에 대한 본능적 반응 방식에 놓여 있다면, 신에 대한 사람들의 믿음이 손상되지 않은 채 그럴듯하게 있을 수 있을까? 달리 말해 비록 비트겐슈타인이 주목한 종교적 담론의 심층 문법이 종교의 진정한 본성을 잘 드러낼 수 있다 하더라도, 믿음은 유지되기 위해 종교의 표층 문법을 받아들이는 것에 매달리지 않는가? 신자들은 종교적 삶을 살기 위해 신이 있고 내세가 있으며 기적적인 사건이 있었다고 생각해서는 안 되는가? 설(John Searle)이 지적한 것처럼, '당신이 만일 당신의 기도를 듣고 있는 진짜 신이 언어 너머에 있다고 생각하지 않는다면, 계속 기도하기 위해 당신은 아주 세련된 종교적 지식인이어야 한다'[48]. 지금 우리의 문제는 종교적 믿음에 대한 비트겐슈타인의 접근을 수용했을 때 무신론이 불가피한 결론인지, 그렇다면 이는 어떤 종류의 무신론인지이다.

이 문제는 비트겐슈타인 개인의 종교적 입장이 가진 특성을 고려함으로써 유용하게 검토될 수 있다. 우리는 앞서 『문화와 가치』에 있는 문구들을 탐구할 이유가 있었는데, 『문화와 가치』는 비트겐슈타인에게 믿음의 성향이 있다는 것을 보여 주고 있기 때문이다. 이런 경향은 좀 특이한데, 그것은 온전한 헌신을 보여 주거나 다른 사람들이 받아들이기로 마음먹을 수도 있는 신앙을 기술하는 것에서라기보다는, 비트겐슈타인 자신의 독특한 기질적 특성에서 나온 것으로 보인다. 그래서 말콤

세계 너머에 있다고 하며, 따라서 그 설명은 제임스(William James)가 규정한 고전적 신비주의와 많은 것을 공유하고 있기 때문이다(*The Varieties of Religious Experience* (London: Fontana, 1960), pp.367-8 참조.).

48　John Searle, conversation with Bryan Magee in the latter's *The Great Philosophers* (London: BBC Books, 1987), p.345.

의 『회고록』(*Memoir*)에는 다음과 같은 글이 있다.

> 언젠가 비트겐슈타인은 신에 대한 관점이 사람들의 죄악과 죄에 대한 자각
> 을 포함한다는 점에서만 그것을 이해할 수 있을 것이라고 말했다. 그는 **창조
> 주**에 대한 관점은 이해할 수 **없을** 것이라고 덧붙였다. 나는 신의 심판, 용서,
> 구원의 관념들이 자신의 마음속에서 자신에 대한 역겨운 느낌, 순전함에 대
> 한 강한 욕구, 더 나아지게 하기 위해 다른 사람들을 도우려는 감정과 관련
> 된다면 그에게는 이해 가능한 것이라고 생각한다. 그러나 **세계를 만든** 존재
> 라는 관념은 그에게는 전혀 이해 불가능한 것이다.[49]

비슷하게 비트겐슈타인은 예수를 '주'라 부를 수 없다는 기분이 드는
데, '**왜냐하면** 그가 나를 심판하러 온다는 것을 **나는 믿지 않기 때문이
다**. 왜냐하면 나에게 **그것**은 아무것도 말해 주는 바가 없기 때문이다'
(CV p.33/84쪽). 그가 믿지 않는다는 가장 중요한 표현이 있다.

> 나는 종교적인 사람은 아니지만 모든 문제를 종교적 관점에서 보지 않을 수
> 없다.[50]

이 말은 종교적 믿음에 대한 비트겐슈타인의 연구에서 두 가지 결정적
인 특징들을 요약한다. 첫째, 세계에 대한 종교적 관점에의 경외심으로
부터 도달하게 된 범위와 둘째, 그는 그런 관점에 완전히 참예할 수 없

49　Norman Malcolm, *Ludwig Wittgenstein: A Memoir* (Oxford: Oxford University Press, 1984), p.59.
50　Wittgenstein, quoted in Drury, 'Some Notes on Conversations with Wittgenstein', p.79.

다는 것이다.

그런데 그는 왜 믿을 수 없다는 기분이 들었는가? 한 가지 가능성은 그가 왜 기도할 수 없는가에 대한 그의 성찰에 포함되어 있을 것이다. '나의 무릎은 뻣뻣하기 때문에, 나는 기도하기 위해 무릎을 꿇을 수가 없다. 만일 내가 약해지면, 나는 파멸을 (나의 파멸을) 두려워한다' (CV p.56/123쪽). 말콤은 이것을 통해 비트겐슈타인의 신앙 부족이 그가 철학적 임무를 행할 때 유지했던 완전함에서 발생할 수도 있었을 것이라고 한다. 비트겐슈타인은 자신이 기도하는 신앙의 삶을 산다면 심하게 흔들릴까봐 두려워했다.[51] 이것은 흥미로운 생각이긴 하지만 확신을 충분히 주지는 않는데, 왜냐하면 비트겐슈타인은 분명 자신의 마음을 아주 힘들게 하는 철학적 작업으로부터 자신을 구해 내려는 시도를 여러 차례 했기 때문이다. 따라서 비트겐슈타인이 신앙을 부정하도록 만든 것이 철학적 작업을 계속하려는 욕구라고 하는 것은 그럴듯하지 않아 보인다. 반대로 종교적 삶은 완벽한 탈출구를 제공할 수도 있다. 이제 드루리의 회상에서 전혀 다른 가능성을 고려해 보자.

우리는 베드포드 서커스(Bedford Circus)에 있는 우리 형의 건축 사무실에 잠시 들렀다. … 보조 제도공 중 한 명이 제단 십자가를 디자인하고 있었다. 비트겐슈타인은 아주 불안하게 떠들어 댔다. '나는 내 생애 동안 요즘식의 십자가를 디자인할 수 없을 거야. 나는 십자가를 디자인하기보다는 차라리 지옥에 가겠어'[52].

---

51 Norman Malcolm, *Wittgenstein: A Religious Point of View?* (London: Routledge, 1993), p.22 참조.
52 Drury, 'Conversations with Wittgenstein', p.134.

아마 그의 종교적 충동을 억제한 '요즘식'의 어떤 특징이 있었을 것이다. 이것에 좀 더 주목하는 것은 앞에서 한 제안을 더 확증할 수도 있다. 앞에서 우리는 비트겐슈타인이, 호교론자들은 희망을 품고 닐슨은 비웃은 신앙형태주의의 친구가 아니며, 종교에 대한 그의 후기 사상의 귀결은 무신론을 불가피하게 수용하는 것이라고 했다. 왜 이런 일이 발생하는지 알기 위해 두 가지 ― 종교는 인간 문화의 산물이라는 비트겐슈타인의 관점과 '요즘식'에 대한 그의 비관적인 분석 ― 에 초점을 맞출 필요가 있다.

우리는 이미 비트겐슈타인이 종교가 인간의 본성에 뿌리를 둔다고 생각하지만, 또한 종교가 특정 문화의 중심 가치를 표현하고 미화한다고 생각하는 것을 보았다. 이 문제는 『프레이저에 관한 소견들』에서 잘 다뤄졌다. 프레이저는 왕권(kingship)의 본성을 기술했는데, 그것은 그 칭호의 후보자가 재임자를 죽여야 하며 종국에는 자신도 죽음을 당한다는 것이다. 비트겐슈타인은 그런 계승 규칙을 형성할 만한 동기들과 믿음들을 발견하는 대신 이런 관습은 그 문화에서 중요한 원리, 즉 '죽음의 위엄'(RFGB p.3/40쪽)을 표명한다는 것을 강조한다. 겁쟁이들의 나라는 결코 그런 가치를 가질 수 없을 것이며, 그런 계승 규칙이 자국의 왕권을 결정하지도 않을 것이다. 마찬가지로 문화 구성원들이 잘못된 행동에 대해 어떤 책임감도 갖지 않게 된다면, 최후 심판이라는 관념은 그들의 종교에 결코 있을 수 없을 것이다. 종교적 믿음은 문화가 겪는 변화에 영향을 받지 않는 것이 아니다. 문화가 죽으면, 그와 함께 그 문화의 신도 죽는다. 그래서 종교라는 것은 불안정하며, 역사와 문화의 변화와 굴곡에 좌우된다.

비트겐슈타인의 단호한 문화 비관주의가 종교적 믿음의 가능성에 대해 불편한 태도를 형성한 것은 정확히 이 지점이다. 왜 그런지 알기 위해서는 비트겐슈타인 철학에 가장 큰 영향을 끼친 사람 중 한 명인 슈펭글러(Oswald Spengler)의 사상에 주목할 필요가 있다. 『서구의 몰락』(*The Decline of the West*)에서 슈펭글러는 (헤겔이 제시한) 진보적 설명과 정반대되는 역사적 관점을 제시한다. 진보적 설명은 낙관적으로 역사에서 무지와 야만에서 벗어나 지속적으로 개선되는 사회 제도와 지적 성취로의 움직임을 포착한다. 슈펭글러는 단선적 역사관을 거부한 대신 다음을 알았다.

> **수많은** 위대한 문화들은 각각 원초적인 힘으로 그것이 전(全) 생활 주기에 걸쳐 확고하게 묶여 있는 본고장(mother-region)의 토양에서 발생하고, 자신의 재료와 자신의 인간들을 **그 자신의** 이미지 속에 새기며, **그 자신의** 생각과 **그 자신의** 열정과 **그 자신의** 삶, 의지와 느낌, **그 자신의** 죽음을 가진다 … 각 문화는 새로운 자기 표현의 가능성들을 가지는데, 이러한 가능성들은 발생하고 성숙하며 쇠퇴하여 결코 반복되지 않는다.[53]

여기서 문화는 유기체로 묘사되며, 식물의 생활 주기가 기술되는 방식과 유사한 형식으로 분석될 수 있다. 우리가 꽃의 생활을 관찰한다면, 우리는 그것이 어머니 토양에서 솟아난 작은 새싹에서 눈이 나오고, 죽어 시들기 전에 꽃을 피운다는 것을 안다. 마찬가지로 슈펭글러는 문화가 열정적으로 나타나고, 서구 문화가 그러했듯이 예술의 모든 창조 가능성이 물질주의와 시시한 것으로 시들듯이 사라지기 전에 문화는 위대한 미술, 음악, 시, 형이상학 체계들과 **자신의 종교**를 낳는다고 말한다. 비록 종교가 문화의 반향(反響)이지만, 슈펭글러에게 종교는 문화

53　Oswald Spengler, *The Decline of the West* (London: George Allen & Unwin, 1926), p.21.

와 독립된 생명이 아니므로 그 운명은 죽는 것이다. 우리 시대엔 믿음의 가능성 그것의 죽음을 슬퍼하는 모든 이에게조차 더 이상 열려 있지 않다. 그들은 믿음의 가능성이 사라졌다는 것을 받아들여야 하는데, 그렇게 하지 않는 것은 죽어 가는 꽃이 다시 꽃 피기를 열망하는 것과 같을 것이기 때문이다.

> 대도시민은 비종교적이다. 이것은 그 존재의 일부이며, 그의 역사적 태도이다. 그가 내적 공허함과 빈곤을 쓰라리게 느끼며 종교적이길 열렬히 갈망하긴 하지만, 그렇게 되는 것은 그의 역량을 넘어선다. 대도시에 있는 모든 종교성은 자기기만에 근거한다.[54]

슈펭글러의 교훈은 문화의 발전 단계에 따라 허용되는 것과 허용되지 않는 것이 종교적 믿음의 가능성을 결정한다는 것이다. 우리가 '만년(晩年)의 삶'[55]을 살고 있다고 한다면, 즉 우리 문화가 쇠퇴 단계에 있다고 한다면 우리는 무신론 외엔 선택의 여지가 없다.

비트겐슈타인은 슈펭글러로부터 자신이 빚지고 있음을 숨기지 않는다(CV p.19/49쪽 참고). 『몰락』의 주제가 비트겐슈타인의 사상 속에 얼마나 많이 스며들어 있는지는 주목할 만하다. 가령 『탐구』 머리말에서 그는 '이 시대의 어둠'(PI p.viii/15쪽)에 대해 말하며, 과학적 진보라는 관념을 '기만'과 '함정'(CV p.56/123쪽)으로 보았다. 그리고 우리 시대의 위대한 인물들(러셀, 프로이트와 아인슈타인)과 이전 시대의 위대한 사람들(베토벤, 슈베르트, 쇼팽)을 비교하면서 '단 백년 만에 인간 정신을 엄습한 끔찍한 퇴보'[56]에 비통해한다. 그런데 더 중요한 것

54　Ibid., pp.409-10.

55　Ibid., p.40.

은, 이런 몰락에 대한 비트겐슈타인의 인식이 그로 하여금 철학적 작업을 재평가하게 했다는 것이다. 그가 1929년 케임브리지로 되돌아왔을 때, 많은 시간을 철학의 진정한 역할이 무엇이어야 하는지 생각하는 데 보냈으며, 마침내 혼란스러운 형이상학적 문제들을 제거하는 것을 목적으로 하는 치료적 기술(技術)이라는 생각에 이르렀다. 유사(quasi)-신비적이고 환영적인 주제에서 방법에로 철학을 변환시키는 데 관심을 가지면서 그는 다음과 같이 말한다.

> 철학의 후광은 상실되었다. 왜냐하면 이제 우리는 철학하는 방법을 갖고 있기 때문이며, 교묘한 철학자들에 대해 말할 수 있기 때문이다. … 그러나 일단 하나의 방법이 발견되면, 개성(personality)을 표현할 기회들은 상대적으로 제한된다. 우리 시대의 경향은 그런 기회들을 제한하는 것이다. 이것은 몰락하는 문화의 시대 혹은 문화가 부재한 시대의 특징이다. (WLL 21)

사람들은 슈펭글러가 몰락의 시대에 가능한 것과 가능하지 않는 것에 관해 설정한 제한에 비트겐슈타인의 철학적 기획이 부응하는 것에 놀란다. 환영적인 형이상학, 미술, 시 그 모든 것이 제외되고 기술(技術)의 지위가 격상된다.[57] 형이상학을 파괴하기 위한 비트겐슈타인의 방법에로의 철학적 변환은 슈펭글러의 충고에 의한 것처럼 보인다. 만일 철학 본성에 대한 비트겐슈타인의 관점이 슈펭글러의 영향을 받은 것이라면, 그가 종교 역시 문화의 쇠퇴에 좌우되며, 과학이 우리의 놀라는 정신을 잠재우고 지배하는 '이 시대의 어둠' 속에서 신앙은 더 이상 남아 있는 선택이 아니라는 견해를 가졌다고 볼 수밖에 없다(CV p.5/35

---

56   Wittgenstein, quoted in Drury, 'Conversations with Wittgenstein', p.112.
57   Spengler, *The Decline of the West*, p.41 참조.

쪽 참고).

　그래서 도달한 결론은 신자들을 불안하게 할 수 있다. 우리는 이미 종교에 대한 비트겐슈타인의 후기 설명은 신앙인들이 수용하기 어려울 것이며 그의 사유 저변에 있는 역사 인식, 즉 종교는 우리 시대에 가능하지 않다는 이런 직관이 그의 설명을 확실히 무신론적이게 만든다는 것을 보았다. 이것은 초경험적 실재들의 존재(종교는 결코 그런 것에 대한 것이 아니다.)를 부인하는 무신론이 아니고, 이반 카라마조프의 반항적 무신론도 아니며, 종교적 명제들의 의미를 부정하는 실증주의적 무신론도 아니다. 오히려 절망적이고 종말적인 무신론은 비트겐슈타인의 종교철학, 즉 종교적 삶의 열정적인 아름다움이 더 이상 우리에게 열려 있지 않다는 씁쓸하고도 좌절된 인식에서 발생했다. 물론 우리는 여전히 제의적 동물들이며, 그래서 이상한 제전들과 제의를 할 기회들을 계속해서 보여 주지만, 신과의 관계 속에서 살아갈 가능성은 포기해야 한다. 스토아적 체념이 가장 권위 있는 신앙으로 간주되었던 것처럼, 이 최종적인 포기는 그 자체로 가장 심오한 경건 행위로 간주될 수도 있다.

: 더 읽을거리들

비트겐슈타인의 철학은 그의 특이한 삶의 사건들과 연관시켜 연구할 가치가 있기 때문에 전기를 읽은 것에서 시작해 봄 직하다. 맥기니스(Brian McGuiness)의 『비트겐슈타인의 생애』(*Wittgenstein: A life*)(Duckworth, 1988) 못지않게 몽크(Ray Monk)의 『루트비히 비트겐슈타인: 천재의 의무』(*Ludwig Wittgenstein: The Duty of Genius*) (Jonathan Cape, 1990)는 아주 훌륭한 설명서이다. 가슴 뭉클한 비트겐슈타인에 대한 회고들과 추억들은 엥겔만(Paul Engelman)의 『루트비히 비트겐슈타인의 추억이 묻어 있는 편지들』(*Letter from Ludwig Wittgenstein with a Memoir*) (Basil Blackwell, 1967)과 말콤(Norman Malcolm)의 『루트비히 비트겐슈타인: 회고록』(*Ludwig Wittgenstein: A Memoir*) (Oxford University Press, 1984)에 있으며, 리즈(Rush Rhees)가 편집한 『비트겐슈타인 회고록』(*Recollections of Wittgenstein*)은 드루리와의 주목할 만한 대화들 그리고 그 외 다른 많은 것을 포함한다. 재닉(Allen Janik)과 툴민(Stephan Toulmin)의 『비트겐슈타인의 비엔나』(*Wittgenstein's Vienna*) (Weidenfeld & Nicolson, 1973)[1]는 문화가 비트겐슈타인의 사상에 끼친 영향에 대해 매우 귀중한

통찰력과 『논고』의 목적에 대해 생각할 거리들을 많이 제공한다. 비트겐슈타인의 철학 외 작업에 대해 관심 있는 이들에게 아름다운 삽화가 들어 있는 비데벨트(Paul Wijdeveld)의 『건축가, 루트비히 비트겐슈타인』(*Ludwig Wittgenstein: Architect*)(Thames & Hudson, 1994)은 비트겐슈타인의 건축 작업에 대한 훌륭한 설명서이며, 바틀리(Willian Warren Bartley)의 (좀 악명 높은) 『비트겐슈타인』(*Wittgenstein*)(Quartet, 1977)은 1920년대 비트겐슈타인의 삶을 검토한다.

비트겐슈타인의 철학적 저작에 좋은 입문서로는 에이어(A. J. Ayer)의 『루트비히 비트겐슈타인』(*Ludwig Wittgenstein*)(Penguin, 1986), 판(K. T. Fann)의 『비트겐슈타인의 철학관』(*Wittgenstein's Conception of Philosophy*)(Basil Blackwell, 1969)[2], 그레일링(A. C. Grayling)의 『비트겐슈타인』(*Wittgenstein*)(Oxford University Press, 1988)이 있다. 더 심도 있는 연구는 해커(P. M. S. Hacker)의 『통찰과 착각』(*Insight and Illusion*)(Clarendon Press, 1986) 개정판과 말콤의 훌륭한 저서 『비트겐슈타인: 숨겨진 것은 없다』(*Wittgestein: Nothing is Hidden*)(Basil Blackwell, 1986)에서 볼 수 있다. 비트겐슈타인 주요 저작들을 파고드는 것은 괜찮은 해설서를 이용함으로써 도움을 받을 수 있다. 『논리–철학 논고』는 읽기 버거운데, 앤스콤(G. E. M. Anscombe)의 『비트겐슈타인의 논고 입문서』(*An Introduction to Wittgenstein's Tractatus*)(Hutchinson, 1959), 마운스(H. O. Mounce)의 『비트겐슈타인의 논고: 입문서』(*Wittgenstein's Tractatus: An Introduction*)(Ba-

1　국내에서는 『빈, 비트겐슈타인, 그 세기말의 풍경』(석기용 역, 이제이북스, 2005)으로 번역되었다._역자주
2　국내에서는 『비트겐슈타인의 철학이란 무엇인가?』(황영식·이윤형 공역, 서광사, 2002)로 번역되었다._역자주

sil Blackwell, 1981), 피터슨(Donald Peterson)의 『비트겐슈타인의 전기 철학』(*Wittgenstein's Early Philosophy*) (University of Toronto Press, 1990)과 같은 것들을 가이드로 삼는다면 좀 쉽게 읽을 수 있다. 『철학적 탐구』 읽기는 주로 할렛(Garth Hallet)의 『비트겐슈타인의 철학적 탐구 안내서』(*A Companion to Wittgenstein's Philosophical Investigations*) (Cornell University Press, 1977)에 도움을 받을 수 있으며, 여러 권으로 된 배커(G. P. Baker)와 해커(P. M. S. Hacker)의 『비트겐슈타인의 철학적 탐구에 관한 분석적 해설서』(*An Analytical Commentary on Wittgenstein's Philosophical Investigations*) (Basil Blackwell, 1991)는 비트겐슈타인의 문구들 각각을 꼼꼼히 살펴볼 뿐만 아니라 명확한 설명을 제공하는 탁월한 에세이들을 포함하고 있다.

비트겐슈타인의 종교철학에 관한 가장 권위 있는 저작은 바렛(Cyril Barrett)의 『비트겐슈타인, 윤리학과 종교적 믿음에 관하여』(*Wittgenstein on Ethics and Religious Belief*) (Blackwell, 1991)가 있다. 다른 중요한 연구들은 케이틀리(Alan Keightley)의 『비트겐슈타인, 문법, 신』(*Wittgenstein, Grammar and God*) (Epworth, 1976), 커(Fergus Kerr)의 『비트겐슈타인 이후의 신학』(*Theology after Wittgenstein*) (Basil Blackwell, 1986), 허드슨(W. Donald Hudson)의 『비트겐슈타인과 종교적 믿음』(*Wittgenstein and Religious Belief*) (Macmillan, 1975), 쉴즈(Phillip R. Shields)의 『루트비히 비트겐슈타인 저작들에서의 논리와 죄악』(*Logic and Sin in the Writings of Ludwig Wittgenstein*) (University of Chicago Press, 1993)이 있다. 필자의 『비트겐슈타인, 프레이저와 종교』(*Wittgenstein, Frazer and Religion*) (Macmillan, 1999)는 주술과 원시 종교에 대한 비트겐슈타인의 사상을 탐구한다. 신비트겐슈타인주의자들의 저작에 관해서는 필립스(D. Z. Phillips)의 여러 저작,

특히 『기도의 개념』(*The Concept of Prayer*) (Routledge & Kegan Paul, 1965), 『죽음과 불멸』(*Death and Immortality*) (Macmillan, 1970), 『설명 없는 종교』(*Religion without Explanation*) (Basil Blackwell, 1976), 『근본주의 이후의 신앙』(*Faith after Foundationalism*) (Routledge, 1988), 『비트겐슈타인과 종교』(*Wittgenstein and Religion*) (Macmillan, 1993)를 보라. 또 윈치(Peter Winch)의 『의미 있게 하려고 노력하기』(*Trying to make sense*) (Basil Blackwell, 1987)와 리즈 (Rush Rhees)의 『러쉬 리즈, 종교와 철학에 관하여』(*Rush Rhees on Religion and Philosophy*) (edited by D. Z. Phillips, Cambridge University Press, 1997)에 있는 종교에 관한 에세이들을 보라.